Arthur Hauptmann · Burgen – einst und jetzt

Arthur Hauptmann

Burgen einst und jetzt

Burgen und Burgruinen in Südbaden und angrenzenden Gebieten

Im Verlag des SÜDKURIER Konstanz

ISBN 3 87799 040 1
© SÜDKURIER GmbH Konstanz 1984

Gesamtherstellung:
Druckerei und Verlagsanstalt Konstanz GmbH
Konstanz Am Fischmarkt

Inhalt

Vorwort 7

HEGAU · BODENSEE · LINZGAU

Hohenkrähen 11
Mägdeberg 15
Hohentwiel 18
Neuhewen (Stettener Schlößle) 23
Hohenstoffeln 26
Hohenhewen 29
Bodman 33
Möggingen 37
Staufen/Hegau 40
Meersburg 43
Schopflen 47
Pfalz 50
Kargegg 53
Rosenegg 57
Langenstein 60
Homburg 64
Friedingen 67
Hohenbodman 71
Nellenburg 74
Riedheim 78
Engen (Krenkinger Schlößle) 82
Wasserburg 85
Tudoburg 88
Hohenfels 92
Ramsberg 95

SCHWARZWALD · BADEN

Hohenschramberg 101
Hornberg 105
Schilteck 109
Waldau 113
Falkenstein/Höllental 117
Zindelstein 122
Neu-Fürstenberg 125
Hochburg 128
Badenweiler 132
Sausenburg 136
Falkenstein/Bernecktal 140
Staufen/Breisgau 145
Neuenfels 149
Dellingen, Kirnburg, Bräunlingen . . . 152
Kastelburg 156
Rötteln 160
Schenkenburg 164
Lichteneck 167

NECKAR · DONAU · BAAR

Herrenzimmern 173
Neckarburg 177
Urslingen 182
Albeck 186
Bronnen 189
Kallenberg 193

Pfannenstiel	197
Wildenstein	200
Falkenstein/Donautal	204
Hausen	208
Krähennester	212
Alt-Wartenberg	216
Entenburg	220
Karpfen	223
Honberg	227
Konzenberg	231
Neu-Sunthausen	235
Granegg	238

HOCHRHEIN · ALB- UND KLETTGAU

Oberstaad	245
Schrotzburg	249
Schwarzwasserstelz, Weißwasserstelz, Rotwasserstelz	252
Beuggen	255
Küssaburg	259
Wieladingen	264
Bärenfels	267
Roggenbacher Schlösser	271
Wutachburgen	275
Tengen	280
Hohenlupfen	284
Randegg	288

SCHWEIZ

Gottlieben	293
Hohenklingen	297
Salenstein	300
Farnsburg	303
Neu-Homburg	307
Liebenfels	310
Munot	314
Fotonachweis	317

Vorwort

„Sag, Papi, wie hat das alles ausgesehen, als es noch ‚ganz' war?" Diese Frage stellte ein etwa zehnjähriger Junge seinem Vater auf dem Hohentwiel. Leider mußte dieser „passen". Aber auch ich, der dieses Gespräch zufällig mit angehört hatte, hätte die Frage nicht beantworten können. Diese Begebenheit und ähnliche Fragen, die ich des öfteren bei meinen Burgruinen-Besuchen zu hören bekam, waren der Anlaß, daß ich – über mein bisheriges Interesse für alte Burgen hinausgehend – begann, Nachforschungen über sie anzustellen, meine Vorstellungen zeichnerisch festzuhalten und anhand von Grundrissen und Beschreibungen – unterstützt durch viele Besichtigungen – Rekonstruktionen dieser Bauwerke zu erstellen. Es ist hierbei klar, daß mit den Rekonstruktionen nicht der Anspruch erhoben werden kann, in allen Einzelheiten historisch getreue Abbildungen vorzulegen. Vielmehr sollen diese dazu beitragen, daß der interessierte Leser und Ruinen-Besucher sich von der Wehrhaftigkeit jener Burgen, von denen nur noch kärgliche Überreste erhalten sind, eine Vorstellung machen kann. Darüber hinaus werden in diesem Buch aber auch schöne und gut erhaltene Burgen und Schlösser vorgestellt, die heute zu den beliebtesten und sehenswertesten Ausflugszielen in der Region gehören.

Zu den einzelnen Burgen sind die wichtigsten historischen Daten und Fakten genannt. Weiterführende Informationen, die hier aus Platzgründen nicht gegeben werden können, sind jedem Interessierten in unseren Bibliotheken zugänglich. Zur Auflockerung der verschiedenen Beiträge sind auch alte Sagen und mündliche Überlieferungen mit aufgenommen worden, die die Zustände und Ereignisse früherer Zeiten veranschaulichen.

Die einzelnen Beiträge zu den Burgen erschienen in den Jahren von 1980 bis 1983 als Serie „Burgen – einst und jetzt" in der Tageszeitung SÜDKURIER. Ganz herzlich möchte ich mich an dieser Stelle beim Buchverlag des SÜDKURIER bedanken, der das Erscheinen dieser Serie in Buchform ermöglichte.

Mein Dank gilt aber auch all jenen, die mir durch ihren fachkundigen Rat und ihre historischen Kenntnisse beim Zustandekommen dieses Werkes behilflich waren.

Arthur Hauptmann, im Frühjahr 1984

HEGAU · BODENSEE · LINZGAU

HOHENKRÄHEN

Nummer 1 in des „Herrgotts Kegelspiel"

Der Hohenkrähen gilt als der schönste Burgberg des Hegaus –
Die Heimat des Burgvogts „Poppele"

Der Hohenkrähen, wie man ihn vom Wanderweg aus sieht.

In des „Herrgotts Kegelspiel", wie der Dichter Ludwig Finckh die Hegauberge nennt, gebührt dem Hohenkrähen die Nummer 1. 200 Meter steigt der steile vulkanische Kegelberg aus dem Umland empor, 645 Meter über Meereshöhe. Den schönsten Blick auf diesen kühnsten Berg des Hegaus hat man kurz vor dem Endpunkt der Autobahn Stuttgart–Singen.

Wir erreichen Berg und Burg am besten über die Straße nach Duchtlingen, die von der Bundesstraße 33 am nördlichen Punkt des Hohentwiel-Komplexes abzweigt. Nach etwa drei Kilometer Fahrt bei schöner Aussicht erreichen wir einen schattigen Waldparkplatz; von dort führt ein bequemer, ebener Wanderweg zum Fuße des Krähens.

Die Vorburg, einst geschützt durch einen Zwinger (kleiner Innenhof), trug die Wirtschaftsgebäude, Ställe und eine kleine Kirche. Zwei Tore mußten durchschritten werden, um ins Innere der Vorburg zu kommen. Der felsige Weg führt uns nach einer scharfen Kehre zu einem Torturm, der einst durch eine Mauer mit den höher liegenden Verteidigungswerken verbunden war. Hinter dem Turm eine Mauernase, die den Anstieg verteidigen konnte. Das große Plateau, das nun folgt, sauber ausgeräumt, trug ein großes Gebäude. Balkenlöcher beweisen, daß es mehrstöckig gewesen sein muß. Das längliche Areal ist bekannt unter dem lustigen Namen „Poppeles Kegelbahn". Steil geht's nun über Felsstaffeln zum Eingang der eigentlichen Burg. Ein langgestreckter Bau, der sich mit dem Rücken gegen den Berg lehnt, und ein davorliegendes Plateau mit rondellartigen Turmresten beherrschen den Eingang. Wir stehen nun auf dem oberen Burgplatz. Die Stelle der Burgzisterne ist gut auszumachen, alle Wasser der oberen Burg liefen hier zusammen. Von einem Turm, halb abgestürzt, stehen nur noch wenige Mauertrümmer. Auf der nördlichen Seite liegt der rundbogige Eingang zu einem Gebäudekomplex, der wohl als ehemaliger Palas anzusprechen ist. Unter den einstigen, darüberliegenden Stockwerken liegen drei kasemattenartige, düstere und feuchte Gewölbe. Der Platz war gut gewählt, war doch dieses Gebäude durch die davor aufsteigenden ungefügen, wild durcheinandergewürfelten großen Felsbrocken gegen jeden Beschuß „bombensicher". Ob die kleine, auf dem höchsten Punkt liegende Plattform ein Gebäude oder einen Auslug getragen hat, ist nicht mehr sicher auszumachen. Doch finden wir dort einen Mauerrest auf halber Höhe mit einer schön gefügten „Fischgratmauer".

Ein solcher Berg, einst wohl ein altes heidnisches Heiligtum tragend, lag zu beherr-

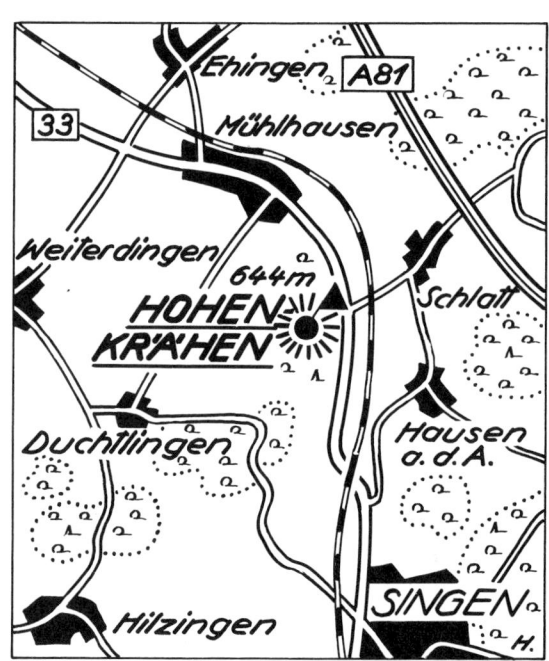

Die Befestigungen des Krähen: Die Vorburg mit dem Torzwinger und der Kirche (unten), der Aufstieg mit Turm und „Poppeles Kegelbahn" (rechts). Das oberste Gebäude sitzt über den drei Kasematten und ist durch die davorliegenden Felsmassen gegen Beschuß geschützt.

schend im Land, um nicht mit einer Burg bekrönt zu werden. Um etwa 1190 befestigten die Edelherren von Krähen den Berg, um aber dann von den Friedingern – die ihre Burg auf dem unweit davon entfernt liegenden Friedinger Bergle hatten – abgelöst zu werden. Diese Herren bekamen aus privaten Gründen Ärger mit der Stadt Kaufbeuren und kündigten Fehde an. Mit dieser Ansage schnappten sie sich kurzerhand fünf reisende Kaufleute, im Raubritterjargon ,,Pfeffersäkke" genannt, und warfen sie in ihr Verlies. Die Rächer rückten vor den Krähen, doch hielt die Burg der darauffolgenden württembergischen Belagerung stand.

Doch im Jahr 1512 wurde es ernst. Diesmal hatten es die Friedinger mit einem gefürchteten Gegenspieler zu tun. Georg von Frundsberg, der berühmte Landsknechtsführer, rückte mit 8000 Mann und schwerem Geschütz vor den Krähen und begann die Burg zu beschießen, die tapfer verteidigt wurde. Doch beim Laden der schweren Hakenbüchse ging diese vorzeitig los, was dem Schützen, Hans von Friedingen, die Hand kostete. Die Besatzung und von Friedingen seilten sich des Nachts mit Mauereisen ab und ließen ihr Raubnest leer zurück. Die Burg wurde ausgebrannt. Später wurde sie wieder aufgebaut, aber dann im Dreißigjährigen Krieg von Konrad Widerholt (1634) niedergelegt, um dessen Feinden jeglichen Stützpunkt gegen die Festung Hohentwiel zu nehmen. Im 18. Jahrhundert gehörte der Berg den Reischachs und kam dann im Erbfall an den Grafen Patrik Douglas.

Wer kennt nicht die Geschichte vom ,,bösen" Burgvogt Poppele, dem als Hegauer Eulenspiegel manch absonderlicher Streich angekreidet wird? Besonders die hohe Geistlichkeit, aber auch Fuhrleute, Säufer und Geizkragen mußten sich unter dem ,,Kreyen" vorsehen. In Mühlhausen, wo Popelius Maier, wie er richtig hieß, begraben ist, erzählt eine lustige Brunnenfigur von dessen Begegnung mit einer Eierfrau.

MÄGDEBERG

Der Mägdeberg – Kultstätte und Wallfahrtsort
Die Ruine ist ein beliebtes Ausflugsziel im Hegau

Die ehemalige heidnische Kultstätte der drei „Keltischen Beten" wurde nach der Christianisierung in einen Marienwallfahrtsort umgewandelt – später weihte man der heiligen Ursula und ihren Gefährtinnen eine Kapelle –, 1235 wurden Berg und Kapelle mit einem Mauerring umgeben und zu einer Burg ausgebaut.

Der Mägdeberg ist nicht so bekannt wie etwa der Hohentwiel – um so überraschender sind die ausgedehnten Befestigungsanlagen mit ihren Türmen und Toren. Ist auch vom Eingangstor nichts mehr zu sehen, so zeigt uns doch ein „Streichwehr" auf halber Höhe – kühn auf einer Felsnase stehend –, daß von hier, vereint mit dem großen Batterieturm, ein etwaiger Angreifer wirksam unter Feuer genommen werden konnte. Auch der schmale Burgweg, dem harten Fels abgerungen, lag im Schußfeld der Burgbewohner. Das Eingangstor zur Burg selbst wurde durch den noch stehenden – nach der Burg zu offenen – Schalenturm gedeckt, der selbst wieder „Schützenhilfe" durch den oben stehenden Wohnturm bekam.

Die Burg liegt sozusagen auf zwei Ebenen. Auf der „ersten Etage" standen mehrere Gebäude und auch der große Batterieturm. Die eigentliche Burg lag eine Etage höher. Ein massiver Torturm mit hochziehbarer Brücke verwehrte einst den Eingang. Wie auf vielen Burgen üblich, befand sich im Torturm auch die Burgkapelle, von der man sich bei einem etwaigen Angriff Schutz und Hilfe versprach.

Wir lassen auf unserem Weg aufwärts den Torturm hinter uns und wundern uns etwas über eine „bassinähnliche", längliche, aus dem Fels gehauene Vertiefung. Mauerreste zeigen uns an, daß sie einst überdeckt war. In dem Wohnturm sind Reste eines Tonnengewölbes zu sehen. Von den hier anschließen-

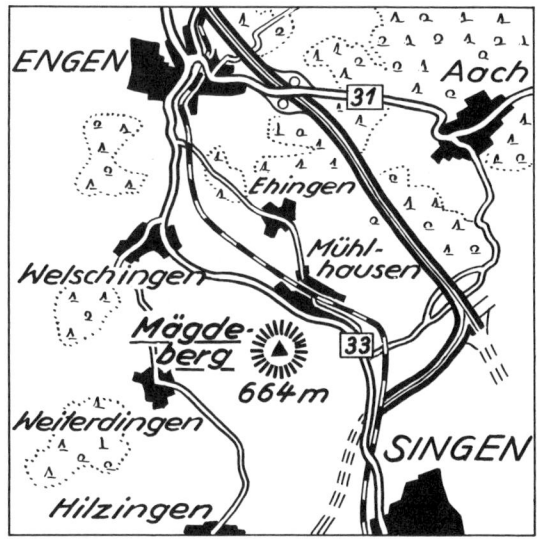

den Wohngebäuden sind lediglich Grundmauern erhalten. Auf der Westseite wurde die Burg durch einen separaten großen Zwinger mit einem Turm gedeckt.

In allem ist die Ruine eine eindrucksvolle Anlage, zwar ohne imponierende Gebäude – jedoch bestechen die Weiträumigkeit und die gut gewählten Verteidigungsanlagen der Burg. Und doch konnten diese nicht verhindern, daß die Festung mehrmals erobert und eingenommen wurde. 1378 zerstörte der Bund der schwäbischen Städte die Burg. Nach dem Wiederaufbau hatte sie mehrere Herren. 1525 wurde sie von den aufständischen Bauern eingenommen, aber nicht zerstört. Erst im Dreißigjährigen Krieg brachte der Kommandant des Hohentwiels dieses „Heldenstück" fertig, er ließ die Burg ausbrennen, um so einem Feind keinen etwaigen Stützpunkt zu bieten. 1650 bis 1653 wurde die Burg nochmals aufgebaut. Doch schon 1770 waren die Gebäude in einem so schlechten Zustand, daß sie abgebrochen werden mußten.

Was geblieben ist, sind lange Mauerzüge, der imponierende Schalenturm, Batterie-und Torturm, sonnendurchglühte Felsen und Mauern, der Schrei eines Milans, der hoch über der Ruine seine einsamen Kreise zieht, und eine herrliche Aussicht.

Der Mägdeberg – Blick auf Burgtor und Geschützturm.

Die sehr umfangreichen Ruinen lassen eine wirklichkeitsgetreue Rekonstruktion zu.

HOHENTWIEL

Trutzig und unbezwungen – die Festung Hohentwiel

In vielen Jahrhunderten nie erobert, aber unter Napoleon
dann doch zerstört

Eine Luftaufnahme des Hohentwiel heute: Rechts unten ist die untere Burg erkennbar, rechts am Felshang die Reste
des Rondell Augusta.

Der Hohentwiel mit seinen ausgedehnten Ruinenanlagen ist ein kaum überbietbares Ziel für einen erlebnisreichen Ausflug. Wer von der Westseite anfährt, hat die Autobahn bis an den Fuß dieses ehemaligen Vulkanschlotes. Von hier bis zum Berggasthaus sind es nur wenige Minuten. Vom dortigen Parkplatz aus allerdings beginnt dann eine „Sauerstoffstrecke", das heißt eine kräftige Steigung, die sich bis zur oberen Festung hinzieht und uns zwingt, unsere Lungen optimal zu nutzen. Haben wir unsere „Sprößlinge" dabei, finden diese hier oben Abenteuer-Verwirklichungen in den tiefen dunklen Kellern der Festung. Es gibt wohl keinen Jungen, der nicht mal von einem Schatz in einer verrotteten Kiste oder gar von Skeletten etwaiger umgekommener Gefangener geträumt hat. Dies gibt dann dem Vater Gelegenheit, entsprechend seiner Führungsrolle etwas über die Geschichte der Festung zu sagen und die einstigen Funktionen der verwirrend vielen Ruinenteile zu erläutern.

Funde aus vorgeschichtlicher Zeit zeigen an, daß der Twiel schon damals etwa als Fluchtberg oder als Heiligtum eine Bedeutung hatte. Aus dieser Sicht war er schon den Römern bekannt, die ihre Kastelle in Eschenz – nahe Stein –, in Konstanz und Zurzach hatten. Im 9. Jahrhundert versuchten die „Kammerboten" Erchanger und Berthold ein Stammesherzogtum in Alemannien wieder aufzurichten. Es gelang nicht. Erfolgreich verteidigten diese dem Hochadel zugehörigen Brüder Berg und Burg gegen Konrad I. Später, gefangen gesetzt, wurden sie 917 in Hohenaltheim hingerichtet. Um das Jahr 970 gründeten Herzog Burkhard und Herzogin Hadwig hier ein Kloster, das 1005 nach Stein am Rhein verlegt wurde. Die Geschichte der Herzogin Hadwig und ihres Mönch-Lehrers Ekkehard – mit den liebenswerten Randfiguren Audifax und Hadumoth – hat Victor von Scheffel in seinem historischen Roman verewigt. Die Burg gelangte in der zweiten Hälfte des 11. Jahrhunderts unter die Herrschaft Rudolf von Habsburgs und danach an die Zähringer. Nach 1120 folgten die Herren von Singen-Twiel, dann die Klingen und die Klingenberger. Uneinig und durch Mißachtung eines Vertrages gezwungen, mußten letztere 1521 die Burg an Herzog Ulrich von Württemberg verkaufen. Dieser baute den Berg zu einem unbezwingbaren Bollwerk aus. Als Stützpunkt zwischen seinem Stammland und seinen Besitztümern Mömpelgard in Burgund und im Elsaß waren ihm Burg und Berg eine willkommene Verbindung. 1519 gezwungen, sein Stammland zu verlassen, nahm er seinen Sitz auf dem Twiel. Dieser wurde nun von ihm und seinem Sohn Christoph zu einer modernen Festung ausgebaut. 1568 entstand der Hauptbau, die Herzogsburg, 1593 wurde die Bastei „Augusta" fertiggestellt, ein mächtiges Rondell mit meterdicken Mauern. Die Festung war gut bewaffnet, 47 schwere Geschütze, die mit 25- und 36pfündigen Kugeln bestückt werden konnten, vervollständigten die Bewehrung.

Als der Dreißigjährige Krieg ausbrach, war die Festung mit 200 Mann besetzt. Die erste Periode verlief verhältnismäßig ruhig. Ernst wurde es erst, als Gustav Adolf von Schweden den Hegau besetzen wollte. Schweden und Kaiserliche brandschatzten und plünderten gleichermaßen. Der damalige Kommandant des Twiels, Löscher, führte seine Beute- und Verproviantierungszüge in die benachbarten österreichischen Gebiete und eroberte und verbrannte die umliegenden Hegauburgen. Auf diesen Plünderungszügen war es Pflicht, den Feinden des Landesfürsten soviel

Schaden als möglich zuzufügen! 1634 bestellte der Herzog Konrad Widerholt zum Oberkommandierenden der Festung. Da die meisten der umliegenden Orte österreichisch und damit katholisch waren, hatten sie unter Widerholt besonders zu leiden. Pferde wurden den Bauern vom Pfluge ausgespannt und mitgenommen. Kaufmannszüge und Rheinschiffe wurden geplündert, wenn man ihrer habhaft werden konnte. Immer weiter dehnte Widerholt seine Raub- und Proviantierungszüge aus; so zogen seine Reiter 1635 bis nach Rottweil und raubten 270 Stück Vieh. Städte wurden unter der Drohung erpreßt, im Weigerungsfall würde mit Feuer und Schwert gegen sie vorgegangen.

Anfang des Jahres 1639 sammelten sich größere Truppenkontingente in Ober-Deutschland unter dem General Mercy; der Twiel wurde eingeschlossen, die Belagerung begann. Da durch sie nichts erreicht wurde, mußte sie wieder abgebrochen werden. Der Meierhof und die Trotte blieben als Ruinen zurück. Die Besatzung führte ihrerseits den Krieg fort. Bei einem Überfall wurde die Schloßmühle von Engen verbrannt. Engen selbst wurde einige Monate später im Sturm genommen. Auch in der Stadt Balingen wurde gebrandschatzt; mit einer großen Summe Geldes zogen sich die Twieler wieder auf ihr Adlernest zurück. Dörfer, die den Grafen von Sulz gehörten, wie Jestetten-Lottstetten, wurden wiederholt heimgesucht. Auf der Gegenseite war man indes auch nicht untätig und bestrebt, dem Feind Schaden zuzufügen. So verwüsteten die Kaiserlichen sogar ihre eigenen Dörfer, um so die Twieler von ihren Nahrungsquellen abzuschneiden.

1641 rückten die Kaiserlichen wieder vor die Festung. Insgesamt mit 8000 Mann, darunter Mineure, Sprengmeister und sogar tyrolische Erzknappen, um Schanzen und Rampen zu bauen. Auch mit schwerer Artillerie waren sie wohl versehen. Unter den Geschützen soll sich ein Mörser befunden haben, mit dem man Kugeln von mehr als 300 Pfund schießen konnte. Die Besatzung ließ sich aber nicht einschüchtern: Bei einem Ausfall gelang es sogar, einige Kanonen zu vernageln, zwei Mörser zu erobern und die Palisaden abzubrechen. Ein kaiserlicher General entging nur durch einen Zufall der Gefangennahme. Trotz aller Anstrengungen gelang es nicht, die Besatzung zu einer Aufgabe zu bewegen. Die Österreicher und auch der Rat der Stadt Schaffhausen richteten an Widerholt einen ,,Akkord", die Festung zu übergeben, doch dieser lehnte ab, ,,da er mit allem wohl versehen sei". Während der Belagerung wurden von den Kaiserlichen 2730 Vollkugeln, 176 Granaten, 90 Feuerkugeln und über 100 sonstige Geschosse von mehreren Batterien auf die Festung abgefeuert, doch viele flogen über den Berg hinweg. Als in den letzten Tagen des Jahres 1641 schwedisch-französische Truppen im Anmarsch waren, wurde die Belagerung in aller Stille aufgehoben.

Eine Eroberung der Festung war schon wegen deren Lage nahezu unmöglich. Mag man dazu noch die Verteidigungskunst Konrad Widerholts entsprechend einschätzen, so sollte man auch hierbei die Rückseite der Medaille einmal betrachten. Jahrzehntelang wurden Dörfer, Städte und Burgen gebrandschatzt. Vieh wurde weggetrieben, und trotz allgemeiner Not wurden die Ernten rücksichtslos beschlagnahmt. Widerholt verbrannte sogar unter anderen die Dörfer Allmannsdorf, Litzelstetten, Wallhausen und Dingelsdorf. Gemeinsam mit französischen Truppen wurde 1643 Überlingen heimgesucht. Die Stadttore wurden gesprengt – was sich entgegenstellte,

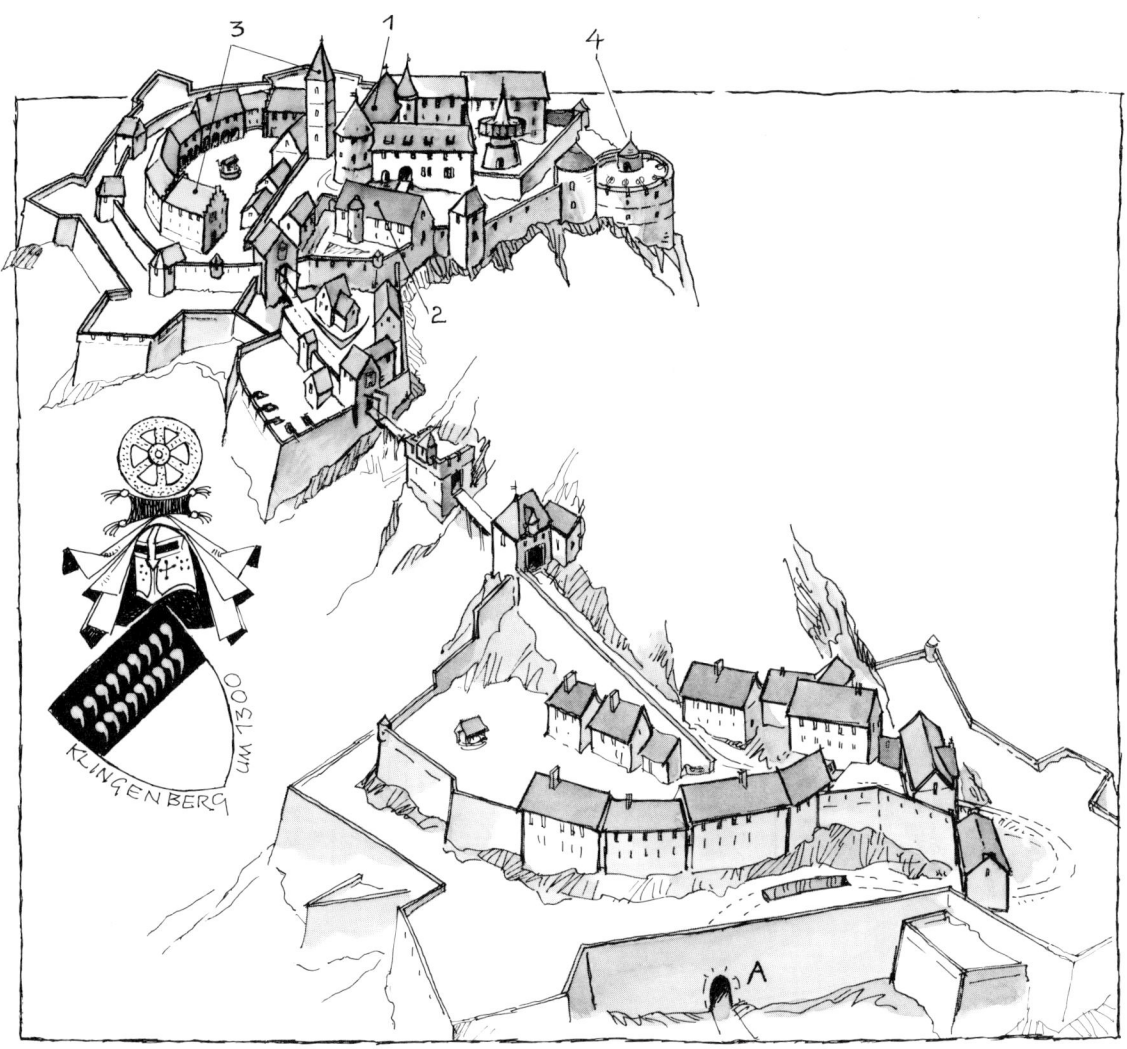

Diese Rekonstruktion zeigt den Zustand der oberen und unteren Hohentwielburg um das Jahr 1700. Der Zutritt zur unteren Festung erfolgte durch das Alexandertor, in der Zeichnung mit A bezeichnet. Durch einen Tunnel kam man dann in die untere Burg. Hier waren die Offizierswohnungen, Kasernen, die Marketenderei, eine Apotheke, die Bäckerei und die Kelterei. Den Aufstieg zur oberen Festung versperrte ein tiefer Graben mit Brücke. Bemerkenswert an der oberen Festung ist unter anderem die Herzogsburg (Ziffer 1) und rechts davon die große Windmühle mit dem waagerechten Mühlrad. Das Kommandanten-Wohnhaus ist mit 2 markiert. Ziffer 3 kennzeichnet Klosterbau und Kirche. Der hohe Turm dient heute als Aussichtspunkt. Ziffer 4 markiert das sogenannte Rondell Augusta, den Kanonenturm der Festung.

wurde niedergemacht, und die Stadt wurde geplündert. Allein 45 Wagen mit Plündergut, Säcke voll Silbergeschirr, Bargeld, Kleider, dazu noch 26 Wagen mit dem besten Wein wurden allein auf den Twiel geführt.

Während der Kriege von 1796 bis 1800 wurde die Neutralität der württembergischen Festung von den Österreichern sowie von den Franzosen anerkannt und zunächst respektiert. Die Befestigungen waren inzwischen überaltert und nicht mehr auf dem besten Stand. Die wenigen Geschütze waren unbrauchbar, und die Besatzung bestand in der Hauptsache aus Invaliden. Nach einem Rückzug der Österreicher stand die französische Division des Generals Vandamme in Singen und forderte die Besatzung zur Übergabe der Festung auf. Der Kommandant des Twiels, Generalmajor von Bilfinger, wies auf die Neutralität hin, doch Vandamme drohte, die Festung zu beschießen, und ließ Geschütze auffahren, bot aber im Falle der Übergabe der Besatzung freien ehrenvollen Abzug an und versprach, dafür einstehen zu wollen, daß die Festung nach Kriegsende unversehrt zurückgegeben werde. Die Festung wurde daraufhin übergeben. Doch entgegen den Versprechungen der Unversehrtheit entschied der Erste Konsul, Napoleon Bonaparte, daß die Festung zerstört werden sollte.

Die Sprengung und Zerstörung der Festung dauerte von Oktober 1800 bis März des nachfolgenden Jahres. Das war das Ende der bis dahin unbesiegten Festung.

NEUHEWEN (Stettener Schlößle)

Klein aber fein auf dem höchsten Hegauberg

Die Burgruine Neuhewen, auch unter dem Namen Stettener Schlößle bekannt – In 869 Meter Höhe

Die Burgruine Neuhewen, unter der Bezeichnung Stettener Schlößle besser bekannt, liegt an der Bundesstraße 31 zwischen Geisingen und Engen nahe dem Hegaublick. Hier nehmen wir das kleine Sträßchen zu dem Dörflein Stetten. Schon nach etwa 100 Meter, hinter einem kleinen Teich, biegt ein markierter Wanderweg in den Wald, und nach knapp 20 Minuten stehen wir vor dem wuchtigen Bergfried der Burgruine.

,,Kundige Augen" haben schon vor der Ruine im Vorfeld einen Abschnittsgraben entdeckt und gleich darauf eine schön planierte Fläche – das einstige freie Schußfeld der Burg. Der vor der Burg liegende Graben ist vom Schutt etwas eingeebnet, auf seiner rechten Seite grenzt er noch an die ehemalige Vorburg. Von den sechs Gebäuden, die dort ehemals gestanden haben, ist heute nichts mehr übriggeblieben. Doch nun zum Bergfried: Hell heben sich die exakt behauenen Eckquadern von den schwarzen Basaltbruchsteinen der Ausfüllung ab. Einige davon, sogenannte ,,Kissen-" oder Bossenquadern, plastisch aus der Eckleiste heraustretend, unterbrechen in unregelmäßigen Abständen die Eckflucht. In der Höhe des Eingangs läuft ein schön bearbeitetes Steinband um den Turm. Man ersieht daraus: Die Herren von Hewen wollten aus ihrem Bergfried mehr machen als nur ein Verteidigungswerk, nämlich ein äußeres Zeichen ihres Standes und ihrer Macht.

Der alte Eingang zum Turm liegt wie bei allen Burgen einige Meter über dem Boden und war ehemals durch eine Leiterstiege mit einem Gebäude verbunden. In der Höhe des Eingangs liegt auf der Angriffsseite (in der Zeichnung rechts) ein Wehrfenster, und in einem darunterliegenden Stockwerk sind zwei schmale Lichtscharten. Der Turm ist durch

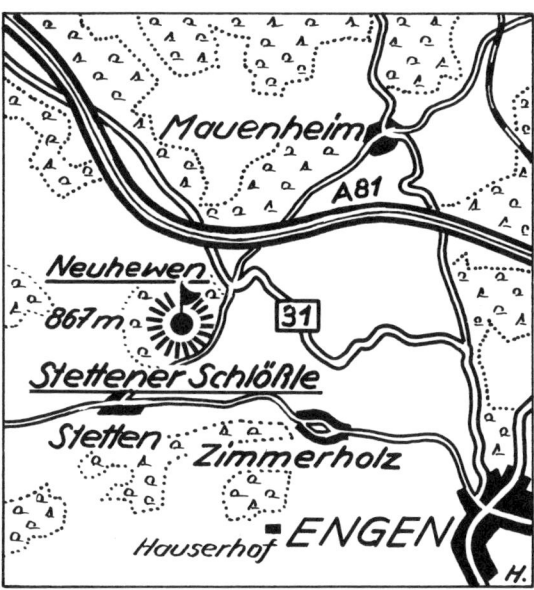

23

Unsere Zeichnung zeigt die Burg, wie sie ehedem ausgesehen haben könnte. Die Rekonstruktion wurde erstellt anhand des Grundrisses und der noch gut erkennbaren Mauerverläufe der damaligen Gebäude. Bemerkenswert ist der auch heute noch gut erhaltene Bergfried mit seinen schönen Eckquadern aus hellem Sandstein. Die schön behauenen Buckelquadern der Eckleisten umrahmen ausdrucksvoll die dunklen Flächen aus Basaltbruchsteinwerk. Der Eingang zur Burg lag „um die Ecke"; unliebsame Eindringlinge konnten so vom Bergfried und von der hohen Wehrmauer aus unter Beschuß genommen werden. Die Wohngebäude waren in einem rechten Winkel aufgestellt, dazwischen lagen zwei Burghöfe, die auch eine Funktion als Innenzwinger hatten. Der ganze Burgkomplex war mit einer heute nicht mehr erhaltenen Mauer umgeben.

die später am Fuß angebrachte Öffnung besteigbar.

Die herrliche Aussicht von der Plattform ist einen Besuch wert. Nicht nur die Kette der Hegauberge und die Aachniederung mit dem Bodensee liegen vor uns wie auf einem Präsentierteller; auch die höchsten Höhen des Schwarzwaldes zeigen sich am Horizont, während im Nordwesten und im Norden der Dreifaltigkeitsberg und der Witthoh Grenzpunkte sind. Daß man von so einem hoch gelegenen Punkt (bei gutem Wetter) auch die ganze Kette der Alpen zu sehen bekommt, versteht sich von selbst. Kaum zu glauben übrigens, daß der Neuhewen mit 869 Meter der höchste Berg des Hegaus ist; da er nur sehr flach ansteigt, erscheinen die anderen, steil aufragenden Hegauberge höher.

Wie wir gut von der Turmplattform aus sehen können, war die Anlage der Burg einfach, aber zweckmäßig. Der Turm brachte den dahinterliegenden Wohngebäuden Schutz. Große Fenster an den geschützten Seiten gaben den Räumen Luft und Licht. Von der Südseite her war kein Angriff zu befürchten; die wirr durcheinanderliegenden Felstrümmer des ehemaligen Vulkanschlotes machten eine Annäherung nahezu unmöglich.

Die altadeligen Herren von Engen-Hewen erbauten um 1200 die Burg. Schon 1315 mußten sie ihre Herrschaft jedoch an Österreich verpfänden. Es folgten dann ein Herr Hug von Chuernegg, die Bodmans, und nach diesen die Herren von Reischach, die bis 1433 im Besitz der Burg waren. 1639, im Dreißigjährigen Krieg, wurde die Burg samt dem Dorf Stetten von bayerischen Truppen zerstört. 1661 kamen Burg und Wald an die Herren von Fürstenberg.

Victor von Scheffel, der große Hegaufreund, ließ sich durch das Stettener Schlößle zu seiner Erzählung „Juniperus" anregen.

Der Bergfried, vom Graben aus gesehen. Besonders zu beachten ist die exakte Führung der Mauerkante mit den „Kissen-Quadern". Über dem Mauerband links befindet sich der Eingang.

HOHENSTOFFELN

Drei Burgen auf einem Berg

Der Hohenstoffeln und seine wechselvolle Geschichte –
Durch Basaltabbau beinahe zerstört

Ein guter Teil der Nordflanke des Hohenstoffeln liegt unter dem Asphalt unserer Bundesstraßen. Ein Basaltwerk zertrümmerte das eisenharte Eruptivgestein zu Straßenschotter. Schon war der Gipfel in Gefahr, als der Hegaudichter Ludwig Finckh das Gewissen der Natur- und Heimatschützer wachrief und der Schaufel des Baggers Einhalt gebot. 1939 wurde der Bruch stillgelegt.

Der Hohenstoffeln ist nicht der höchste Berg des Hegaus, aber wie der Hauer eines riesenhaften Urtieres ragt sein gespaltener Gipfel steil über das Binninger Tal; so gesehen von seinem Nachbarn, dem Hohenhewen. Da der Berg wie eine große Insel im Umland liegt, ist er von überall her gut zu erreichen. Den kürzesten Anstieg hat man von Weiterdingen aus, aber auch von Duchtlingen, Binningen oder über den Ludwig-Finckh-Weg von Welschingen aus ist er leicht zu erwandern. Leicht? ... sicher, aber der letzte Teil des Anstiegs zwingt uns, recht kräftig durchzuatmen. Oben angekommen, zieht es uns zunächst zum Nordgipfel. Senkrecht fällt dessen Flanke ab – Vorsicht bei nassem Wetter ist geboten. Alte „Autohasen" kennen noch die „Rundmocken" aus schwarzem Basalt und die durch sie auftretende Rutschgefahr bei Regen!

Die Aussicht von dieser „Herrgotts-Kanzel" ist umwerfend. Tief unter uns ein kleiner blauer Fleck, der Binninger See, sonst ... Weite, Wald, Wiesen und Äcker, darin eingebettet noch „richtige" Dörfer, deren Dächer gelb-rötlich und braun-golden aus dem Grün der Obstbäume und der Gärten leuchten. Am südwestlichen Horizont blaut der Feldberg, nach Norden verebbt die Landschaft in lan-

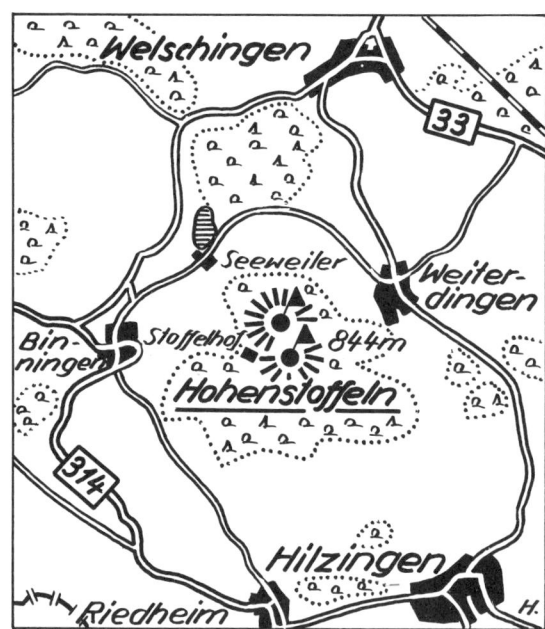

gen Wellen. Von Norden winkt der Nachbar, der Hohenhewen, herüber.

Drei Burgen standen einst auf dem Stoffel. Auf dem westlichen Teil des Gipfels und in der Senke des Mittelstoffels sind nur noch karge Mauerreste erhalten. Lediglich der Hinterstoffel zeigt uns mit seinen noch aufragenden Mauern, daß hier einst eine wehrhafte Burg gestanden hat.

Im Jahre 1056 als Stophola erstmals genannt, war die Burg Sitz des Grafen Ludwig von Pfullendorf-Ramsberg. Ab der Mitte des 12. Jahrhunderts wurde die Burg von Dienstmannen bewohnt – den „Altstoffelern". 1299 werden zum ersten Mal drei Burgen erwähnt, die jedoch alle ihre eigene Geschichte hatten. Die Hinterburg beherrschten nacheinander die Herren von Bodman, Klingenberg und Homburg. Im Jahre 1623 gelangten alle Teile in den Besitz Balthasars von Hornstein. Zehn Jahre später eroberte der Rheingraf Otto Ludwig mit 8000 Schweden und Württembergern die Burgen auf dem Hohenstoffeln, die auf Anordnung des Herzogs Eberhard von Württemberg zerstört wurden.

Ein Ruineneck der Hinterburg.

Unsere Zeichnung zeigt die drei Burgen des Hohenstoffeln kurz vor ihrer Zerstörung im Jahre 1633 (nach einer alten Darstellung). Uns überrascht die Vielzahl und Höhe der Burgteile auf dem Nordgipfel. Von allen diesen Gebäuden ist heute nichts mehr zu sehen. Die Hinterburg zeigt sich als geschlossener Baukörper in Form eines Würfels, mit einem umlaufenden Zwinger.

HOHENHEWEN

Namengebender Berg des Hegaus

Das Geheimnis des Hohenhewen

Das Eingangstor zur Oberburg.

Heißen Sie Hans? Dann können Sie einen Schatz gewinnen, der seit „unvordenklichen" Zeiten auf dem Hohenhewen vergraben ist und nur darauf wartet, bis einer kommt und ihn mitnimmt. Doch Hans muß derjenige heißen, „. . . sonst is' nichts! . . ." So ist's geschrieben in der „Zimmerschen Chronik".

Aber auch wenn Sie einen anderen Vornamen haben, sollten Sie diesem schönen Hegauberg mit seiner überwältigenden Aussicht einen Besuch abstatten. Wie kommt man hin? Von der Bundesstraße Engen–Singen biegt man ab in Richtung Anselfingen–Watterdingen–Tengen. Die Straße steigt leicht bergan, doch etwa 200 Meter vor der Kuppe geht es links ab. Vorbei an einem großen landwirtschaftlichen Anwesen kommen wir nach circa 300 Meter in den Wald und erreichen nach 25 Minuten die einstige Torwache. Ungesehen kam damals niemand vorbei! Von einer Mauer auf der Westseite und dem Steilabfall auf der Ostseite eingeengt, hatte ein Feind hier keine Möglichkeit zum Angriff. Der Mauerzug verlief nach einer Kehre als hohe Zwingermauer mit ausgesparten Schießlücken und einem Halbrundturm. Er ist heute nur noch andeutungsweise zu sehen. Über uns, auf dem steilen Felsen, sehen wir eine hohe Mauer mit Fensterdurchbrüchen.

Der jetzt schmale Weg ist auf der einen Seite von der Mauer begrenzt, während links der tiefe Burggraben bis zur steilen Ostflanke des Berges reicht. Unser Zugangsweg macht hier einen scharfen Knick – es geht steil hinauf. Doch gleich stehen wir vor dem noch gut erhaltenen Tor, das mit schönen Buckelquadern verblendet ist. Hinter dem Tor finden wir, von Dornen und Brennesseln überwachsen, einen Türsturz, einstmals das Torhaus, und daran anschließend die Wachstube.

Wir wenden uns nach rechts zu einem großen Mauerrest, den wir schon vom Burggraben aus gesehen haben. Eine moderne Wendeltreppe bringt uns zur Mauerkrone. Beim Aufsteigen bemerken wir schöne breite Fensternischen und den in der Dicke der Mauer geführten Rauchabzug eines Kamins. Man darf daraus schließen, daß dieses Gebäude nicht nur zur Verteidigung gedient hat. Querlaufend, vom Tor bis zur Westmauer, lag hier einst ein weiteres größeres Gebäude dahinter. Ein kleiner Absatz vor dem nun beginnenden großen Burghof zeigt uns, daß dieses Areal abgesondert war. Der überraschend große Hof ist von einer Mauer umgeben, an der noch Gebäudereste stehen. Uns fällt eine besonders hohe Mauer auf; sie könnte die Rückwand eines schmalen Gebäudes gewesen sein. Ein kleiner seitlicher Durchlaß daneben führt

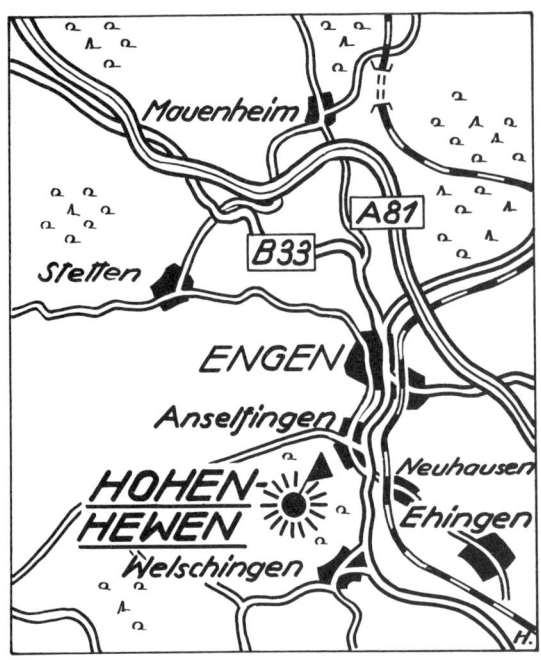

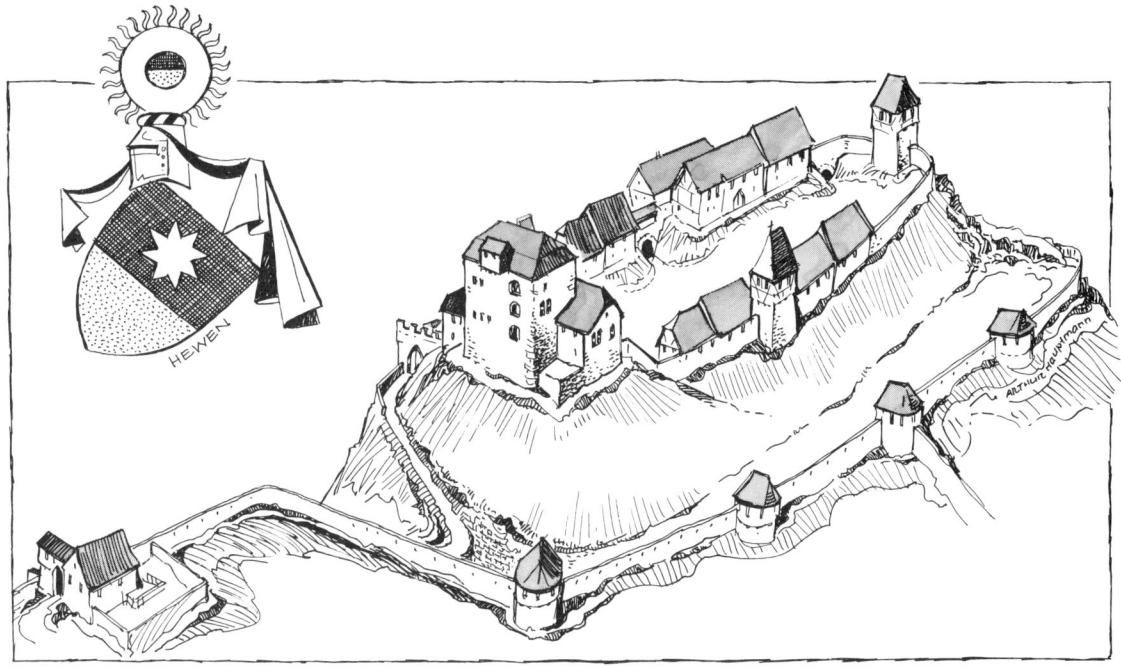

Unsere Rekonstruktion zeigt die Burg Hohenhewen, wie sie einst ausgesehen haben könnte. Die Zeichnung stützt sich auf einen älteren Grundriß und auf vorgefundene Mauerreste. Beherrschend steht der Wohnturm auf der vorderen Kante des Burgplatzes. Der Weg zum Burgtor überquert bei dem Halbturm den Burggraben, der nach links in den Steilabfall übergeht. Die vor dem Graben liegende Mauer mit den Halbtürmen sicherte die Burg nach der Feindseite hin.

uns auf eine dahinterliegende tiefere Plattform, die wohl auch einst ein Gebäude getragen hat. Am äußersten Ende der Burgmauer entdecken wir noch einen Rundturm und an der Westseite ein vorgeschobenes Gebäude, einen Viereckturm, der den davorliegenden äußeren Burggraben beherrschte. Der Burggraben wird von einer um das ganze Areal laufenden Mauer umfaßt, die mit Halbrundtürmen verstärkt ist. Von einem Bergfried, der im Burghof freistehend gestanden haben soll, sind weder Fundamentmauern noch sonstwas zu sehen; vielleicht sind diese bei einer Planierung zugedeckt worden.

Wie eingangs schon erwähnt: Die Aussicht von der Plattform ist einfach zauberhaft. Im Nordwesten sehen wir die ,,Lucke", das heißt den Übergang zum Randen mit seiner Firstkette. Im hellen Blau über dem Eichberg erkennen wir gerade noch den Hochfirst, weitere Schwarzwaldberge verlieren sich im sommerlichen Dunst. Im Süden winkt der Hohenkrähen, und den Twiel sieht man gerade noch ,,um die Ecke". Der Gnadensee blitzt im Sonnenglast, mittendrin die Reichenau. Östlich das Stettener Schlößle, dahinter der ebene Höhenzug des Heubergs, rechts davon der Witthoh . . . und tief unter uns die spitzen Dächer von Engen und zwei Autobahnbrücken. Nach Nordwesten: Getreideäcker, Felder, gepflegte Wiesen, unterbrochen durch geschlossene Waldstücke.

Die Burg wurde von dem Geschlecht der Engen-Hewen um 1170 erbaut. Die Herren von Hewen, wie sie sich fortan nannten, hatten Besitz im Hegau, auf der Baar und an der Donau bis zur Wutach. Sie besaßen überdies zahlreiche Burgen in diesem Landstrich. 1398 gelangten Burg und Herrschaft an Österreich, wurden aber gleich an die Landgrafen von Stühlingen, an die Herren von Lupfen, weiterverpfändet. Nach deren Aussterben im Mannesstamm kamen die Pappenheimer 1582; darauf folgten die Grafen von Fürstenberg. Im Dreißigjährigen Krieg, 1639, wurde die Burg von den Bayern zerstört, da Burg und Besatzung auf schwedischer Seite waren. Das Geschlecht der Herren von Hewen starb schon 1570 in der direkten Linie aus.

BODMAN

Nur ein Kind überlebte den Brand auf Bodman

Die tragische Geschichte vom Tod einer Festgesellschaft –
Beeindruckende Ruine am Rande des Überlinger Sees

Die Burg Bodman, von der Südseite aus gesehen. Da zwei Seiten des Wohnturmes noch hoch aufragen und auch die Umfassungsmauern mit dem Tor weitgehend erhalten sind, läßt sich anhand dieser Rekonstruktion das ursprüngliche Aussehen der Burg leicht nachvollziehen. Rechts die Wehrtürme des Vorwerkes, das kleine Tor ist durch einen Turm abgesichert. Die Ruine ist heute durch Bewuchs fast verdeckt und deshalb nur schwer zu fotografieren.

Man schrieb den 16. September anno domini 1307. Hoch oben auf der Burg Bodman hatte sich eine vornehme Gesellschaft zusammengefunden, die Familie und Freunde des Burgherrn feierten die glückhafte Rückkehr von einer Pilgerfahrt in das Heilige Land. Saitenspiel erklang, und der Becher kreiste in fröhlicher Runde. Niemand sah, daß im Westen, über dem Bodanrück, ein Unwetter heranzog. Es war merkwürdig still, kein Windhauch bewegte die Wetterfahne oben auf dem Turm. Schwefelgelb leuchtete der Rand des Wolkensaumes. Da, urplötzlich brach das Gewitter los. Ein Blitzstrahl, begleitet von einem Donnerschlag, der das Gemäuer der Burg erzittern ließ, schlug in den Giebel über dem Rittersaal. Der Schlag war so gewaltig, daß Gäste und Burgherr von ihren Sitzen gerissen wurden und betäubt liegen blieben. Schon brannte der Treppenturm. Zwar versuchten einige beherzte Männer des Gesindes zu löschen – doch hatte es lange nicht mehr geregnet und das Wasser der Burgzisterne war nahezu versiegt. Schon fielen Teile des brennenden Dachstuhles in den Saal. Die Hitze und der ätzende Qualm ließen die Anwesenden beinahe ersticken. Unter den Familienmitgliedern befand sich das kleine Söhnlein des Burgherrn, betreut von seiner Amme. Beherzt riß diese den Säugling aus der Wiege, steckte ihn in den großen kupfernen Kessel, der am Kamin hing, stopfte Windeln und was sie sonst gerade zur Hand hatte hinein, und warf den Kessel mit dem Kind zum Fenster hinaus. Der Kessel stürzte sich überschlagend den Abhang hinunter, doch Büsche milderten den Aufprall; schließlich blieb der Kessel mit dem Kind an einem Strauch hängen und wurde geborgen. Das Kind hatte den Sturz ohne Schaden überstanden. Es war der einzige männliche Namens-

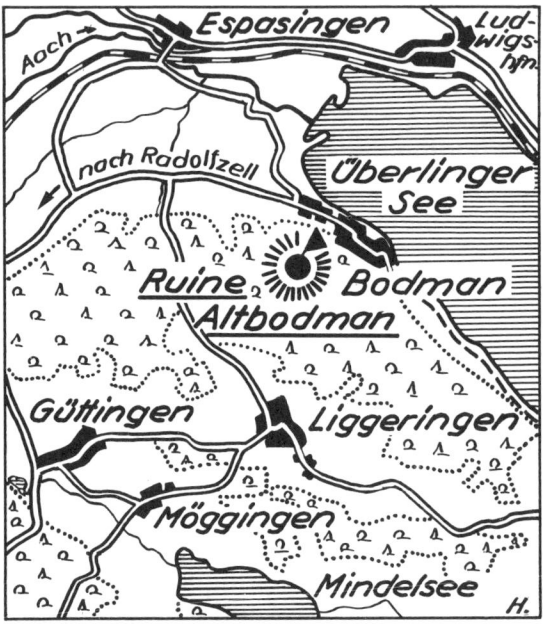

träger dieses Geschlechts – von dem alle späteren Nachkommen abstammen sollten. Conrad, Katharina, Adelheid und Anna von Bodman kamen in den Flammen um, ebenso Gottfried von Kreygen (Krähen), Heinrich von Blumegg und die Ritter Hans von Bodman und Hans von Schellenberg; auch die tapfere Amme überlebte das Unglück nicht. Die Burg brannte bis auf die Grundmauern nieder.

Das romantische, vielbesuchte Dörflein Bodman mit dem Herrenhaus der Grafen von Bodman hat eine reiche Vergangenheit.

Wie viele Bodenseedörfer läßt sich die Ansiedlung seit der jüngeren Steinzeit bis zur bronzezeitlichen Pfahlbau-Siedlung zurückverfolgen. Unter den Karolingern wurde Bodman eine königliche Pfalz. Mehrere Könige, auch Kaiser Karl der Dicke (im Münster zu Reichenau begraben), weilten mehrmals

Die Mauer des Wohnturms, von der Feindseite aus gesehen: wuchtig, wehrhaft und abweisend.

dort. Von dieser Pfalz zeugen noch die drei Meter dicken Mauern aus Wacken und roh zugehauenen Bruchsteinen bei der heutigen Pfarrkirche. Auch königliche Urkunden mit der Bezeichnung ,,Bodman palatio regio" weisen diesen einst königlichen Verwaltungssitz nach. Im 13. Jahrhundert gehörten die Reste des einstmaligen königlichen Besitzes teils als Lehen, aber auch als Eigenbesitz den reichsfreien Herren von Bodman, nach deren Wohnsitz der Bodensee seinen Namen hat. Als ,,Lacus Podamicus" hat er den von den Römern gegebenen Namen ,,Lacus Brigantinus", das heißt Bregenzersee, abgelöst. Ihre

Burg bauten sich die Herren von Bodman um 1170 auf einer steilen Bergzunge des Bodanrücks, 200 Meter über dem Dorf.

Nach dem Abbrennen der alten Burg 1307 wurde mit dem Bau einer neuen Burg auf der gegenüberliegenden Seite begonnen. Nach 15jähriger Bau- und Fronzeit war sie 1332 fertig. Der Palas, also die Wohnburg, wurde auf die höchste Stelle der Felsplatte gestellt, welche, nach drei Seiten steil abfallend, noch ringsum durch eine starke Mauer eingefaßt wurde. Auf der südlichen Angriffsseite lag eine wehrhafte Vorburg, durch zwei Mauertürme und eine Verbindungsmauer mit Wehrgang gut geschützt. Glückte es einem Feind, an der Vorburg vorbeizukommen, war er auf dem Burgweg auf seiner nicht durch den Schild geschützten Seite dem Beschuß von der hohen Umfassungsmauer aus ausgesetzt. Gelang es ihm, das Tor zu überwinden, befand er sich zwischen zwei hohen Mauern, wo er sich nicht verteidigen konnte, wohl aber dem Beschuß von oben ausgesetzt war. Weitere Mauern mit engen Toren versperrten noch zusätzlich den Weg.

Der Palas ist genaugenommen ein gewaltiger Wohnturm. 16 mal 18 Meter messend hat er bei sechs Stockwerken ein nach Norden abfallendes Pultdach, das dem Angreifer eine nicht in Brand zu setzende Dachfläche bietet. Die sehr starke Umfassungsmauer ist mit Zinnen bekrönt und auf der Angriffsseite mit Schießscharten versehen.

Als die Burg erbaut wurde, war das Pulver zwar schon erfunden, Pulvergeschütze gab es bereits, doch waren sie zu unbeweglich und spielten in der Belagerungstechnik noch kaum eine Rolle. Im Jahre 1643 ließ der französische General Graf Corval, damaliger Kommandant von Überlingen, die Burg niederbrennen; seitdem ist sie eine Ruine. Der Palas gleicht nun einem riesenhaften ausgebrochenen Zahn, doch macht er von der Angriffsseite aus mit den zwei flankierenden Türmen des Vorwerks auch als Ruine noch einen durchaus wehrhaften Eindruck. Die Umfassungsmauern, das Burgtor mit den Zwingermauern, das heißt dem engen Durchgang dahinter, sind noch gut erhalten.

MÖGGINGEN

Eine Wasserburg wie aus dem Bilderbuch

Schloß Möggingen nahe des Mindelsees – Wo kranke Vögel gesundgepflegt werden

Schloß Möggingen heute.

Die interessante, gut erhaltene Wasserburg erreicht man, wenn man von Radolfzell in Richtung Markelfingen fährt und nach der Stadtgrenze in die Straße nach Möggingen einbiegt. – Kurz vor diesem hübschen Dörfchen geht eine Zufahrtsstraße links ab; wir erkennen die ehemalige Schloßmühle mit ihren landwirtschaftlichen Gebäuden; eine größere, parkähnliche Baumgruppe wird überragt von der Wehrmauer und dem Herrenhaus.

Erbaut wurde die damalige Burg vom Ortsadel, das heißt von den Herren von Möggingen, um die Zeit von 1100 bis 1200. Sie wechselte aber bald ihren Besitzer und kam in die Hände der Herren von Bodman (1278), und später in den Besitz des Wolf von Homburg, der seine Stammburg unweit in Stahringen hatte. Im Jahre 1525 versuchten aufrührische Bauern in den Besitz der Burg zu gelangen. Da aber die Einwohner von Möggingen die Burg verteidigen halfen, mißlang deren Vorhaben. Die Bauern nahmen Rache und zündeten das Dorf an.

Durch Kauf kam die Burg später in den Besitz von Hans Conrad von Bodman-Möggingen. Knapp einhundert Jahre später, im Dreißigjährigen Krieg, verbrannten Franzosen gemeinsam mit den mit ihnen verbündeten Württembergern die Burg, nachdem diese vorher ausgeplündert worden war. 1648 wurde mit dem Bau eines neuen Schlosses begonnen. Eine gründliche Umgestaltung erfolgte 1834; die Ringmauern des Schlosses wurden, der besseren Sicht wegen, um einige Meter abgetragen. Ebenso die Ecktürme, die einst dem Schutz der Ringmauer gedient hatten. Auch die „Barbakane", das heißt das Vorwerk vor dem Torturm, wurde abgebrochen, und die Zugbrücke wurde durch einen festen Übergang ersetzt. Vorübergehend kam Schloß Möggingen nochmals in fremde Hände, um erst im Jahre 1935 wieder Bodmanscher Besitz zu werden.

Bekannt ist Schloß Möggingen durch die Vogelwarte Rossitten (ehemals Ostpreußen), die in einigen Räumen des Schlosses ihren Sitz hat. In den Volieren des Schloßhofes werden Groß- und Greifvögel gesundgepflegt, die durch einen Unfall vorübergehend flugunfähig sind. Und in einem Nachbargebäude finden wir eine kleine, aber interessante Ausstellung der Vogelkunde. Auch Fotos

Schloß Möggingen, wie es um das Jahr 1600 herum ausgesehen hat. Der kräftige Bergfried, aus Rundwacken erbaut, existiert heute nicht mehr – ebensowenig die halben Rondelle links und rechts des Tores. Auch von den vorgelagerten Rundtürmen sind nur noch Spuren auszumachen.

von Welsen aus dem nahegelegenen „geheimnisvollen" Mindelsee sind hier zu bestaunen, wurde doch im Jahre 1938 ein solches „Ungetüm" mit einer Länge von 2,40 Meter und einem Gewicht von 180 Pfund gefangen.

Unsere Rekonstruktion zeigt das Wasserschloß Möggingen, wie es etwa um das Jahr 1600 ausgesehen haben mag. Damals stand noch im inneren Bereich der mächtige Bergfried aus Rundwacken – erbaut um 1100 –, der vermutlich im Dreißigjährigen Krieg zerstört und später ganz abgetragen wurde. Auch die Rundtürme außerhalb der Ringmauer und das Vorwerk vor dem Torturm wurden entfernt, und die Ringmauer verlor ihren Wehrgang. Die ganze Burganlage war früher durch einen doppelten Wassergraben geschützt. Zwischen den Gräben lief ein Wall, der mit Palisaden (Pfahlwerk) bestückt war. Der Palas hatte früher ein Satteldach, dürfte aber mit dem schönen Treppenturm genauso ausgesehen haben wie heute.

STAUFEN/HEGAU

Alle „Staufen"-Burgen standen auf steilen Kegeln

Die Ruine Staufen unterhalb des Hohentwiels –
Von Hilzingen aus gut erreichbar – Im Schatten der mächtigen Twielfestung

Für viele liegt sie vor der Haustüre; trotzdem ist sie weitgehend unbekannt, die Burgruine Staufen über Hilzingen, Kreis Konstanz. Das mag daran liegen, daß sie keine umfangreichen Mauerzüge und auch keinen Bergfried aufzuweisen hat. Man muß sie erst suchen. Zwar liegt sie an dem Wanderweg, der von Weiterdingen nach dem Twiel führt, aber der dichte Bewuchs des kleinen Burgberges läßt zunächst nur wenig Mauerreste erkennen. Einzig ein in den Felsen eingehauenes Gewölbe könnte stutzig machen. Auch führt kein „ordentlicher" Weg über die ehemalige Vorburg zur Ruine. Alles sieht ein bißchen nach einem „Räuberschlößchen" aus. Doch bitte keine vorschnellen Urteile. Ist zunächst auch nicht viel zu sehen, so ein „Winzling", wie man zunächst meinen könnte, war die Burg Staufen gar nicht.

Dem kundigen Auge fällt schon die ehemalige, ausgedehnte Vorburg auf, umgeben von einer noch bruchstückweise erhaltenen Ringmauer, die nach der Zugangsseite einen kräftigen, vorgeschobenen Mauerpfeiler hat, von dem aus man den Burgweg überblicken konnte. Das Areal der Vorburg ist künstlich eingeebnet; auf ihr hatten die Wirtschaftsgebäude der Burg ihren Platz. Eine Vertiefung zeigt uns, daß hier einmal das Torhaus oder die Wachstube den Zugang zur Kernburg abriegelte. Sie lag oben auf dem Bergkegel. Der Anstieg ist kurz, steil und schlüpfrig. Bevor wir das Burgareal erreichen, überqueren wir einen Burggraben. Hier versperrte einst die Zugbrücke den Zugang. Oben angelangt, versuchen wir die Anlage zu überblicken und abzuschreiten, was durch den dichten Bewuchs gar nicht so einfach ist. Ein starkes

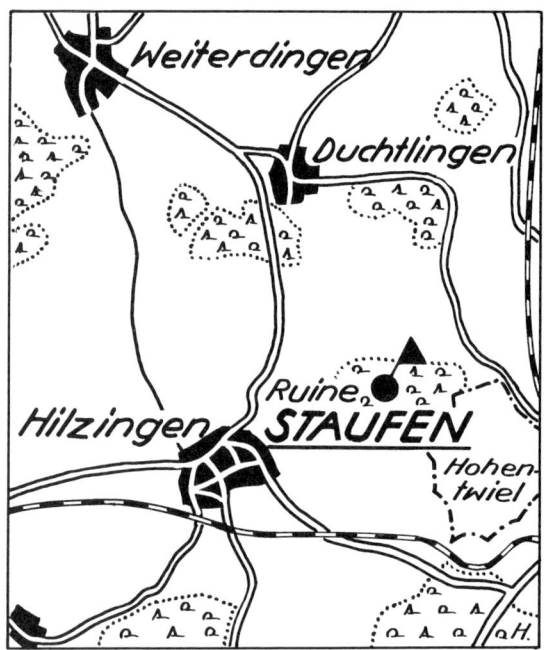

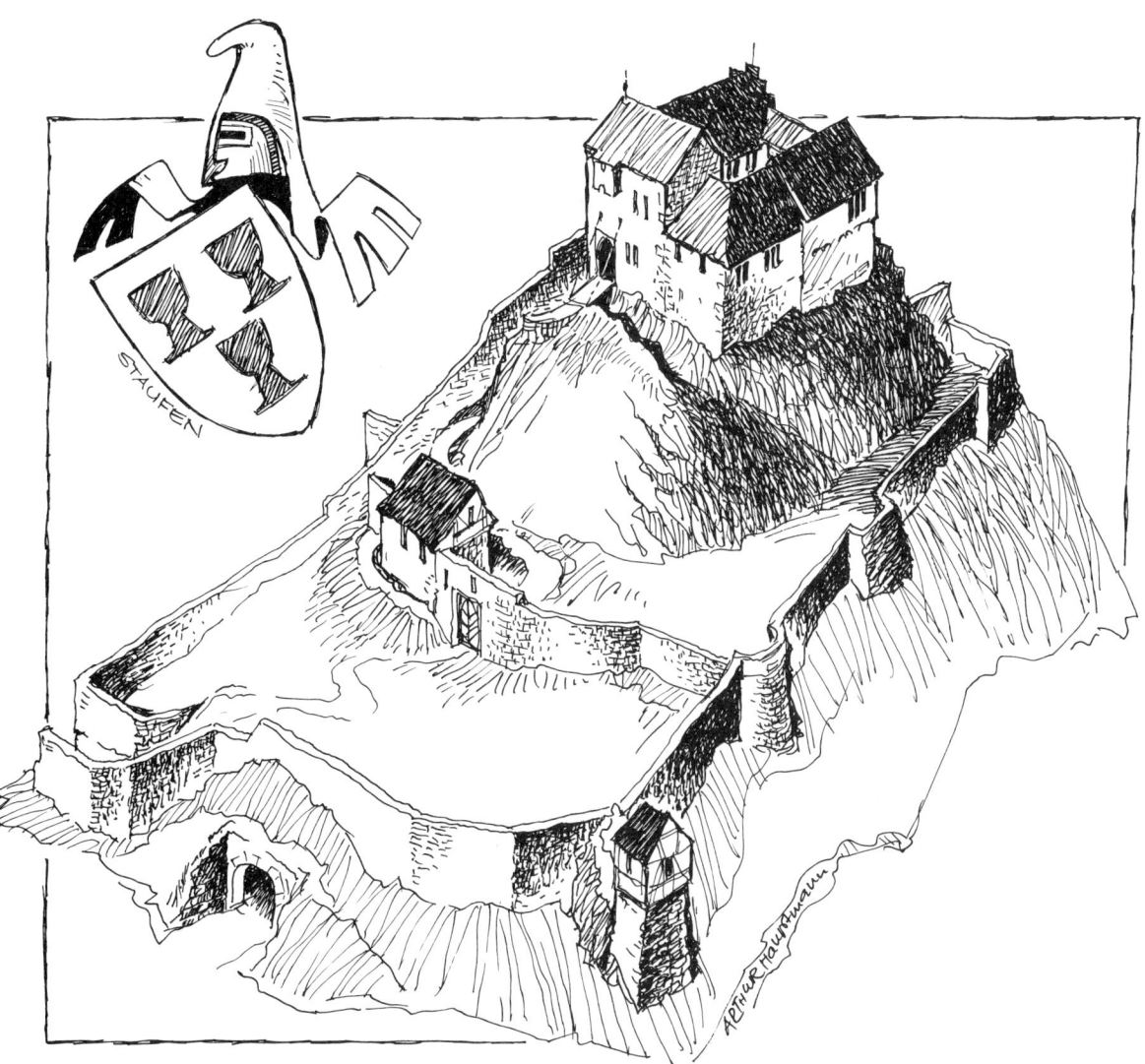

Wir sehen die auf einem Kegel liegende sehr kompakte Burganlage. Mit ihren Ring- und Abschnittsmauern war sie gut abgeschirmt. Wirtschaftsgebäude, Ställe usw., die einst in der Vorburg standen, sind der Übersichtlichkeit wegen nicht eingezeichnet. Unten der Mauerpfeiler, der den von rechts kommenden Weg sperren konnte. Links ,,das Gewölbe" – es ist vermutlich erst später dazugekommen und könnte zum Wirtschaftshof gehört haben, der hier gestanden hat.

Mauerstück auf der Südwestseite ist zunächst alles, was auf eine ehemalige Burg hinweist. Groß war sie – wie schon gesagt – nicht, aber sehr kompakt: ein etwa quadratischer Baukomplex mit einem kleinen Lichthof. Hinweise, etwa auf einen Bergfried, fehlen. Auch wenn der Baubefund nicht sehr ergiebig ist, werden wir durch die schöne Aussicht entschädigt. Im Westen liegt der Hohenstoffeln, und unser Auge sucht den tiefer liegenden „Homboll", eine Burg, noch kleiner als die Staufen – einst dem Stoffeln zugehörig und dessen Schicksal teilend.

Sie hat nie eine Rolle im Geschehen der Region gespielt, dazu war sie zu klein und unbedeutend: die Burg Staufen, im Schatten der mächtigen Festung Hohentwiel liegend. Sie war weitgehend mit dem Schicksal dieser Festung verkettet. Aber diese Nähe wurde auch ihr Verhängnis. Wie fast alle Burgen der Nachbarschaft wurde sie von dem berühmt-berüchtigten Kommandanten des Twiels, Konrad Widerholt, zerstört, um einem angreifenden Feind keinen Stützpunkt zu geben. Es hat nichts genützt. Gerade im Umfeld der Staufen legten die Kaiserlichen ihre Schanzgräben an. Hier hatten sie ihr befestigtes Lager, hier stellten sie ihre schweren Geschütze auf, und von hier flogen die schweren Bomben in einem steilen Bogen aus den dicken, kurzrohrigen Mörsern. Aus einer „illustrierten" Beschreibung der Belagerung wissen wir sehr genau, wie die Angriffsfront gebaut war, selbst die Flugbahnen der Mörserbomben sind eingezeichnet..., auch die Burg Staufen, dachlos mit leeren Fensterhöhlen.

Die erste Nennung erfolgte 1272 in der Zähringischen Ministerialen (Staufen im Breisgau) – daher der Name. Nach 1218 herrschten die Grafen von Hohenberg, dann

Auf der Südseite des Burghügels, etwas unterhalb der Kernburg, stehen noch umfangreiche Gebäudereste mit schönen Eckquadern aus Basalt.

die Herren von Homburg. 1338 österreichisch, geriet die Burg vorübergehend in die Hände derer von Randegg, Klingenburg und Schellenberg. 1499 im Schweizerkrieg und 1525 im Bauernkrieg verbrannt und dann wieder aufgebaut, wurde sie 1640 von Widerholt vollständig zerstört.

Die Staufen ist am besten von Hilzingen aus zu erreichen. (Versäumen Sie nicht, hier die von Peter Thumb erbaute, überaus sehenswerte Barockkirche zu besuchen.) In Hilzingen erfragen Sie die Staufenstraße, der Sie bis zu ihrem Scheitelpunkt am Rande eines kleinen Wäldchens folgen. Dort finden Sie den Wanderweg, der Sie in zehn Minuten zur Ruine Staufen bringt.

MEERSBURG

Hier wurde mit Pulver geschossen
Der Merowingerkönig Dagobert soll die Meersburg erbaut haben

So könnte die Meersburg kurz vor der Jahrtausendwende ausgesehen haben. Beherrschend, damals wie heute, der mächtige Dagobertturm. Der Burggraben war, bevor er durch 400 Todtnauer Bergknappen aus dem Fels ausgebrochen wurde, nur mäßig tief. Mit ihrer Nordseite stand die Burg knapp auf der schmalen Felszunge, die erst viel später wesentlich verbreitert wurde.

Jeder Besucher des Bodenseegebiets kennt sie. Schon von weitem sind die charakteristischen Treppengiebel des uralten Dagobertturmes zu sehen, eingerahmt von dem davor gesetzten Mantelbau, flankiert von zwei runden Ecktürmen. Die Meersburg wird mit Fug und Recht als die älteste noch bewohnte Burg Deutschlands bezeichnet. Der Überlieferung nach soll sie von König Dagobert aus dem Geschlecht der Merowinger im Jahre 628 errichtet worden sein. Diese Annahme gründet sich vor allem auf die Bausubstanz der Burg, insbesondere auf das megalithische Mauerwerk des Turmes und der mächtigen, drei Meter dicken Außenmauer, die als langgezogene Schildmauer auf der äußeren Kante des schmalen Felsrückens aufsitzt. Erst viel später wurde hier durch eine hochgezogene Stützmauer mit Hinterfüllung zusätzlicher Raum gewonnen.

Anliegen dieses Beitrags ist es, den Kern der frühen Burg herauszuschälen und zu versuchen, die Burg ohne alle späteren Anbauten zeichnerisch sichtbar zu machen. Drei Bauteile reichen gesichert in die älteste Bauperiode zurück: der zunächst freistehende Turm, der langgezogene Palas und ein dazu querstehender Bau, in dem sich der als Dürnitz bezeichnete Raum befindet. Diese drei Komponenten bilden auch den wesentlichen Teil unserer Rekonstruktionszeichnung. Die alte Burg sah ohne die späteren Anbauten wesentlich anders aus, als sie sich heute darbietet. So trug zum Beispiel der obere Teil des Dagobertturmes nicht den markanten, vierseitigen Staffelgiebel, sondern war wohl, wenn er keine offene Wehrplatte hatte, mit einem Pyramidendach gedeckt. Heute ist dieser mächtige Turm mit sechs Meter Seitenlänge und drei Meter Mauerstärke weitgehend durch später angebrachte Bauteile eingeschlossen; vor allem durch den sogenannten Mantelbau mit den beiden runden Ecktürmen, die jedoch schon nicht mehr auf dem eigentlichen Burgfelsen Platz fanden, sondern viel tiefer aufsitzen.

Vom Turm wird angenommen, daß er zunächst allseitig frei stand und nur an seiner Nordseite durch eine Mauer mit der langgezogenen Wohnburg eine Verbindung hatte. Dieser Wohnburg war rechtwinklig ein dickwandiger Wehrbau vorgelagert, der den Zutritt zur Burg zu sichern hatte. Offen bleibt, wie der damalige schmale Halsgraben überbrückt war, da Zugbrücken zu jener Zeit noch nicht allgemein üblich waren. Der heutige Torbau ist auf eine spätere Zeit zu datieren. Auch der tiefe und breite Burggraben mit der Burgmühle wurde erst im Jahre 1334 von 400 Todtnauer Bergknappen aus dem Fels herausgehauen. Nach der Ost- und Stadtseite hin darf eine einstige Wehrplatte angenommen werden, die etwa an der Stelle des heutigen Kapellenturmes gestanden haben könnte. Von hier aus konnte das dem Tor gegenüberliegende Terrain verteidigt werden; auch war die Burg gegen die Stadtseite hin abgesichert. Daß diese Wehrplatte vorhanden gewesen sein muß, ist daraus zu schließen, daß die Meersburg sich im Jahre 1334 mit ,,Bliden" und ,,Antwerchen", das heißt Wurfmaschinen, die durch schwere Gegengewichte am kurzen Hebelarm zentnerschwere Steine bis zu 300 Meter weit schleudern konnten, verteidigen mußte. Daß diese schweren ,,Gewerfe" auf einer starken Unterlage, einer Art Terrasse, stehen mußten, macht die Annahme einer dort befindlichen Wehrplatte wahrscheinlich.

Blick in den tiefen Burggraben mit der Schloßmühle ▷ (links).

Auf der Seite der Belagerer, es war dies das Reichsheer, setzte man Pulvergeschütze ein. „Die hatten einen solch harten Don [Ton] mit dem ußgang des schutz [Schusses], also das vil menschen als halbtod und ohnmächtig auff das ertrich vilent." Es war dies der erste Einsatz von Pulvergeschützen auf deutschem Boden. Es half alles nichts, nach 14 Wochen ergebnisloser Belagerung mußten die Angreifer abziehen. Aus dem Jahre 1379 lesen wir, daß die Burg durch Anbauten vergrößert und verstärkt worden war. Mit der Zeit war auch die Stadt Meersburg immer mehr gewachsen. Unter einem harten Burgvogt, den der Bischof Heinrich IV. von Hewen eingesetzt hatte, kam es mit der Bürgerschaft zu gewaltsamen Auseinandersetzungen, wobei diese die Burg „ohne sonderliche Mühe" einnahmen. Durch eine List konnte man sich der Burg aber wieder bemächtigen, und die Stadt mußte ihren Übergriff schwer büßen.

Unter dem baufreudigen Fürstbischof Hugo von Hochlandenberg bekam die Burg im wesentlichen ihr heutiges Aussehen. Nun folgten harte Zeiten. 1525 im Bauernkrieg zog der Seehaufen vor Meersburg; von den Bürgern eingelassen, sollte er nun die Burg einnehmen. Doch man einigte sich für 300 Gulden Brandschatzungsgeld, ein Geschütz nebst Pulver und, nicht zu vergessen, sechs Fuder Wein, und die Angreifer sahen von ihrem Vorhaben ab. Auch die Schweden im Dreißigjährigen Krieg begnügten sich mit einer saftigen Abstandszahlung und rückten ab, kamen kurze Zeit später aber wieder zurück und plünderten die Stadt. Die Burg konnten sie jedoch nicht einnehmen. 13 Jahre später waren sie wieder da; die Stadt blieb diesmal weitgehend verschont, da sie eine Kontribution leistete, die Burg jedoch sollte niedergebrannt werden. Mit Brandern und Feuerkugeln schossen die Schweden den Dachstuhl in Brand; damit begnügten sie sich und zogen ab. Wie man sieht, war es wohl glückliches Taktieren, das die Burg vor einer Zerstörung bewahrte. Da die Burg mit einer kurzen Unterbrechung (1210) bis 1803 im Besitz des Bistums Konstanz war, wurde sie, als durch den Reichsdeputationshauptschluß die geistlichen Fürstentümer aufgehoben wurden, dem badischen Staat übertragen. 1838 schrieb man die Burg zum Abbruch aus. Dem Freiherrn Joseph von Laßberg ist es zu verdanken, daß er sie durch Kauf vor diesem Schicksal bewahrte. Die Burg wurde nun unter ihm zu einem Hort für Dichter und Gelehrte. Sieben Jahre wohnte als Gast die Dichterin Annette von Droste-Hülshoff darin. Nach Laßberg kam die Burg durch Kauf an Dr. Karl Ritter Mayer von Mayersfels, der als Heraldiker, Sammler und Kenner alter Waffen und Wehren weithin bekannt war. Nach dem Tod seiner Tochter und deren Erben, die mit Liebe und viel Opfersinn die Burg, deren Sammlungen und einmaligen Schätze hegten und pflegten, blieb die Burg in privaten Händen, ist aber durch Führungen der Öffentlichkeit zugänglich.

SCHOPFLEN

Ein Unrecht führte zur Zerstörung

Aus der Geschichte der Burg Schopflen vor der Reichenau

Unser Foto zeigt die West- und Seeseite der Ruine. Eine Ecke mit besonders kräftigen Quadern ist zu erkennen, ebenso die verschieden großen, unregelmäßig vermauerten Rundwacken. Die Wand ist an der Ecke etwa sechs Meter hoch.

Die Reichenau, die „riche auwe" – so hieß sie im Mittelalter –, ist eine Insel; eine Insel jedoch, die man erreichen kann, ohne einen Fuß ins (oder aufs) Wasser setzen zu müssen. Im Jahre 1838 entschlossen sich die Inselbewohner, die Reichenau an das Festland anzubinden. Der Damm, der diese Verbindung ermöglicht, beginnt auf dem Festland bei der „Chindlibildkapelle", einst Begräbnisstätte der Kinder der Insel, die vor ihrer Taufe verstarben. Schnurgerade – man sieht deutlich, daß die Trassenführung auf dem Reißbrett entworfen wurde – führt uns die pappelgesäumte Straße auf das „glückliche Eiland". Links und rechts rauscht das Röhricht des Wollmatinger Rieds, ein Naturschutzgebiet, das den Ornithologen wohlbekannt ist. In diesem Naturschutzgebiet leben und brüten zahlreiche selten gewordene und gefährdete Vogelarten, auch ist das Ried ein Ausruheplatz für viele Vogelarten auf dem Weg nach dem Süden oder zurück.

Vor uns liegt nun der graue Klotz der Ruine Schopflen, einst erbaut als Sperrfort, um die bei Niederwasser flache Senke zwischen der Insel und dem Festland im Griff zu haben. Das abweisende graue Mauerwerk der Ruine wird jedoch durch ein blitzblankes weißes Fachwerkhaus gemildert, das sich – man kann es nicht anders sagen – an die Ostwand der

Unsere Zeichnung, erstellt nach einer alten Darstellung, zeigt die Burg, wie sie vor ihrer Zerstörung ausgesehen haben könnte. Die ganze Anlage war durch ein starkes Pfahlwerk geschützt. In einem größeren Abstand zur Insel hin war ein tiefer Burggraben ausgehoben. Man darf annehmen, daß auf den starken Außenmauern noch ein Riegelbau (Fachwerk) aufgesetzt war, in dem die Wohnräume untergebracht waren. Unsere Rekonstruktion zeigt vor der Burg einen kleinen Wohnturm – dieser ist aber möglicherweise erst nach der Zerstörung der Burg erbaut worden.

Ruine anschmiegt. Eine Schrifttafel, am Wohnhaus angebracht, zeigt den Wasserstand der Jahre 1817 bis 1926, Jahre, in denen man sich wohl mehr als nur nasse Füße holen konnte. Fast fensterlos, macht die Ruine auch heute noch einen düsteren und bedrohlichen Eindruck. Das mag wohl an den groben Steinklötzen liegen, aus denen man die einstige Burg errichtet hatte. Weit brauchte man nicht zu fahren, um dieses Baumaterial zu finden. Der ehemalige Rheingletscher der verschiedenen Eiszeiten hat davon genug hier abgeladen. Einige 10 000 Jahre konnten sich die Rundwacken ausruhen, um dann hier als Mauer aufgetürmt zu werden. Man bräuchte nur jeden einzelnen Stein zu etikettieren, um eine lückenlose ,,Schaumauer" aller Gesteinsarten aus dem nördlichen Alpengebiet zu bekommen.

Die Ecken des Gebäudes sind aus großen Blöcken, Buckelquadern mit Randschlag, sauber mit dem Lot geschichtet. Durch einen Eingang von der Seeseite her gelangen wir in das Innere des Mauerklotzes, der mit circa 30 mal 18 Meter eine respektable Weite hat. An der Mauerseite zur Straße hin sehen wir Teile einer Fensterlaibung aus grauer Meeresmolasse. Am oberen Mauerabschluß erkennen wir Ausbrüche, die auf Fenster hinweisen. Eine ältere Burg bestand schon im 11. Jahrhundert. Neu erbaut um 1312 durch Abt Diethelm von Castell, wurde sie 1366 zerstört. Über uns der blaue Himmel, Sonne und Ruhe und nur gelegentlich ein Motorengeräusch von der Straße, von einem, der es eilig hat.

Aber diese friedliche Idylle täuscht. Vor 600 Jahren erlaubten sich einige Fischer des Klosters Petershausen – auf der anderen Rheinseite gegenüber Konstanz gelegen –, hier im Reichenauer Gewässer zu fischen. Sie wurden aufgebracht und dem Herrn der Burg, einem Verwandten des Reichenauer Abtes Mangold, vorgeführt. Dieser ließ einen der Fischer blenden. Zwar waren drakonische und grausame Strafen im Mittelalter gang und gäbe, doch dieses ließen sich die aus Petershausen nicht bieten. Vereint mit den Konstanzern überfielen sie noch in derselben Nacht die Zwingfeste und brannten sie aus. Seitdem liegt Schopflen in Trümmern.

PFALZ

Ein „festes Haus" für Kaiser und Könige
Von der Pfalz auf der Insel Reichenau ist nichts mehr geblieben

An der gleichen Stelle, an der einst die Pfalz stand, befindet sich heute auf der Insel Reichenau ein Gasthaus mit dem Namen „Kaiserpfalz". Und seit einiger Zeit ist man dabei, nach Resten des gotischen, in der Barockzeit stark umgebauten Hauses zu graben.

Eigentlich will diese Pfalz nicht so recht unter den Titel „Burgen – einst und jetzt" passen. Aber ein festes Haus für gekrönte Gäste des Klosters ist sie doch gewesen, ein besonders schönes zudem. Deshalb stellen wir sie heute vor.

Das Kloster Reichenau hatte sein „erstes goldenes Zeitalter" um das Jahr 800. Seine geistige und kulturelle Ausstrahlung erreichte das gesamte Abendland; seine Bibliothek war eine der größten der damals bekannten Welt.

In der zweiten Hälfte des 9. Jahrhunderts hatte der Besitz des Klosters seine größte Ausdehnung erreicht, nicht zuletzt durch Schenkungen Kaiser Karls des Dicken, dessen Grabplatte im Ostchor des Münsters zu finden ist. Die zweite glanzvolle Epoche des kulturellen Lebens fiel in die Zeit der Jahrtausendwende. Theologie, Dichtkunst, Musik und Malerei: weltberühmt sind die Reichenauer Inkunabeln, die ersten Buchdrucke, mit ihren Miniaturen und prächtig ausgestatteten

Die ehemalige Pfalz des Klosters Reichenau im Jahre 1824, kurz vor ihrem Abbruch. Der stattliche, ursprünglich gotische Bau mit den später angebrachten barocken Voluntengiebeln und der Umfassungsmauer mit Ecktürmen zeugt von der Bedeutung dieses prächtigen Gebäudes.

vergoldeten Versalien. Kaiser und Könige, Fürsten und Grafen beschenkten und besuchten das Kloster, waren doch viele ihrer Angehörigen im Kloster geistliche Würdenträger, da das Kloster nur den Angehörigen des Hochadels vorbehalten war.

Weltlichen Besuchern war es nicht gestattet, innerhalb des engeren Klosterbezirks zu wohnen oder zu übernachten. Für sie war die Pfalz vorgesehen, ein ,,festes Haus" mit Schutz und Mauer, Stallungen und Gesindeteil, ein Gebäude also, das durchaus unter den Begriff Burg eingeordnet werden kann. Die älteste Pfalz wurde unter Abt Witegowo (985–997) erbaut und 1312 durch Abt Diethelm erneuert – weitere Restauration unter Kardinal Sittichus (1561–1589). Sie hat in ihrer Glanzperiode Kaiser und Könige in ihren Mauern beherbergt. Die Wohntrakte waren auf das prachtvollste ausgestattet und mit kunstvollen Schnitzereien versehen.

Doch die Glanzzeiten des Klosters verblaßten. Nach dessen Aufhebung 1799 diente das Gebäude nur noch dem Obervogt als Wohnung. In der Zwischenzeit mußte das ursprünglich gotische Gebäude manchen Umbau über sich ergehen lassen. So wurden im Barock die stolzen hohen Giebel mit den damals ,,zeitgemäßen" Voluten, Türmchen und anderem modischen Zierat versehen. Mit der Zeit konnte man den allmählichen Verfall dieses prächtigen Gebäudes nicht mehr aufhalten. 1822 wurde die Pfalz auf Abbruch verkauft. Die Einrichtung, Möbel, Bilder und andere Kunstgegenstände, wurden versteigert und somit in alle Winde zerstreut.

KARGEGG

Der Nebel verbarg das Signal der Geliebten
Von Burg Kargegg auf dem Bodanrück blieb nur die Schildmauer – und eine Sage

Der stolze Rest des mächtigen Wohnturmes der Burg Kargegg ist sowohl von Bodman als auch vom Dorf Langenrain aus zu erreichen. Von Bodman, am See und an der Uferhalde entlang, hat man sechs Kilometer zu gehen, dazu kommt dann noch der steile, aber geologisch interessante Aufstieg durch die Klamm der Marienschlucht; ein Erlebnis, das man sich nicht entgehen lassen sollte. Das dämmrige, kühle Grün der Schlucht, bizarre Äste und Wurzelwerk abgestürzter Bäume in dem engen, von der Erosion ausgenagten Bachbett mit von Moos übersponnenen Felsen erwekken Erinnerungen an vor langer Zeit gelesene Jugendbücher und deren Helden in fernen Dschungeln. Eine Wanderung, die insbesondere an heißen Tagen sehr zu empfehlen ist. Noch vor dem Ende der Schlucht wuchtet sich eine hohe, aus Wacken und Rausteinen erbaute Wand vor uns auf: der Überrest der einstigen Burg Kargegg.

Wer es bequemer haben will, findet circa 300 Meter vor Langenrain in Richtung Dettingen ein kleines Sträßchen (bezeichnet), das uns nach 1,6 Kilometer zu einem großen, schattigen Parkplatz oberhalb der Marienschlucht führt. Von hier aus sind es dann noch acht Minuten zur Ruine.

Die Kargegg steht auf einem auslaufenden schmalen Bergrücken, der zur Schlucht und zum See nahezu senkrecht abfällt. Der Burgplatz wurde durch einen tiefen Halsgraben vom übrigen Bergrücken getrennt, der ihn, bei circa 10 Meter Tiefe und bei einer Breite von 15 Meter, zu einem länglichen, nun nach allen Seiten abfallenden Areal machte. Die daraus entstandene Burglage ist so perfekt, daß es nicht einmal möglich ist, um den Burg-

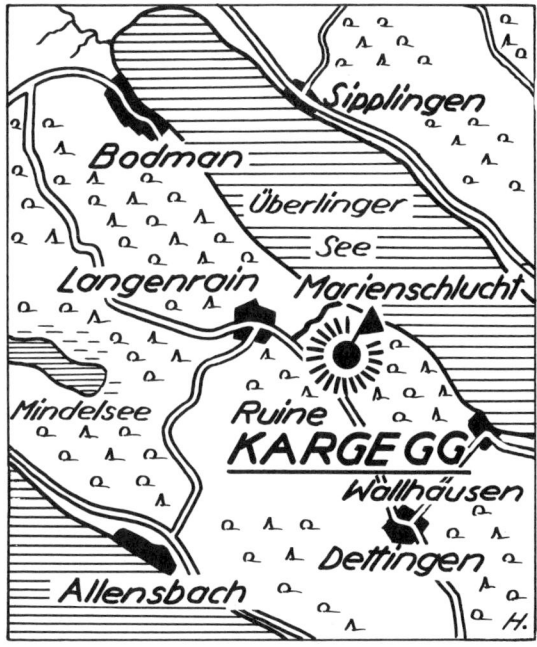

53

platz herumzugehen. Der Aufstieg zur Ruine gibt uns Gelegenheit, die Wand des einstigen Wohnturmes näher zu betrachten. Nur zwei enge Lichtschlitze und darüber zwei Fenster, das eine noch mit dem alten, gehauenen Gewände und höher oben ein kleines Spähloch, unterbrechen die hohe Mauer. Als Schildmauer gedacht und erbaut, mußte sie Bewurf und Beschuß, etwa von der anderen und höheren Seite der Schlucht aus, widerstehen können.

An der Rückseite des Wohnturmes läßt sich die Einteilung der Stockwerke an den erhaltenen Balkenlöchern gut erkennen. Nach der Seite des Burgplatzes hin sind ehemalige größere Fenster noch andeutungsweise zu sehen. Die Begrenzung des Turmes ist durch die niederen Mauerläufe gut zu erkennen. Es darf angenommen werden, daß die Rückwand aus leichterem Fachwerk bestanden hat, um die steile Halde auf der Seeseite nicht zu sehr belasten zu müssen. Abgesehen davon, daß man hier keinen guten Baugrund vorfand, brauchte man auf dieser Seite keinen Angriff zu befürchten. Ganz oben an der Wand entdecken wir noch einige Lagen Eckquadern mit Randschlag, während andere glatt behauen sind. Das Dach, ein empfindlicher Teil jeder Burg, durfte nicht über die Schildmauerseite herausragen und könnte deshalb nach der Seeseite in Form eines Pultdaches abgeschleppt gewesen sein. Der Turm wäre demnach etwa das Ebenbild der etwas westlicher liegenden Burg Hohenbodman gewesen. An den Turm schloß sich der Ein-

Die Wehr- und Schildmauer der Kargegg, vom Burgzwinger aus gesehen. Oben einige Buckelquadern, darunter behauene Eckquadern. Die Stockwerkeinteilung ist gut zu erkennen. – Unten Reste der Mauer, die zum Burgzwinger und Burgeingang führte.

Die Burg Kargegg aus der Perspektive eines Betrachters, dessen Standort über dem Überlinger See liegen würde: Wir sehen die Rückseite der Burg und können somit die Einteilung der Anlage gut überblicken. Die Mauern nach der Seeseite hin sind inzwischen abgestürzt, aber ihr Verlauf ist durch die Mauerreste noch erkennbar.

gang mit einem kleinen Zwinger und dem Burghof an. Dieser war wiederum begrenzt durch Gebäude und einen Wehrgang. Etwas tiefer lag ein langgestreckter, größerer Bau, der unterkellert war; möglich auch, daß sich hier die Burgzisterne befand, die bei einer Fehde zur Wasserversorgung unerläßlich war. Die Burganlage schloß dann mit einer kleinen Felskanzel ab. Diese ist heute von dichten Bäumen umgeben. Man hatte von hier einst einen herrlichen Ausblick über den blauen „Fjord" des Überlinger Sees.

Auf dieser Kanzel dürfte das hübsche Töchterlein des Ritters nach ihrem heimlichen Verlobten, dem Ritter von der Halden-burg, ausgespäht haben. Ganz wie in der antiken Sage von Hero und Leander durchschwamm der Liebhaber ein trennendes Wasser, zwar nicht den Hellespont, wie in der alten Sage, sondern den Überlinger See. Ein Licht am Fenster der Geliebten zeigte ihm in dunkler Nacht den Weg. Doch aufsteigende Nebel nahmen dem kühnen Schwimmer die Orientierung. Die Kräfte erlahmten, es gelang ihm nicht mehr, das rettende Ufer zu erreichen. Soweit die Sage.

Von der Kargegg aus kann man auf schmalen, sich auf- und niederziehenden Wanderpfaden den „Burghof" mit seinem schönen Staffelgiebel leicht erreichen. Zwei Wappen weisen auf seine frühere Zugehörigkeit hin. Etwas abseits, auf einem kleinen „Buckel", sind die Reste einer kleinen Burg gerade noch zu erkennen.

Autofahrer, die oberhalb der Schlucht geparkt haben, finden auf der Straße nach Langenrain links eine Abzweigung über Freudental, Kaltbrunn nach Allensbach. Das hübsche Schlößchen Freudental, vom Vogt von Altsummerau und Clara von Hallwyl erbaut, liegt golden in der Abendsonne, flankiert von einem mächtigen alten Baum. Leider erkennt man beim Näherkommen, daß die Fenster vernagelt sind und das Gebäude seine schönsten Tage schon lange hinter sich hat. Schade drum.

Doch nun noch einmal zurück zur Kargegg: Die erste Erwähnung eines Gewannamens „uff der kargen Egg" stammt aus dem Jahre 1273. Doch ist die Erbauung einer Burg erst im 14. Jahrhundert als gesichert anzunehmen.

Besitzer, möglicherweise auch Erbauer der Burg, waren die Herren von Dettingen, Dienstmannen des Klosters Reichenau. Es folgten Verpfändungen und der Verkauf an Stadtadel und Patrizierfamilien der nahegelegenen Städte. Vorübergehend war die Kargegg – wenn auch nicht gerade eine Raubritterburg, so doch ein Hehlernest einiger Buschklepper, die hier ihre Beute in Sicherheit brachten. Um 1500 wurde Kargegg bereits ein alter „Burgstall" genannt. 25 Jahre später zerstörten aufständische Bauern die Burg und brannten sie aus. Bei dieser Gelegenheit dürfte wohl die dem See zugewandte Seite den steilen Hang hinuntergestürzt sein. Die Burg, einst weithin sichtbar auf dem hohen Felsgrat stehend, ist heute dicht von Bäumen eingeschlossen. Nur ab und zu fällt der Sonnenblitz einer Welle durch das dichte Grün der Buchen und läßt uns erkennen, daß wir nahezu senkrecht über dem Seeufer stehen.

ROSENEGG

Auf dem Rücken der Frau durchs Burgtor...

Die Geschichte der Burgruine Rosenegg – Nur wenige Mauerreste sind erhalten geblieben

Man hat im gemütlichen Burgrestaurant gut gegessen und sich angeregt unterhalten, jetzt aber möchte man sich mal ,,die Beine vertreten" und an die frische Luft gehen. Man weiß: keine 100 Meter vom Restaurant entfernt hat man die schönste Aussicht über das ganze Hegaubecken, über Städte und Dörfer, Wälder und Wiesen, und nahezu über fast alle Hegauberge, aufgestellt wie in einem ,,Kegelspiel".

Neben dem kurzen Weg zum Aussichtspunkt liegt links des Weges eine kleine Felsgruppe mit Bäumen und Gebüsch. Einige kleine Mauerzüge – verwachsen mit dem grauen Molassefels – werden von den wenigsten bewußt wahrgenommen. Es sind die kümmerlichen Überreste der ehemaligen Burg Rosenegg. Wer jedoch die Augen offen hielt, dem ist der terrassierte Weg aufgefallen; der hat eine eingeebnete Fläche in der

Nur wenig blieb von der Burg Rosenegg übrig. Unser Foto zeigt die rechte Seite des Felsenkammes mit Mauerresten.

halbmondförmigen Felsgruppe bemerkt und einen breiten Graben, der davor liegt. Der terrassierte Weg war – mit Mauern eingefaßt – einst der Zwinger der Burg. Auf der eingeebneten Fläche – von der Felsgruppe halbmondförmig umfaßt – stand der Palas, ... und da war der Graben, ein Burggraben, der die Vorburg von dem eigentlichen Burgkomplex trennte. Auf der Vorburg, die sich bis zum Fahrweg hinzieht, standen die Ställe, Scheuern und Wirtschaftsgebäude, wohl auch die Kapelle. Auf der schmalen, hohen Felsenkuppe hatte knapp ein Turm Platz, der die Burganlage nach der Feindseite hin schützen konnte.

Der Zugang zur Burg lag ähnlich wie heute. Ein Burgtor, geschützt durch den verlängerten Burggraben und eine Zugbrücke, erlaubte den Zutritt in den äußeren Zwinger. Alle Burgen legten ihren Eingang so an, daß ein etwaiger Feind zuerst einen Zwinger bewältigen mußte, in dem er dann der Verteidigung durch die Besatzung ausgesetzt war ..., so wird's auch bei der Rosenegg gewesen sein.

So könnte die Rosenegg ausgesehen haben. Die topografischen Gegebenheiten, die Mauerreste, der Graben und die Terrassierungen mit dem halbmondförmigen Felsenkamm lassen kaum eine andere Deutung zu.

Ein zweites Tor lag dann noch vor dem eigentlichen Burgareal. Um die halbmondförmige Felsgruppe, die die Burg auf der Süd- und Westseite schützte, lief der Burggraben, teils verstärkt durch den Aushub, der als Wall angetragen war.

Auf der Ost- und Nordseite fällt das Plateau steil ab; hier war, außer der Umfassungsmauer, keine stärkere Bewehrung notwendig. So also könnte die Rosenegg ausgesehen haben. Ihr Bauplan war ihr sozusagen durch die topografischen Gegebenheiten „vorgeschrieben", insbesondere durch die halbmondförmige Felsgruppe, die der Burg einen sicheren Schutz bot. Nur wenige bauliche Maßnahmen, wie zum Beispiel der Graben und eine hohe Wehrmauer zur Eingangsseite, waren notwendig, um hier eine fast „perfekte" Wehranlage zu errichten.

Die Erbauer der Burg waren die seit dem 13. Jahrhundert nachweisbaren Edlen von Rosenegg, Vasallen der Abtei Reichenau. 1441 fielen den Grafen von Lupfen durch einen Erbgang Burg und Herrschaft zu. Deren Nachfolger wurden 1583 die Freiherren von Mösberg-Belfort, die jedoch Burg und Herrschaft 1610 an das Bistum Konstanz verkauften. Die Burg wurde im Jüngeren Schweizer Krieg 1499 zerstört, dann wieder aufgebaut, um im Dreißigjährigen Krieg 1639 endgültig zerstört zu werden.

Eine Roseneggerin war es, die ihren Mann bei der Eroberung von Blumenfeld durch die Schweizer auf dem Rücken durch das Burgtor trug. Es war den Frauen bei der Übergabe freigestellt worden, das mitzunehmen, was ihnen am liebsten wäre. Eine Parallele zu der Geschichte der „Weiber von Weinsberg"...

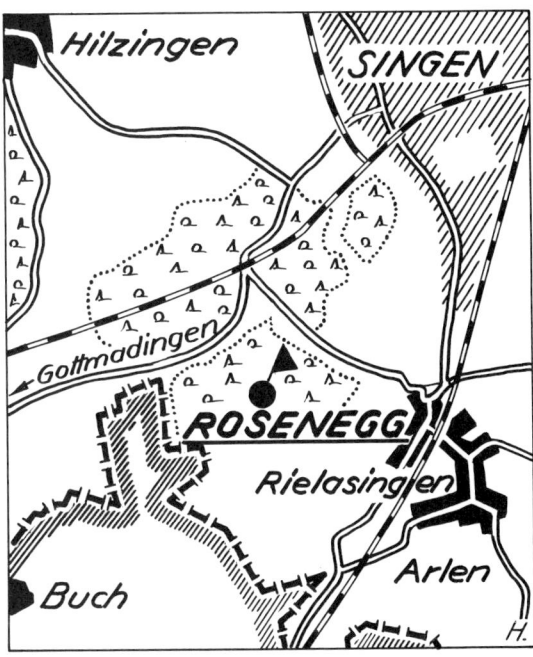

LANGENSTEIN

Langenstein – ein Märchenschloß unserer Tage
Die Anlage überstand die Bauernkriege unversehrt –
Das attraktive Fasnachtsmuseum

Wie stellen Sie sich ein Märchenschloß vor? Auf einer steilen Felsnadel stehend, mit Zinnen und verspielten Türmchen, einer Zugbrücke über eine tiefe Schlucht, in der ein Sturzbach gischtet, oder tief eingebettet in einen „Dornröschenwald"? Nichts von alledem. Unser Märchenschloß liegt in einem grün-goldenen Paradies, abseits aller Hektik in einem kleinen heimeligen Tal. Hell ockerfarben leuchten einige Jurafelsen durch den lichten Hangwald. Nun ein kaum bemerkter Übergang in den gepflegten Schloßpark. Schöne alte Bäume, jeder Baum eine „Persönlichkeit", grüner Rasen, heller Kies, ein Portal, nicht übermäßig aufwendig, aber „burggerecht". Auf beiden Seiten „Kissen-Quadern", darüber drei noble Familienwappen. Wir stehen vor Schloß Langenstein.

Um das Jahr 1100 wurde die Urzelle des heutigen Schlosses erbaut, als Wehr- und Wohnturm auf der höchsten Stelle des „langen Steins". Eine Etage tiefer, auf einer natürlichen Terrasse, entstand als Wohnburg die „niedere Veste", mit dem hoch oben stehenden Turm durch Stege, Stiegen und steile, in den Felsen gehauene Treppen verbunden. Zum Eingang des Turmes führte nur eine leicht abwerfbare Holztreppe. Innen aber, in der meterdicken Mauer, waren schmale Treppengänge zu den einzelnen Stockwerken ausgespart. Die Wehrplatte, zinnenumsäumt, war nur über einen steilen Balken mit Trittleisten erreichbar. „Bauherr" des Turmes war das Kloster Reichenau. Der Turm war als „Außenstelle" von dessen Hofgütern und des Grundbesitzes in der dortigen Region gedacht. Das Kloster hatte vor allem in Eigeltingen und Orsingen Grundbe-

Schloß Langenstein – eingebettet in eine schöne Parkanlage und begrenzt von einem urtümlichen Trockental.

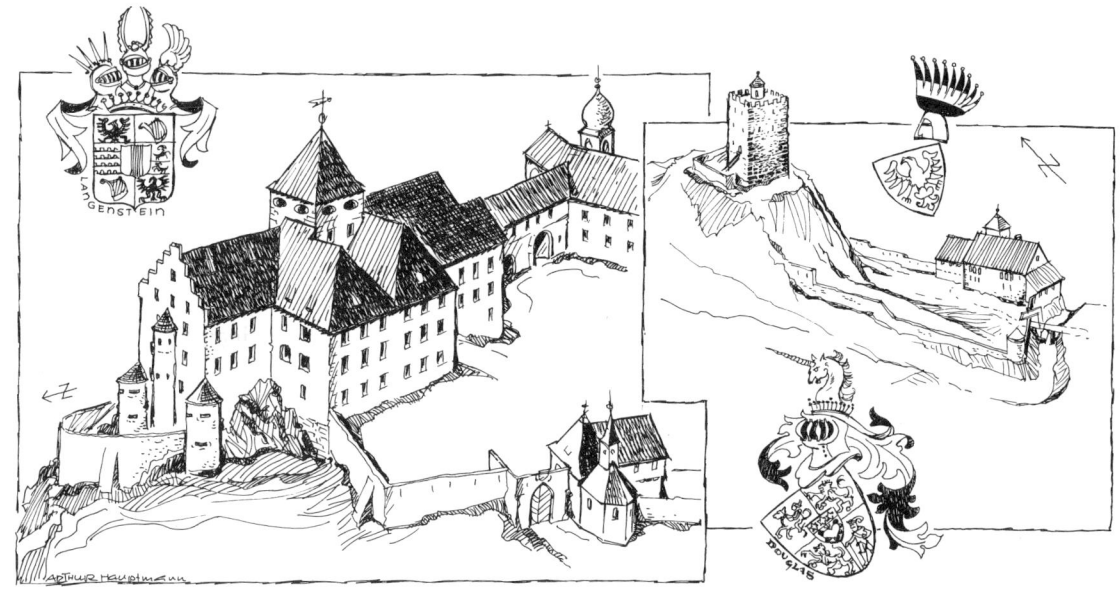

Unsere Zeichnung zeigt Schloß Langenstein kurz vor dem Jahre 1800. Der alte, ehemalige Wehr- und Wohnturm reicht nur noch wenig über die inzwischen angebauten zahlreichen Gebäude hinaus. Die am unteren Rand der Zeichnung plazierte Kapelle wurde 1829 abgebrochen, und das Terrain vor dem Schloß wurde zu einem hübschen Park umgestaltet. Wie die Burg kurz nach ihrer Erbauung ausgesehen haben könnte, zeigt uns die Zeichnung, die rechts oben eingeblendet ist – mit dem Wappen der ersten Langensteiner. Oben auf dem höchsten Teil des Felsens stand die Wohn- und Wehrburg, erbaut aus wuchtigen, großen und nur an den Ecken mit Randschlag versehenen Steinklötzen, ein Turm, der Macht und Stärke ausstrahlte. Eine Etage tiefer, auf einer kleinen natürlichen Terrasse, wurde die „niedere Veste", auch Ritterhaus genannt, erbaut. Auf einer Seite durch den Wohnturm und auf der anderen durch eine Mauer und einen tiefen Graben abgesichert, über den eine Zugbrücke führte. Zeitweise waren die Lehen der Burganlage getrennt; der Turm war Eigeltingen zugesprochen, während Orsingen zur „niederen Veste" gehörte.

sitz und Rechte, die an Lehensträger vergeben waren. Die vom Kloster belehnten ritterlichen Ministerialen nannten sich bald nach der Burg auf dem langen Felsrücken „von Langenstein". Doch mit dem ausgehenden 13. Jahrhundert starb dieses Geschlecht aus. Bis zum Jahre 1568 wechselten sich in bunter Reihenfolge ein Dutzend Adelsgeschlechter als Lehensinhaber ab. Bekannte Namensträger wie die Nellenburger, die Urslinger – die ihre Stammburg im Schlichenklamm hatten –, die von Hornstein, Bodman, Randegg, um nur einige zu nennen, waren zeitweise Herren der Burg.

Im Jahre 1568 kaufte Hans Werner von Raitenau, kaiserlicher Rat und Obrist, Schloß Langenstein mit den Dörfern Eigeltingen, Orsingen und Volkertshausen. Bis zum Jahre 1671 blieb nun Langenstein in den Händen der Grafen von Raitenau, die dann 1671 von den Freiherren und späteren Grafen von Welsberg abgelöst wurden. Diese konnten sich bis zum Jahre 1826 halten, verkauften dann aber die Herrschaft Langenstein mit allem Zubehör an den Großherzog Ludwig von Baden. Nach Zukäufen und einer Arrondierung wurde nun von diesem das gräfliche Langensteinsche Stammgut gebildet. Nach dem Tode des Großherzogs ging Langenstein an dessen Sohn Graf Ludwig von Langenstein über. Durch dessen Schwester, vermählt mit dem schwedischen Grafen Karl Douglas, kamen die Güter in den Besitz des ursprünglich in Schottland beheimateten Geschlechtes, in dessen Besitz sie sich heute noch befinden.

Schloß Langenstein hat die Bauernerhebung im Hegau, bei der es zwar von den Bauern eingenommen, aber nicht zerstört oder niedergebrannt wurde, und auch den Dreißigjährigen Krieg ohne nennenswerte Schäden überstanden. Dadurch blieben Kunstschätze, historische Einrichtungen, Bilder, Waffen und die berühmte Geweihsammlung im wesentlichen erhalten. Zu all diesem ist nun etwas ganz Neues dazugekommen, das in seiner Vielfalt und Eigenheit sich zu einem Anziehungspunkt ersten Ranges entwickelt hat, wie es von vornherein nicht erwartet werden konnte: Nämlich das Fasnachts-Museum.

Schon auf der Zufahrt, zwischen Eigeltingen und Nenzingen auf der Bundesstraße 31, weist ein schön geschnitzter Wegweiser darauf hin. 1969 wurde dieses Museum feierlichst eröffnet. Durch das verständnisvolle Entgegenkommen des Grafen Wilhelm von Douglas, der die erforderlichen Räumlichkeiten großzügig zur Verfügung stellte, und in Zusammenarbeit mit freiwilligen Helfern aus allen Schichten konnte diese Dokumentation heimischen Brauchtums geschaffen werden. Neben farbenprächtigen Schauszenen und über 90 lebensgroßen Maskenfiguren alter Tradition – Blätzlebuben, Hexen, Teufel und wilde Männer – und den Traditionsfiguren, wie dem ,,Poppele von Hohenkrähen oder Stockachs Stadt- und Erznarren Hans Kuony" und anderen mehr, finden wir auch Neuschöpfungen unserer Zeit. Ein Beweis dafür, daß dieses Brauchtum, das bis in die germanische Vorzeit zurückreicht, auch heute noch lebendig geblieben ist.

HOMBURG

Hinter mächtigen Schildmauern verborgen

Die Homburg bei Stahringen war durch ihre Lage und Bauweise fast uneinnehmbar

Schildmauer und Mauer des Palas auf der Homburg.

Fährt man von Radolfzell auf der Bundesstraße 34 in Richtung Stockach, so ist das hübsche Obstdörfchen Stahringen nach etwa sechs Kilometer erreicht. Nach der ersten Rechtskurve im Ort führt ein beschildertes kleines Sträßchen, zunächst etwas steil, zur Homburg.

Das nun erreichte weiträumige landwirtschaftliche Anwesen mit seinen vielen Ökonomiegebäuden war einst Vorburg und Meierhof der Feste Homburg. Unmittelbar hinter dem letzten Gebäude beginnt der Burgweg, der auf den steilen Bergkegel führt. Linksseitig liegen die Mauerreste des ersten Tores. Dann steht man vor der mächtigen Schildmauer der Burg. Bis zu 16 Meter hoch, aus sauber behauenen Nagelfluhbossen aufgerichtet, ist sie nahezu drei Meter stark, und bildete so für jeden Angreifer ein unüberwindbares Hindernis. Die einzelnen Steine in den Ausmaßen 0,60 mal 1,20 bis 1,70 Meter sind noch im festen Verband. Nur an der

Die Rekonstruktion zeigt die Burg aus der Vogelperspektive von der südlichen Seite. Hinter dem Schutz der mächtigen Schildmauer wirken die Gebäude wie „angeklebt". Ein Mauerrest am Anfang der hohen, steilen Futtermauer zeigt, daß hier ein Tor gestanden hat. Von diesem Tor aus zog sich eine Mauer bis zum Burggraben und dem Eingangstor hinunter.

Südwestseite klafft eine Lücke, hier stand die Mauer wohl nicht auf festem Grund und ist daher abgestürzt.

Eintritt in das Burgareal gewährt das große Tor. Die Ummauerung dieses Eingangs mit Backsteinen zeigt, daß er erst später eingebrochen wurde. Der alte, eigentliche Eingang liegt etwa fünf Meter seitlich darüber und war nur mit Leitern oder Holzsteigen erreichbar. Pferde konnten nicht in die Burg mitgenommen werden. Dafür war jedoch in der Vorburg genügend Platz. Hinter der Schildmauer lagen die Wohngebäude. Was hier an Tiefe fehlte, wurde durch die Höhe ausgeglichen. Die Gemächer selbst maßen nur etwa vier Meter lichte Weite. Der Burghof dahinter war etwa halbkreisförmig – kann sein, daß hier auch eine Scheuer oder sonst ein Gebäude stand. Eine abgrenzende Mauer könnte darauf hinweisen. Fundamentmauern an der südlichen Ecke zeigen, wo die Burgkapelle, über der hohen Futtermauer gelegen, ihren Platz hatte.

Die Burg wurde im 11. Jahrhundert von bischöflich konstanzerischen Ministerialen erbaut. 1499 wurde sie von den Schweizern abgebrannt. Über die Herren von Bodman kamen die wieder aufgebaute Burg und die Herrschaft 1614 an das Kloster St. Gallen. Während des Dreißigjährigen Krieges wurde die Burg durch den mehr berüchtigten als berühmten Kommandanten des Hohentwiels überfallen und niedergebrannt. Über das Bistum Konstanz und die Landgrafschaft Nellenburg (Stockach) gelangten Burg und Herrschaft über Württemberg 1810 an Baden.

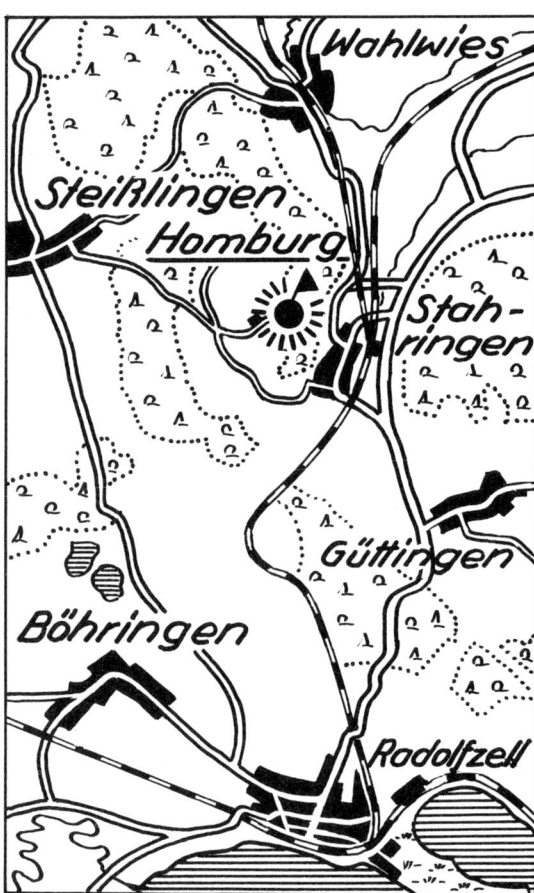

FRIEDINGEN

In Friedingen war's nicht immer gemütlich
Das „Schlößle" hat eine wechselvolle Geschichte hinter sich –
8000 Söldner gegen den einstigen Burgherren

Schon die Bezeichnung „Schlößle" klingt gemütlich, und so gibt sich die kleine, ehemalige Burganlage „mit Kaffee und Kuchen" auch. Einst dürfte es wohl anders gewesen sein. Die edlen Herren von Friedingen waren nämlich durchaus nicht immer friedlich, sonst hätte man wohl nicht 8000 Mann gebraucht, als man versuchte, Hans von Friedingen zur Räson zu bringen. Damals allerdings saß der Friedinger schon lange nicht mehr auf seiner Stammburg, sondern auf dem Felsennest Hohenkrähen.

Abseits der schroffen und stolzen Vulkankegel der Hegauberge mit ihren Burgen liegt das Friedinger „Bergle". Nicht aus Eruptivgestein, sondern aus Nagelfluh – das seinen Namen von den eingebackenen kleinen Kieseln hat, die wie große Nagelköpfe aussehen – besteht dieser Burgberg. Hier oben bauten sich also die Edlen von Friedingen ihre Stammburg. Sie wird damals schon etwas wehrhafter ausgesehen haben, als sie sich heute gibt. Wer es wagt, auch mal mit Dornen und Brennesseln nähere Bekanntschaft zu machen, bemerkt, daß der Burggraben zum Teil eingeebnet wurde, und auch, daß das kleine Plateau, das vor dem Schlößle liegt, Mauern und Wehren trägt, die einst den kleinen, etwas verwilderten „Schloßpark" zum Vorwerk machten. Auch der heute noch tiefe Graben auf der Westseite zeigt an, daß die ehemalige Burg wohl bewehrt war.

Das doppelte Burgtor mit den beiden Kragsteinen weist auf eine „Pechnase" hin. Heißes Pech, Schwefel und kochendes Wasser konnten hier auf Eindringlinge herabgeschüttet werden. Im zweiten Tor sehen wir noch seitlich die Balkenlöcher, hier konnte die Tortüre „verrammelt" werden. Auch die Löcher für die Führung der Türe sind noch erhalten. Links im Burghof steht das Wohngebäude, das einst wohl höher war und damit gute Verteidigungsmöglichkeiten bot; eine schöne Spitzbogentüre aus hellem Tuffstein führt in das Innere. Das Kreuzgewölbe der Wirtschaftsküche dürfte noch von der alten Burg stammen, während die darüberliegenden Stockwerke wohl erst nach dem Wiederaufbau nach der Zerstörung im Dreißigjährigen Krieg entstanden sind. Der Burghof ist klein, doch überall auch heute noch von Mauern umschlossen. Wir entdecken einen Schalenturm, der die Nordseite zu schützen hatte, ebenso Fundamente von ehemaligen Wirtschaftsgebäuden. Von der Burgkapelle sind nur noch Mauerreste vorhanden, und der ehemalige Pferdestall dient heute als Saal für fröhliche Sommerfeste. Gehen wir um die Anlage herum, sehen wir zwei behauene romanische Doppelfenster aus hellem Sandstein

Sehr viel anders als heute dürfte die damalige Burg kaum ausgesehen haben. Mag auch ein Teil des Wohngebäudes höher gewesen sein und als Wehrturm gedient haben und vielleicht auf der Umfassungsmauer ein Wehrgang aufgesessen sein. Der Zugang zur Burg führte an einem höher gelegenen Vorwerk vorbei (heute der kleine Park), und wie üblich lag dieses Werk auf der schildfreien Seite des Angreifers. Ein tiefer Graben mit Wall und Mauer schützte die Burg, und einengende Tormauern ließen einem Gegner keine Bewegungsfreiheit.

mit je einer Stützsäule. Hier, auf der Südseite, haben wir den schönsten Blick auf die Hegauberge, die sich in einem Halbrund kulissenartig aufbauen. Im Vorfrühling muß es hier herrlich zu sitzen sein, wenn die Niederungen noch die Frühnebel tragen, aber die schon warmen Strahlen der Sonne genau auf den Grabenwall mit seinen Sitzbänken zielen.

Als Schirmherren der Reichenau hören wir von den Friedingern schon um das Jahr 914. Turniere bestritten sie in Merseburg, Trier und Nürnberg. Angehörige dieses Geschlechts waren Bischöfe und Gelehrte. Ulrich von Friedingen war 1360 Rektor der Universität von Paris. 1499 wurde die Burg im Jüngeren Schweizer Krieg zerstört, ebenso 1512 vom Schwäbischen Bund, als es gegen einige „Heckenritter" des Hegauer Adels ging. 1539 kamen Burg und Dorf als österreichisches Lehen an Radolfzell. Nach einer nochmaligen Zerstörung im Dreißigjährigen Krieg baute die Stadt Radolfzell die Burg wieder auf.

Das Friedinger Schlößle ist mit dem Auto

Ein romanisches Fenster in der Außenmauer. ▷

sehr gut zu erreichen. Von der Bundesstraße 33 zwischen Singen und Radolfzell zweigt etwa auf halber Strecke die Straße nach Friedingen und Beuren ab. Im Ortskern von Friedingen folgt man dann einfach den Hinweisschildern. Es lohnt aber auch, die letzten Kilometer zu laufen. Der Weg steigt leicht an und ist auch mit normalem Schuhwerk mühelos begehbar.

HOHENBODMAN

Der Leuchtturm des Linzgaus

Ein attraktives Wanderziel:
Der Bergfried von Hohenbodman in der Überlinger Nachbarschaft

Fährt man von Überlingen in Richtung Orsingen und Pfullendorf, sieht man ihn schon von weitem. Weiß leuchtet er aus dem dunklen Tann des Burghügels. Als Aussichtsturm mit seiner Plattform und dem spitzen Helm ist er ein vielbesuchtes Ausflugsziel. Mag er heute auch zweckentfremdet sein, einst hatte er die Aufgabe, als wehrhafter Bergfried die Stammburg des weitverzweigten Geschlechts derer von Bodman zu schützen. Von der ehemaligen Burg steht heute außer dem Turm nichts mehr. Doch das ebene, überall von der steilen Böschung des Bergfrieds begrenzte Terrain ist derart ,,prägnant", daß sich eine Rekonstruktion auch ohne Fundamente leicht nachvollziehen läßt.

Die ehemalige Burg lag auf einem kleinen, aber nach allen Seiten steil abfallenden Vorberg. Aufmerksame Beobachter sehen unten im Sattel, gegenüber dem Parkplatz, den künstlich vertieften Burggraben. Steigen wir zum Turm hinauf, so nehmen wir den alten Burgweg. Da dies die Angriffsseite war, mußte sie gut zu verteidigen sein. Es ist leicht, die Stelle auszumachen, wo das Burgtor gestanden haben könnte. Das Terrain vor dem Turm ist leicht erhöht. Dort stand eine starke Mauer mit einem Wehrgang, durch den Tor und Weg geschützt wurden. Hinter dem Tor gelangte man in einen kleinen Zwinger, einen

engen Hof. Zwei Quermauern riegelten den eigentlichen Burghof nochmals ab. Viel Platz war hier nicht. Die Gebäude standen auf einer Seite auf der Futtermauer, so daß sich ein umschlossener Platz bildete, dessen Mittelpunkt sicher die Burgzisterne war. Für den Palas war die Südseite angemessen. Weitere Baulichkeiten, etwa für die Burgknechte, für Vorräte usw., schlossen sich an. Auf der Südwestseite bemerken wir eine etwas tiefer liegende Einebnung. Hier könnte ein Wehrturm gestanden haben, der die Aufgabe hatte, die Bergseite zur Straße hin zu schützen. Von hier aus läuft nach der Ostseite hin eine halbringförmige Böschung, einst Wall und Mauer. Dieser Wall ging bis auf die Höhe des Turmes. Dort fällt der Burgberg fast senkrecht ab. Eine Bewehrung dieser Art war hier nicht mehr nötig.

Der mächtige runde Turm steht etwas der Bergnase zu; ursprünglich hatte er unten keinen Eingang, sondern konnte nur mit Leitern oder abwerfbaren Holztreppen bestiegen werden. Sein alter Eingang wird oft für ein Fenster gehalten, da er circa acht Meter über dem Burgplatz liegt. Sollten Sie den Turm besteigen wollen, vergessen Sie vorher nicht, den Schlüssel im nahegelegenen Dörfchen Hohenbodman im Gasthaus ,,Zum Adler" zu holen. Der Turm hat im übrigen eine Sonderheit aufzuweisen. Die Treppe geht an der Innenmauer entlang, so daß also nochmals ein geschützter Raum liegt. Wichtig zu erwähnen . . . selbstredend steigt die Treppe linkswendig (im Uhrzeigersinn) hinauf, so daß ein etwa eingedrungener Angreifer auf der ,,Schwertseite" verhindert wurde, während der Verteidiger seinen ,,Schwertarm"

Der Turm der Hohenbodman widerstand Feinden, Blitz und Unwetter.

frei hatte. Noch eins: Suchen Sie sich für diese Exkursion einen schönen klaren Tag aus – der Aussicht wegen!

Hohenbodman war der Stammsitz der Familie von Bodman, die sich im 13. Jahrhundert in zwei Linien teilte, von denen die eine die Stammburg behielt, die andere aber nach dem am Überlinger See gelegenen Ort Bodman zog. Die Stammburg wurde Ende des 12. Jahrhunderts an das Hochstift zu Konstanz verkauft und später weiterverpfändet. 1326 hatte Albrecht zu Klingenberg die Burg pfandweise in Besitz. Es folgten Burkhard von Erlibach und Konrad von Blumberg. 1478 kam die Stadt Überlingen in den Pfandbesitz, bis sie die Burg vom Bistum 1567 als Eigentum erwarb.

1642 wurde die Burg von den Hohentwielern niedergebrannt, doch das starke Gemäuer des Turmes widerstand der Zerstörung. Stark beschädigt wurde der Turm indes 1811 durch eine Blitzschlag, ebenso noch einmal im Jahre 1875.

Nur noch der Turm ist heute von Hohenbodman im Linzgau erhalten (Mitte). Unsere Rekonstruktion zeigt, wie die Burg einstmals ausgesehen haben könnte. Rechts in der Zeichnung ist ein – heute zerstörter – Wehrturm zu erkennen, der die Anlage zur Straße hin vor Angriffen schützen sollte.

NELLENBURG

... und dann fiel der Burgturm den Berg hinab

Von der mächtigen Nellenburg bei Stockach blieben nur kümmerliche Reste bestehen

Der Burgplatz Nellenburg liegt nur etwa zwei Kilometer von Stockach entfernt auf einem langgezogenen Höhenrücken, der nach Südwesten steil abfällt. Hier oben hatten die Grafen – und späteren Landgrafen – von Nellenburg ihre Stammburg. Wer diesen Platz in der Meinung besucht, hier oben eine imposante Ruinenanlage zu finden, wird enttäuscht und fragt sich mit Recht, wie eine – doch sicher einmal große und mächtige – Burg bis auf einige kleine Mauerreste verschwinden konnte. Auch der achteckige Steinsockel in der Mitte des Burgplatzes wird einem Besucher nicht viel sagen, wenn dieser erfährt, daß darauf vor etwa 80 Jahren ein Aussichtstürmchen stand. Doch könnte es sein, daß unter diesem Sockel einst der 36 Klafter tiefe Burgbrunnen lag. Ein paar schön behauene Steine, Buckelquadern mit Randschlag, wären ein Fingerzeig dafür. Leider findet der Besucher sonst keine Anhaltspunkte, wie diese große und mächtige Burg einmal ausgesehen hat. Frage: Gibt es authentische Unterlagen, Abbildungen oder ähnliches, die uns hier Aufschluß geben könnten?

Auf der „Bodenseekarte von Tibianus" aus dem Jahre 1603 finden wir eine kleine Darstellung dieser Burg. Die in der Art eines „Signums" für Burgen gehaltene Abbildung zeigt mithin kaum spezifische Einzelheiten.

Als diese Karte gezeichnet wurde, war die Nellenburg schon lange keine Landgrafenburg mehr, und nach vielen Zerstörungen, nach einem Wiederaufbau, der nur das unbedingt Nötigste wieder instand setzte, zeigt sie nicht das Bild der Burg etwa um das Jahr 1290. Da uns die Frage interessierte, haben wir den ehemaligen Burgplatz besucht und

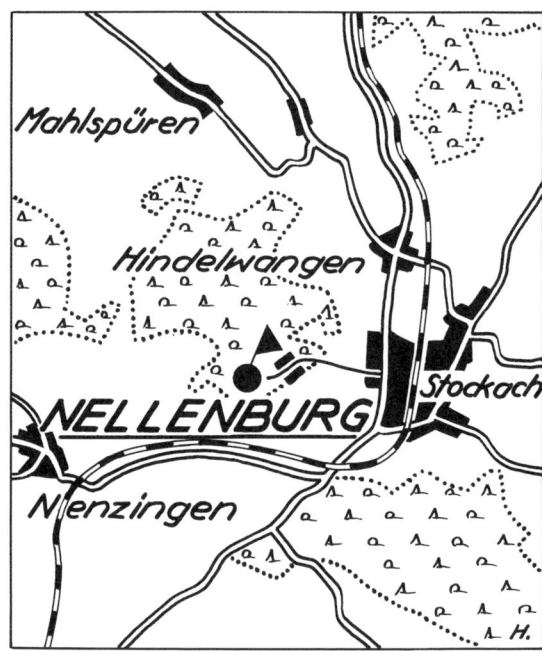

Im Innern des Burgareals ist nur noch die Stelle auszumachen, auf der der spätere Aussichtsturm stand. Die teilweise neu erstellte Umgrenzungsmauer ist ebenfalls noch zu erkennen.

ihn abgeschritten, haben alte Archiv-Berichte, in denen die Burg beschrieben ist, mit dem hier Vorgefundenen verglichen und danach unsere Rekonstruktion erstellt. Man könnte nun vielleicht fragen, woher nimmt man die Annahme, daß die Nellenburg einst so ausgesehen hat, wie sie unsere Zeichnung zeigt?

Zugegeben, eine Darstellung etwa im Sinne einer heutigen ,,Situationsfotografie" kann die Zeichnung wohl nicht sein. Aber die topografischen Gegebenheiten des Burgplateaus, Reste der ehemaligen Wälle und Gräben, der alte Burgweg mit den dort einst ,,zwingend" stehenden Toren, lassen eine Rekonstruktion zu. Wie Burgen um das Jahr 1290 ausgesehen haben, ist belegt und bekannt, und davon wird die Nellenburg sich wohl nicht wesentlich unterschieden haben.

Die gesamte Burganlage ist außergewöhnlich langgezogen. Sie teilt sich auf in die Vorburg, in der Wirtschaftsgebäude, Ställe, Scheuern und sonstiges ihren Platz hatten, und in die Kernburg, die als die eigentliche Burg anzusehen ist und in der der Burgherr und seine Familie mit Dienstmannen und Gesinde wohnten. Die Vorburg war auf einem breiten, künstlich planierten Areal angelegt, das zur Feindseite durch einen kräftigen und hohen Wall geschützt war. Obwohl bei einer Belagerung die Vorburgen oft dem Belagerer überlassen werden mußten, waren sie doch auch als Verteidigungswerke angelegt. Hier dürfte das erste Tor gestanden haben. Der ansteigende Burgweg, dessen linke Seite durch einen Steilabfall begrenzt ist, konnte von einem sich rechts hinziehenden überhöhten Bergkamm geschützt werden. Hat dieser Kamm, der sich wie ein hoher Dachfirst von der Vorburg bis zur Kernburg hinzieht und nach beiden Seiten steil abfällt, der ,,Nellen"-burg ihren Namen gegeben? Sprachforscher deuten das mittelhochdeutsche ,,Nelle" im Sinne eines Scheitels oder Kammes. Es wäre abwegig zu glauben, daß dieser Kamm nicht auch zur Verteidigung benutzt worden wäre.

Der ,,Scheitel" dieses Kammes ist überraschend schmal, an einer Stelle nur etwa 2,5 Meter breit; doch breit genug für ein Palisadenwerk. Zur Burg hin trug er ein kleines Vorwerk, von dem aus das zweite Burgtor geschützt werden konnte. Fundamentreste konnten hier festgestellt werden. Für die Existenz des Burgtores bürgt ,,außenseitlich" noch eine kräftige Mauer, die man sehen

Von der Nellenburg – etwa um das Jahr 1200 – gibt es keine Darstellung. Unsere Zeichnung ist jedoch nach vorhandenen genauen Beschreibungen erstellt worden. Der Weg zur Burg zog sich unter dem vor der Burg liegenden Bergkamm entlang. Zwischen dem ersten Tor und dem Eingang zur Burg lag der Burggraben, in den der Hauptturm nach der Unterminierung hineingestürzt sein könnte. Die Wirtschaftsgebäude lagen am Anfang des Burgweges auf einer noch gut sichtbaren Terrasse, geschützt durch Wall und Mauern.

kann, wenn man sich von dem steilen Hang mit Dornen und Gestrüpp nicht abhalten läßt. Hier überqueren wir den Burggraben, der früher sicher viel tiefer war.

Der Burgweg endet hier vor dem ehemaligen Burgtor, das einst durch den kräftigen, runden Turm geschützt wurde. Tor und Turm sind verschwunden, aber wo könnte der Turm denn sonst gestanden haben? Als Herzog Albrecht von Österreich 1291 die Burg belagerte, hatte er Bergleute aus Tirol mitgebracht. Diese untergruben den Turm so, daß er einstürzte und – ohne zu brechen – den Berg hinunterfiel. Der Turm muß also an einer Stelle gestanden haben, an der man mit einem Mauerbrecher oder einem Schutzhaus herankommen konnte. Da sich der Turm vermutlich auf einer überhöhten Stelle befand, wird er wohl nur in den Graben gefallen sein.

Nach der „Schwytzer Chronica", Zürich 1554, hat eine Burg auf dem Nellenberg schon im Jahre 750 gestanden. Nachweisbar sind die Nellenburger mit Eberhard III., dem Stifter der Abtei Allerheiligen in Schaffhausen, ab 1056. Er war Graf im Zürichgau und Thurgau, und er hat die Nellenburg ausgebaut. Die Grafen – und ab 1275 Landgrafen – gehörten zu den ersten Familien in Oberschwaben und waren reich begütert. Die Landgrafschaft blieb in drei Linien im Besitz des Nellenburger Geschlechtes bis zu dessen Aussterben im Jahre 1422. Durch Erbgang kamen Burg und Herrschaft an die Freiherren von Tengen-Eglisau. Durch große finanzielle Schwierigkeiten gezwungen, verkauften die Burgherren, jetzt Grafen von Tengen, Burg und Herrschaft an Herzog Sigismund von Österreich für 37 905 rheinische Gulden. Damit fiel die Landgrafschaft an Österreich und blieb – abgesehen von wenigen Jahren – im Habsburger Staatsverband bis zum Frieden von Preßburg 1805. Napoleon I. schob die bisherige österreichische Landgrafschaft Nellenburg seinem „Satelliten", dem König von Württemberg, zu, doch dabei blieb es nicht; nach nur fünf Jahren kam sie an das Großherzogtum Baden.

Die Burg wurde seit ihrem Bestehen mehrfach belagert und auch zerstört. Erstmals 1150; die zweite Belagerung fand 1291 durch Herzog Albrecht von Österreich statt. 1320 wurde sie wiederum vom Herzog von Österreich „gewunnen" ... und 1493 von dem Grafen von Kyburg erobert und „zerbrochen", wobei fast alle Urkunden verbrannten.

Der Wiederaufbau hielt sich in bescheidenen Grenzen, da die Burg nicht mehr ein Grafensitz war. 1571 lesen wir vom Einsturz der Schloßmauer. Im Dreißigjährigen Krieg wurde die Burg von dem Städteplünderer und Burgenzerstörer Konrad Widerholt teilweise zerstört; damit nicht genug, wurde der 36 Klafter tiefe Ziehbrunnen mit Steinen aufgefüllt. 1668/69 erfolgte eine Ausbesserung. 80 Fuder Steine mußte man herausschleppen, als man den zugeschütteten Brunnen leerte! In einer aus dem Jahre 1760 stammenden Beschreibung lesen wir: „Das Schloß kann sich nicht mehr verteidigen, es fehlt an Proviant und Munition, auch ist es ziemlich ‚ruinös' und baufällig." Man überließ nun die Burg Sturm und Wetter, und 1782 wurde sie auf Befehl aus Innsbruck abgerissen.

RIEDHEIM

Wo jeder Stein auf dem anderen blieb ...
In Riedheim im Hegau zerstörte nur die Witterung die Mauern – 1957 völlig renoviert

Eine heile Burg – gibt es die eigentlich noch? Ja, aber nur sehr selten. Burgen, die Kriege, Fehden, Plünderungen und Brandschatzungen heil ... oder fast heil überstanden haben, kann man an den Fingern einer Hand abzählen. Eine von ihnen steht in Riedheim im Hegau. Wir erreichen sie von Hilzingen, dem Riedheim eingemeindet ist, in wenigen Minuten. Nähern wir uns dem hübschen Hegaudörfchen, so sehen wir schon von weitem den Staffelgiebel des Wohn- und Wehrturms über die Dachfirste der Häuser herausragen. Gleich bei der ersten Straße biegen wir rechts ab und gelangen vor das Mauerviereck der Turmburg.

Sind unsere Hegauburgen fast samt und sonders Höhenburgen, so stehen wir heute vor einem in dieser Region seltenen Burgentyp – vor einer Niederburg, das heißt einer Burg, die in einem flachen Gelände oder einer Niederung ihren Standplatz hat.

Imponierend der starke, wuchtige Wehrturm mit seinem Zinnengiebel und den Spitzbogenfenstern, die sich mit ihren hellen Laibungen kontrastreich von den dunklen Basaltwacken abheben. Der Turm, der um 1300 erbaut wurde, hat die Ausmaße von 8,70 mal 12,35 Meter und zeigt bis zum dritten Obergeschoß schöne gebuckelte Eckquadern; doch bei einer späteren Weiterführung um das Jahr 1500 hat man es mit einfachen Quadern bewenden lassen. Gewisse Zeichen weisen darauf hin, daß der Turm ursprünglich mit einem

Der stolze Wehrturm mit den schönen gekoppelten Spitzbogenfenstern. Solche aufwendigen Steinmetzarbeiten für Fenster findet man sonst nur bei größeren Burgen wie an der Warenburg (Elsaß) und der Burg Liebenzell (Baden). ▷

Ein Vergleich mit dem Foto zeigt, daß sich hier wenig geändert hat. Einige Spuren deuten darauf hin, daß die Burg einstmals durch einen Graben gesichert war. Der Aushub wurde als Wall vor den Graben gelegt und als zusätzliche Sicherung mit einem Palisadenzaun bestückt. Ob die Toreinfahrt durch eine Wehrmauer mit Schießscharten geschützt war, wie sie unsere Zeichnung zeigt, steht offen, doch war eine Sicherung des Zuganges in dieser Art durchaus üblich. Heute trägt dieses Mauerstück eine Abdeckung. In der linken Ecke eine Detailzeichnung von zwei Spitzbogenfenstern, wie sie in der Wackenmauer eingelassen sind.

Walmdach gedeckt war, mit einer „Krüppelwalm" auf den Giebelseiten, und daß das Satteldach erst bei einer Reparatur nach dem Schwabenkrieg 1499 in der heutigen Form erstellt wurde.

Urkundlich erfaßt wurde die Burganlage zum ersten Mal im Jahr 1091. Sie gehörte den „Herren von Rithaim", Dienstmannen der Grafen von Nellenburg (ehemals bei Stockach), die auch die Erbauer waren. Im Schweizer Krieg erlitt der Turm Brandschäden, das heißt, er wurde ausgebrannt, so daß nur noch das starke Mauerwerk stehenblieb. Nach der Wiederherstellung wechselte die Anlage mehrfach ihren Besitzer, bis sie vom Kloster Petershausen vor Konstanz erworben wurde. 1841 kaufte die Gemeinde Riedheim die Burg zur landwirtschaftlichen Nutzung. 1902 mußte mit Unterstützung des Staates eine Dachrenovierung vorgenommen werden. Doch die Schäden waren schon zu weit fortgeschritten, 1951 stürzte das Dach ein. Kurz darauf folgte auch der Einsturz des einen Giebels.

1957 bekam der Turm wieder seinen Giebel und das Dach. Doch die Schäden waren damit noch nicht alle behoben. Die Steinlagen über den leeren Fensterhöhlen lösten sich, und lose Steine fielen herunter. Im Verein mit der Denkmalpflege und der Gemeinde Hilzingen entschloß man sich zu einer durchgreifenden Renovierung. Nicht nur die vorhandenen Schäden wurden behoben, auch die Fensterhöhlen erhielten wieder ihre Spitzbogenfenster, genau nach dem erhaltenen, historischen Vorbild. Auch wurden die Fugen des Turmes und der Umfassungsmauer weiß geschlämmt. Wer den Turm vor dieser Renovierung kannte, wird sich an dessen düsteren, bedrohlichen Eindruck, hervorgerufen durch die schwarzen Basaltwacken, noch gut erinnern können.

ENGEN (Krenkinger Schlößle)

Der Name bleibt geheimnisumwittert...

Das Krenkinger Schlößle in Engen im Wandel der Zeiten – Ein Stich von Merian als Ausgangspunkt

Unsere Zeichnung zeigt das Krenkinger Schlößle aus derselben Sicht, die auch Merian für seinen Stich gewählt hatte. Doch um die einzelnen Baukörper besser unterscheiden zu können, wurde hier eine etwas steilere Perspektive bevorzugt. Imponierend ist der starke Bergfried, der durch einen Wehrgang mit den Wohngebäuden verbunden war.

Wie unser Foto deutlich zeigt, ging mit der Zeit die Geschlossenheit der Anlage verloren.

Ein Merian-Stich vom Krenkinger Schlößchen in Engen gab den Anlaß nachzuforschen, was an Baulichkeiten aus jener Zeit noch übriggeblieben ist. Damals, als Merian die Ansicht zeichnete, bestand noch eine deutliche Trennung zwischen Stadt und Schloßbezirk, ein Zeichen dafür, daß Schloß und Stadt nicht miteinander verbunden waren. Unser Foto, etwa aus derselben Sicht aufgenommen, ermöglicht einen Vergleich. Manches Haus und manche Mauer ist verschwunden, einiges wurde umgebaut; wenn auch damit der geschlossene Eindruck der ehemaligen Burganlage verlorengegangen ist, blieb doch der Kern erhalten. Das Schloß – heute einer anderen Nutzung zugeführt – hat sich über die Jahrhunderte hinübergerettet.

Als die Bürgerhäuser der Stadt immer näher an den Burgbezirk heranrückten, verlor wohl die Trennmauer zwischen Stadt und Burg ihre Bedeutung und wurde abgetragen. Auch der trutzige Bergfried mit den schönen Buckelquadern mußte weichen. Der Treppengiebel des Schlößchens, vom Zahn der Zeit angenagt und wohl auch nicht ganz unversehrt durch die Kriegszeiten gekommen, wurde erneuert – leider nicht mehr in der schönen, alten Staffelung.

Wann das Schloß damals als Burg erbaut wurde, ist nicht feststellbar; doch bestand schon seit der Alemannenzeit an der Stelle des heutigen Stadtteils Altdorf eine kleine Siedlung. Etwa um das Jahr 1240 gründeten die Freiherren von Hewen auf der im Tal liegenden felsigen Hochfläche eine kleine städtische Ansiedlung, die auf der einen Seite durch die alte Martinskirche und auf der anderen Seite durch die Burganlage begrenzt war. Über die Herkunft des Namens für diese Burg ist man sich nicht ganz einig.

Zwar soll um das Jahr 1260 ein Eberhard von Krenkingen in dieser Burg gewohnt haben, und auch viel später noch soll ein anderer Angehöriger dieses Geschlechtes, ein Hans Friedrich (1453–1470), mit ,,einem Schloß zu Engen" belehnt gewesen sein. Doch eine namengebende Bedeutung dürften die Krenkinger, die ja ihre Besitztümer und Burgen im Klettgau hatten, nicht gehabt haben. Da die Namensverkettung mit den einst hier wohnhaften Angehörigen dieses Klettgauer Adelsgeschlechtes nicht sonderlich einleuchtend ist, muß der Name wohl auf eine andere Wurzel zurückzuführen sein, die möglicherweise bis in die kelto-romanische Zeit zurückreicht, umgeformt, umgedeutet und – da leicht aussprechbar – in den Sprachgebrauch übernommen wurde und sich beharrlich erhalten haben mag.

WASSERBURG

Die Burgherrin trotzte 5000 Soldaten
Ruine Wasserburg im oberen Hegau – 1441 zerstört und nie wieder aufgebaut

Fährt man von dem Burgstädtchen Aach in Richtung Engen, so weitet sich nach etwa zwei Kilometer das Tal. Rechts zweigt hier eine Straße ab, die von Ehingen durch das Wasserburgertal nach Emmingen ab Egg führt. Wer diese Gegend nicht kennt, wird erstaunt sein über dieses herrliche, noch naturbelassene Waldgebiet. Hier gedeihen noch seltene Pflanzen und Sträucher, die in diesem Trockental ihren Standort haben. Wir bewundern die am steilen Hang stehenden bizarren Kalkstotzen, die Burgtürmen nicht unähnlich sehen. Zwischen dem von rechts kommenden Tal von Eckartsbrunn und dem weiterführenden Schenkenburgertal breitet sich hier eine Talaue aus, die einen kleinen Burghügel trägt. Von drei Seiten fällt der Hügel steil ab, nur zur Seite des wirtschaftlichen Anwesens finden wir ebenes Gelände und auch einen Zugang.

Auf dem hinter dem Hof liegenden Bergkegel stand einst die Wasserburg. Wundern wir uns, von einer Wasserburg hoch oben auf einem Bergkegel zu hören, wo weit und breit kein Wasser zu sehen ist? Mit Wasser hat der Burgname nichts zu tun. Trug etwa der Erbauer den alten Namen ,,Waso", oder kommt der Name von einem Lehensmann der Abtei Reichenau, der ,,von Wassen" hieß und somit der Burg den Namen gab? Jedenfalls führt die

Jura-Kalkstein ist ein schlechtes Baumaterial für Burgen, wie man hier sehen kann.

85

Von der Burg steht nur noch der Stumpf des Bergfrieds, ausgehöhlt, aber an einer Seite noch mit schönen, hellen Steinen verblendet. Durch das sauber terrassierte Gelände kann man sich gut eine Vorstellung machen, wie die Burg einst ausgesehen haben muß – die Anlage, die Wege, die Umwallung und die vorgelagerte Terrasse, die sicher einige Gebäude trug, aber wohl auch zum Schutze der Kernburg diente. Weiß man dazu, daß die vor der Ruine liegenden großen Gebäude des Wasserburgerhofes mit den Steinen der ehemaligen Burg erbaut wurden, kann man gut verstehen, daß „oben" an Mauern nicht mehr viel zu finden ist!

Burg, heute eine Ruine, den Namen „Wasserburg".

Der Burgplatz war gut gewählt. Vor dem Kern des Burgkegels hatte man Terrassen angelegt, die als Zwinger die Burg zu einem „festen Platz" machten und eine erfolgreiche Verteidigung von oben herab ermöglichten. Man nimmt an, daß die kleine Burg, fernab von ihrem Lehensherrn – der Abtei Reichenau – die hier vorbeiführende „Königsstraße" offen zu halten und die der Abtei unterstehenden Gebiete zu schützen und zu verwalten hatte. Königsstraßen waren nach mittelalterlicher Rechtsauffassung Eigentum des Königs, Heerstraßen, auf denen ein Regal, Zoll, Geleit, ausgeübt wurde. Sie lagen außerhalb von Zwing und Bann.

Erste Nennungen der Burg erfolgten 1171 und 1180. Bis zum Jahr 1290 herrschten dort reichenauische Ministerialen.

Nach mancherlei Wechsel kam das Reichenauer Lehen über Egg von Reischach an den Ritter Veit von Asch. Dieser Herr schloß sich einigen Adligen an, die es nicht für ganz unehrenhaft hielten, sich durch gelegentlichen Straßenraub ihre leeren Beutel zu füllen. Das Haupt dieser Freibeuter war Werner von Schienen, der auf der Schrotzburg saß. Von Stiegen am Untersee aus überfiel er mit seiner adligen Kumpanei die Frachtboote reisender Kaufleute. Am 30. Mai 1441 glückte ihnen „der ganz große Coup". Kaufherren aus den schwäbischen Städten waren es, die von einer erfolgreichen Messefahrt aus Genf heimkehrten und hier nun „erleichtert" wurden. Der Wert der erbeuteten Waren belief sich auf 120 000 Gulden, für die damalige Zeit eine unvorstellbar große Summe. Die Kaufherren führten Klage, und der Städtebund zog nun mit 5000 Mann zu Fuß, mit 1000 Reitern und mit „grobem Geschütz" vor die Burgen der Strauchritter.

Die Schrotzburg wurde nach drei Tagen erobert und zerstört, die Burgen Randegg und Staufen brannten, das Städtchen Blumberg wurde belagert und zerstört. Nun zogen die Belagerer gegen die Wasserburg, in der Meinung, gegen diese kleine Burg ein leichtes Spiel zu haben. Sie sollten sich täuschen! Die Burgherrin, Claranna von Reischach, übernahm das Kommando und versuchte – in Abwesenheit ihres Gemahls – mit Mut und Umsicht ihre kleine Burg zu halten. Als es aber offensichtlich wurde, daß dies nicht mehr gelingen konnte, ergab sie sich unter der Bedingung eines freien Abzuges der Besatzung – die aus ganzen acht Mann bestand –, was ihr

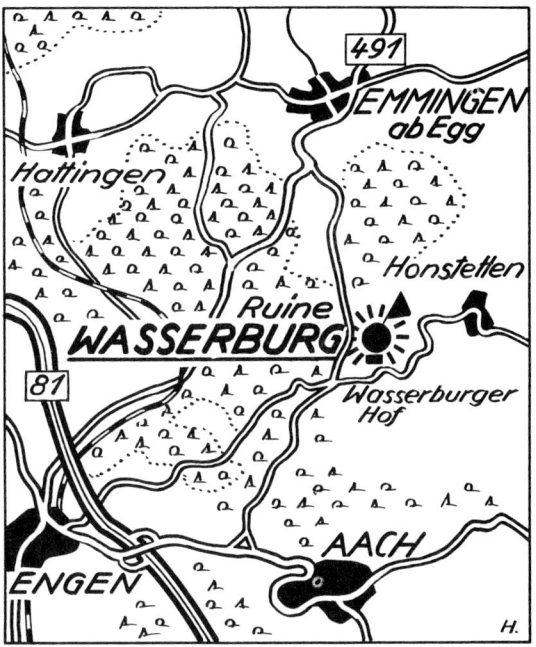

auch gewährt wurde, da die eiserne Tapferkeit der Burgherrin selbst den Angreifern imponierte. Was half's, die Wasserburg wurde zerstört und nie wieder aufgebaut. Ein Lied, oder soll man's Ballade nennen, das den Mut und die Entschlossenheit der Burgfrau zum Thema hat, sorgte dafür, daß dieses Ereignis im Gedächtnis der Menschen erhalten blieb.

TUDOBURG

Die Vorburg war so groß wie ein Fußballplatz

Geheimnisvoller Ursprung der Tudoburg im oberen Hegau – Vermutlich ummauerte bäuerliche Siedlung

Die Tudoburg, heute eine Ruine, liegt im oberen Hegau, abseits der „Karawanenstraßen", die zum Untersee oder zu den vielbesuchten Ausflugszielen des Hegaus führen. Man findet sie nicht „zufällig" am Weg, man muß sie schon „gezielt" aufsuchen. Wer würde in dieser so friedlichen und „unheroischen" Landschaft ein so kriegerisches Bauwerk wie das einer Burg vermuten?

Schon der Name Tudoburg klingt seltsam „archaisch". Kein Wunder, daß der Volksmund ihn in Judenburg umdeutete. Man glaubte, daß sich auf dem ungewöhnlich großen Areal einst eine Judensiedlung befunden habe; da man aber weiß, daß im Mittelalter den Juden Handwerk und Landwirtschaft verwehrt war, darf man annehmen, daß der Veränderung des Namens Tudoburg in Judenburg eine rein phonetische Ursache zugrunde liegt.

Will man die Burgruine besuchen, so nimmt man am besten den Weg über Honstetten. Man vergesse in Honstetten nicht, einen dort stehenden, starken, gut erhaltenen Turm zu besuchen. Dieser liegt etwas versteckt zwischen einigen bäuerlichen Anwesen. Der Platz war gut gewählt. Auf der einen Seite fällt eine Felswand senkrecht ab, auf der anderen Seite wurde diese ehemalige Burg durch Gräben und Mauern geschützt, die noch andeutungsweise zu sehen sind. Der Turm wäre besteigbar, doch man müßte die Schlüssel in Konstanz holen, wie uns ein Hinweis vermeldet! Dieser Turm, letzter Rest einer kleinen Burg, war erster Sitz der edelfreien Herren von Honstetten.

Wir nehmen nun die Straße nach Eckartsbrunn und biegen am Ortsausgang gleich nach

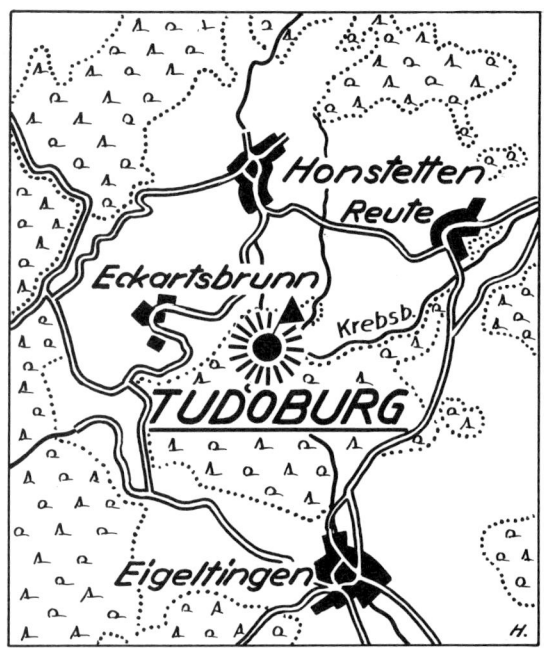

Im Burghof der Tudoburg – das sauber errichtete Mauerwerk ist bis heute erhalten geblieben. Allerdings erschwert der starke Baumbestand den Überblick.

dem Friedhof links ab. Bei einem Feldkreuz halten wir kurz und lesen, daß hier der Pfarrer von Honstetten durch schwedische Soldateska im Dreißigjährigen Krieg mittels des Schwedentrunks (Gülle) qualvoll umgebracht worden ist.

Autowanderer können unmittelbar bis zur Vorburg fahren und dort ihr Fahrzeug abstellen. Ein Graben trennt die etwas höher liegende Vorburg von den ringsum liegenden Wiesen. Der eingeschnittene Zugang ist nicht zu übersehen. Ein Rundturm, dessen Standplatz noch gut zu erkennen ist, hat ihn früher gesichert. Auf der Wallkrone hinter der „modernen" Schutzhütte finden wir noch Mauerreste eines Steinwalles oder eines Gebäudes.

Das große Areal der ehemaligen Vorburg – einem Stadion in den Ausmaßen vergleichbar – beeindruckt. Auch wenn keine Gebäude mehr vorhanden sind, kann man sich hier eine kleine landwirtschaftliche Ansiedlung gut vorstellen. Auf der Angriffsseite verläuft ein Wall, der wohl einst eine Mauerbewehrung hatte.

Im Sommer ist die eigentliche Burg durch den starken Bewuchs von der Vorburg aus

So könnte die Tudoburg im 13. Jahrhundert ausgesehen haben. Die zahlreichen landwirtschaftlichen Gebäude, die vermutlich im Hof der Vorburg standen, wurden aus Gründen der Übersichtlichkeit nicht berücksichtigt. Der Platz, an dem heute die Schutzhütte steht, ist mit einem Kreis und einem Kreuz markiert.

kaum zu sehen. Doch der Abgang dazu ist leicht zu finden. Daß hier einstmals ein bewehrtes Tor war, ersieht man an den Mauerresten, die von unten noch zu sehen sind. Doch zwischen Vorburg und Ruine sieht es ,,wüst" aus. Zwischen wirren Steinklötzen, Gräben und Trümmern führt der Weg zu einer Lücke in der Burgmauer hinauf. Auffallend ist hier die verschiedenartige Struktur der Mauer: rechts, im vermutlich älteren Teil, schöne glattbehauene Steine in sorgfältiger Schichtung; nach einer deutlichen Trennung folgen regellos vermauerte Bruchsteine. Im Innern des Areals erkennt man an der Nordwestecke einen Fensterdurchbruch mit Sitzbank, doch an der Wehrmauer keinen irgendwie gearteten Anschluß eines Gebäudes. Waren die Wohngebäude aus Holz-Riegelwerk gebaut worden, da sonst keine Reste mehr sichtbar sind? Auch auf der Südseite des Burgplatzes sind keine aufragenden Mauerreste mehr zu finden. Der Berg fällt steil ab, ein etwaiger Angriff war von hier nicht zu befürchten.

Nun zur Geschichte der Burg:

Die Herren der Tudoburg, urkundlich zwischen 1050 und 1135 erwähnt, nannten sich nach ihrem ersten Sitz von Honstetten, aber auch nach den Orten Reute und Wagenhausen. Nach Tuto von Wagenhausen bekam die ursprünglich Harperg, das heißt Hardberg, genannte Burg ihren Namen Tudoburg. Seit 1265 wird ein weiteres Geschlecht derer von Honstetten genannt, eine Verwandtschaft mit dem Gründergeschlecht ist indes nicht erwiesen. Schon 1362 gingen Honstetten und die Tudoburg an die Herren von Hewen – und 1398 mit Hewen an Österreich. 1404 kamen Burg und Herrschaft an die Grafen von Lupfen-Stühlingen, nach deren Aussterben über die Grafen von Pappenheim durch Erbgang an die Fürstenberger und 1839 an Langenstein. Seit 1872 gehört die Burg zum Besitz der Grafen von Douglas.

Die eigentliche Burg ist von der Vorburg durch einen tiefen Graben getrennt. Auf der rechten Seite der Burgmauer dürfte der Palas gestanden haben. Balkenlöcher zeigen uns, daß dieser Gebäudeteil einst vier bis fünf Stockwerke hoch war. Die Wohngebäude waren wohl im oberen Teil als Fachwerk-Stockwerke ausgebaut. Auf der Südseite des Burgplatzes sind keine Mauern mehr zu finden. Zwischen den beiden Gebäuden sehen wir eine Vertiefung, hier dürfte die Zisterne ihren Platz gehabt haben. Auf allen Seiten fällt der Bergkegel steil ab. Ein etwaiger Angriff konnte nur von der Seite der Vorburg aus erfolgen, und hier gab die als Schildmauer aufgeführte Bewehrung guten Schutz.

Wer noch Zeit genug hat, sollte auch eine Wanderung rund um die Tudoburg unternehmen. Vom Parkplatz führt ein beschilderter Weg zu den ,,Wasserfällen". In der tief eingegrabenen romantischen Schlucht entpuppen sich die Wasserfälle als hübsche Kaskaden. Wir folgen über Stege und Brückchen dem munteren Wässerlein bis zur Mündung in den Krebsbach. Beim Schild ,,Heldlochhalde" überqueren wir den Krebsbach über den Steg, nun geht der Weg leicht aufwärts; besonders bei heißen Tagen ist dieser schattige Weg sehr zu empfehlen. Nach etwa 45 Minuten haben wir den Bergkegel der Tudoburg umrundet. Einst war er unbewaldet, so daß man von der Burg nach allen Seiten gute Sicht hatte.

Von einer gewaltsamen Zerstörung der Burg ist nichts bekannt. Man darf annehmen, daß ein Teil der Burg durch ein Erdbeben oder durch einen Bergrutsch stark beschädigt und mit der Zeit unbewohnbar wurde.

HOHENFELS

Bei Sipplingen stand des Minnesängers Veste...

Burkhard von Hohenfels war ein Zeitgenosse Walthers von der Vogelweide – Der einzige Feind der Burg war das Wetter

„Do der luft mit sunnen viure . . ." („als die Luft mit Sonnenfeuer . . ."), so beginnt der Anfang eines Tanzliedes des Minnesängers Burkhard von Hohenfels. Er war wohl der bekannteste Dichter-Sänger des Bodenseegebietes, ein Zeitgenosse Walthers von der Vogelweide. 18 Gesänge und Lieder, die von der Minne zur angebeteten Herzensdame, von der Schönheit der Natur, von Wald und Wasser, Innigkeit und Liebe singen, sind von ihm in der Manessischen Handschrift überliefert. Kein Wunder, daß man hier, in diesem herrlichen Erdenwinkel, zum Dichter und Sänger werden kann. „Wes des Herz voll ist, dem läuft der Mund über." Weit schweift der Blick von Hohenfels, seiner Burg, über den im Sonnenglast liegenden Überlinger See, bis er von den wie unwirklich über dem Wasser liegenden, glitzernden, schneebedeckten Zinnen der Alpen aufgefangen wird. Näher, genau gegenüber, dunkelt der langgezogene Bodanrück mit seinen Schlössern und Burgen Alt-Bodman, Frauenberg, Kargegg und Burghof; sich verflachend, läuft er aus mit der Blüten- und Blumeninsel Mainau.

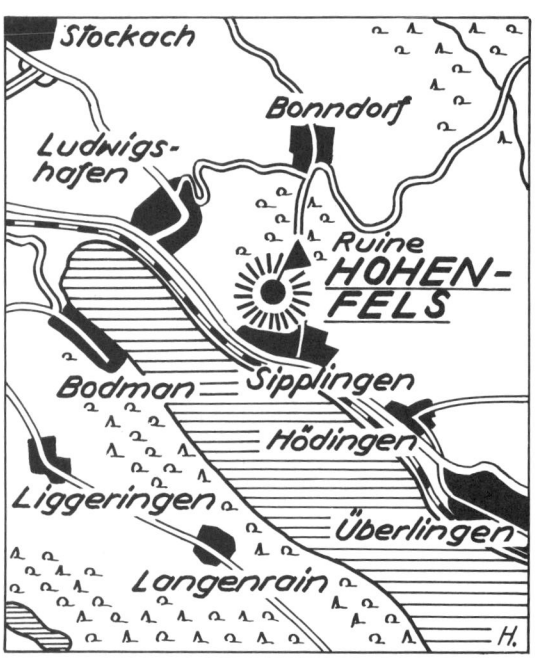

Sportliche Besucher der Ruine Hohenfels können Hohenfels von Sipplingen aus angehen, an heißen Tagen eine durchaus anerkennenswerte Leistung. Wer es leichter haben möchte, findet von einem gern besuchten Höhengasthaus aus den markierten Weg nach Sipplingen, der unter dem Burgkegel vorbeiführt. Flotte Wanderer nehmen vom Parkplatz aus den alten Burgweg, der sich als Hohlweg zum Burgsattel hinunterzieht und sie in circa acht Minuten zu dem tiefer liegenden Felsklotz bringt, der die wenigen Reste der einst hochaufstrebenden Wohnburg trägt.

Macht man sich nun auf, um weiteren Relikten nachzugehen, findet man nur wenig tiefer ein in den Hang eingetieftes Geviert, das auf eine ehemalige Torwacht schließen läßt. Hier beginnt auch ein von Mauern umschlossener Zwinger und Zugangsweg, der sich halbbogenförmig um den Burghügel herumzieht und bei dem kleinen Graben mit Wall unter der Burgplattform endet.

In gerader Linie unter dem oben beschriebenen „Torhaus" liegt auf einer kleinen Erhöhung ein schön gemauertes Fundament. Hier könnte ein Vorwerk gestanden haben. Nehmen wir den Weg zum Bergsattel, so sehen wir an der engsten und daher für eine Sperre am besten geeigneten Stelle einen Mauerbrocken, der auf ein hier einst stehendes Tor hinweisen könnte. Den Weg wieder zurückgehend, der zur Seeseite hin von einer Mauer begrenzt ist, die sicher einmal höher war, kommen wir auf eine Terrasse, die früher Platz genug für die nötigen Wirtschaftsgebäude bot. Dem Bergsattel und der höher liegenden Gegenseite zu war die Burg durch den steilen kurzen Hang von dem oben liegenden hohen „Haus" aus gut zu verteidigen. Burg, Nebengebäude und Zugänge lagen im Angriffsschatten auf drei Ebenen verteilt.

Eine erste urkundliche Erwähnung eines Konstanzer Domherrn mit Namen Burkhard von Hohenfels erfolgte 1191. Beim Hoflager Friedrichs II. in Überlingen finden wir zwei Brüder, Burkhard und Walter; weitere Angehörige der Hohenfelser Familie waren geistliche Herren und Würdenträger am bischöflichen Hof und ritterliche Beauftragte im Dienste des Kaisers; 1292 wurde die Linie geteilt. Auf einer neuen Burg, Neu-Hohenfels genannt, wurde ein neues Geschlecht seßhaft;

Fundamentreste der Wohnburg und der Zwingermauer.

Burg Hohenfels, wie sie früher vermutlich ausgesehen hat: Die drei Ebenen, auf denen die Burg stand, sind gut erkennbar, Zugänge und Zwinger, die sich halbkreisförmig um den Burghügel herumziehen, sind noch gut passierbar.

eine weitere Linie zweigte sich durch eine Verheiratung ab. Mit dem Tode Burkhards, dem keine männlichen Nachkommen beschieden waren, kam die Herrschaft an dessen Schwager Wolf von Jungingen. Nach dem Aussterben dieser Familie folgten die Herren von Landenberg.

1479 erwarb das Spital zu Überlingen Burg und Herrschaft, bestehend aus Dörfern, Weilern und sonstigen Liegenschaften und aus dem Rebgelände, dem sehr willkommenen Herzstück der neuen Errungenschaft. Fehden oder Kriege, durch die Hohenfels hätte zerstört werden können, sind nicht bekannt. Abbruch und Steinraub, Wetter und Wind ließen die Gebäude zusammenfallen, so daß nur wenige Reste die Jahrhunderte überstanden haben.

RAMSBERG

Einstmals die Zuflucht der Grafen von Pfullendorf

Burg Ramsberg bei Großschönach –
Ein altes Fresko in der Kapelle zeigt eine andere Burg

Etwa in halber Entfernung zwischen Owingen an der Mahlspürer Aach und Pfullendorf liegt Großschönach. Hier finden wir ein Sträßchen auf der rechten Seite eines kleinen Baches, der in die Linzer Aach mündet, das uns nach kurzer Fahrt zu einem steilen bewaldeten Bergkegel bringt, auf dem wir den Ruinen der ehemaligen Burg Ramsberg einen Besuch ab-

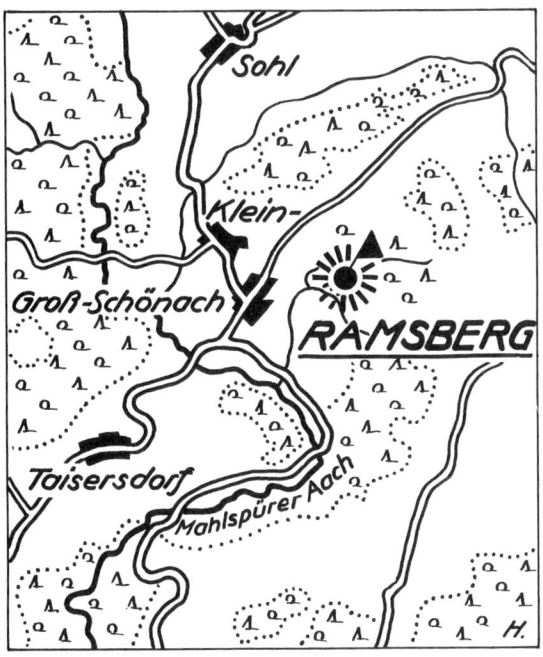

statten wollen. Hier können wir auch unser Fahrzeug abstellen. Der Weg zur Ruine führt spiralig, der „Schildseite" abgewendet, den Berg hinauf; auf halber Höhe links ein terrassiertes Gelände, das einst landwirtschaftlich genutzt war. Ein scharfer Rechtsknick, und wir stehen an der Stelle des ehemaligen Burgeingangs. Links von uns ein kräftiger Turmstumpf, in dem eine Kapelle eingerichtet ist. Angebaut sind zwei Gebäude, sichtlich jüngeren Datums, die jedoch ganz und gar nicht unseren Vorstellungen entsprechen. In der Kapelle ein etwas verwaschenes Fresko, einen Ritter und eine turmreiche Burg zeigend, darunter in alter Manier die Jahreszahl 1467. Diese hat jedoch nichts mit der Entstehung der Burg zu tun, sondern bezieht sich wohl auf eine Erneuerung oder Wiederinstandsetzung der Gebäude.

Wir versuchen nun, uns anhand der vorgefundenen Reste ein Bild der einst wichtigen und beherrschenden Burg der ehemaligen Grafen von Pfullendorf und Ramsberg zu machen. Der starke Unterbau des aus der Fluchtlinie vorgeschobenen Gebäudes mit der Kapelle läßt an einen Burgturm denken. An dieser Stelle wäre er Schutz und Wehr gewesen. Angeschlossen daran eine starke Umfassungsmauer mit dem Burgtor, geschützt durch einen Wehrgang, der Zugang und Ein-

Unsere Rekonstruktion der ehemaligen Burg Ramsberg zeigt den vorgeschobenen Turm, in dessen Unterteil die heutige Kapelle eingebaut ist. Neben dem Turm müßte das Burgtor gelegen haben, das durch einen Wehrgang verteidigt werden konnte. Der Palas sprang in das Burgareal vor, seine Rückseite bildete mit den Überresten der alten Burg die Umfassungsmauer. Rechts unten ist das Siegel der Herren von Pfullendorf-Ramsberg eingeblendet, es zeigt einen „Ramm", das heißt Eber. Wann die Burg Ramsberg zerstört oder im Laufe der Zeit unbewohnbar wurde, ist nicht festzustellen. Die Jahreszahl 1467, in alter Manier rechts oben, bezieht sich auf eine Erneuerung.

gang verteidigen konnte. An den Burgturm dürfte sich das Herrenhaus angelehnt haben, frei in den Burgplatz hineinragend. Die Rück-

◁ Blick vom Burghof zum Vorbau der Kapelle. Der Turmstumpf trägt heute ein Satteldach mit einem kleinen Dachreiter. Auf dem Foto ist der Rücksprung von dem heutigen Pächterhaus zum Turmstumpf (Kapelle) deutlich erkennbar.

seiten dieser Gebäude sind teilweise noch erhalten. Doch eine Zuordnung der in Material, Aufbau und Mauertechnik verschiedenen Wände ist ohne eine genaue Untersuchung nicht möglich. Auch eine ehemalige Schießscharte kann nicht recht überzeugen. Nach der Umgehung, bei der wir uns den einfachen Grundriß, soweit erkennbar, eingeprägt haben, besuchen wir nochmals die Kapelle, finden aber keine Übereinstimmung mit dem darin befindlichen Burgbild.

Von unserem Burgenbesuch nach Großschönach zurückkommend, werden wir auf eine interessante und nicht alltägliche Wanderung durch den Aachtobel aufmerksam gemacht. Dieser Tobel endet bei der Kapelle Maria-Stein, an die sich folgende hübsche Begebenheit anknüpft:

Schalten wir zunächst einmal unsere Zeituhr zurück bis zu dem Jahr 1217: Auf dem steilen Felsen über dem Tal steht ein Ritter, über dem Kettenhemd trägt er den Überwurf mit dem Zeichen der Kreuzfahrer. Das Rauschen der Aach ist ihm von Kindheit an vertraut. Über den Bäumen des anderen Ufers sticht der Turmhelm einer Burg in den Abendhimmel. Er weiß: Nur noch eine kurze Wegstrecke und er ist daheim. Der Tag ist heiß, Roß und Reiter sind durstig. Den steilen Pfad hinunter in die Schlucht muß er sein Pferd führen. Unten angekommen, laben sich Roß und Reiter an dem kühlen Quell, der aus dem Felsen springt. Voller Dankbarkeit, daß es ihm vergönnt ist, nach langer türkischer Gefangenschaft seine Heimat wiederzusehen, hängt der Ritter seinen Schild an den Baum über der Quelle und gelobt, hier eine Kapelle zu bauen. Sein Versprechen hat er gehalten. Die Kapelle, ein gern besuchtes Wanderziel, besteht auch heute noch, und sein Schild, im Laufe der Zeit mehrfach erneuert, hängt noch an einem Eckposten der Kapelle.

Doch nun wieder zurück zur Burg Ramsberg. Ihre Gründer waren die Grafen von Pfullendorf, abstammend von alemannischen Gaugrafen, treue Anhänger des Kaisers Friedrich Barbarossa. Nach deren Aussterben ging Pfullendorf mit der Burg Ramsberg an den Stauferkaiser über. Der Reichsbesitz wurde neu vergeben, und wir finden nun Lehensinhaber, die sich in der Folgezeit auch Ritter von Ramsberg nannten, ohne jedoch von den Grafen von Pfullendorf-Ramsberg abzustammen. 1347 erhielten Albert von Klingenberg und seine Frau, eine geborene von Homburg, zugleich mit Erbberechtigung der Söhne und Töchter das Lehen. Von diesen ging das Lehen an Hans von Homburg und an Burkhard und Walter von Hohenfels, dann im Erbweg über Heinrich von Ellerbach an Bentz von Königseck über. Da die Herren von Königseck jedoch das ganze Lehen beanspruchten, führte dies zu einem Streit, so daß das Lehen hälftig verkauft wurde. Ulrich von Ems verkaufte seinen Teil 1423 an das Spital Überlingen, nachdem Hans von Homburg seine Hälfte schon 1409 an die Stadt Überlingen veräußert hatte. Die heute noch bestehende Teilung des Burgkegels geht also auf die Erbteilung vor über 500 Jahren zurück.

SCHWARZWALD · BADEN

HOHENSCHRAMBERG

Der wehrhafte „Käferles-Turm"

Hohenschramberg im Schwarzwald galt als „festeste Burg im Schwabenland" –
Seit 1689 eine Ruine

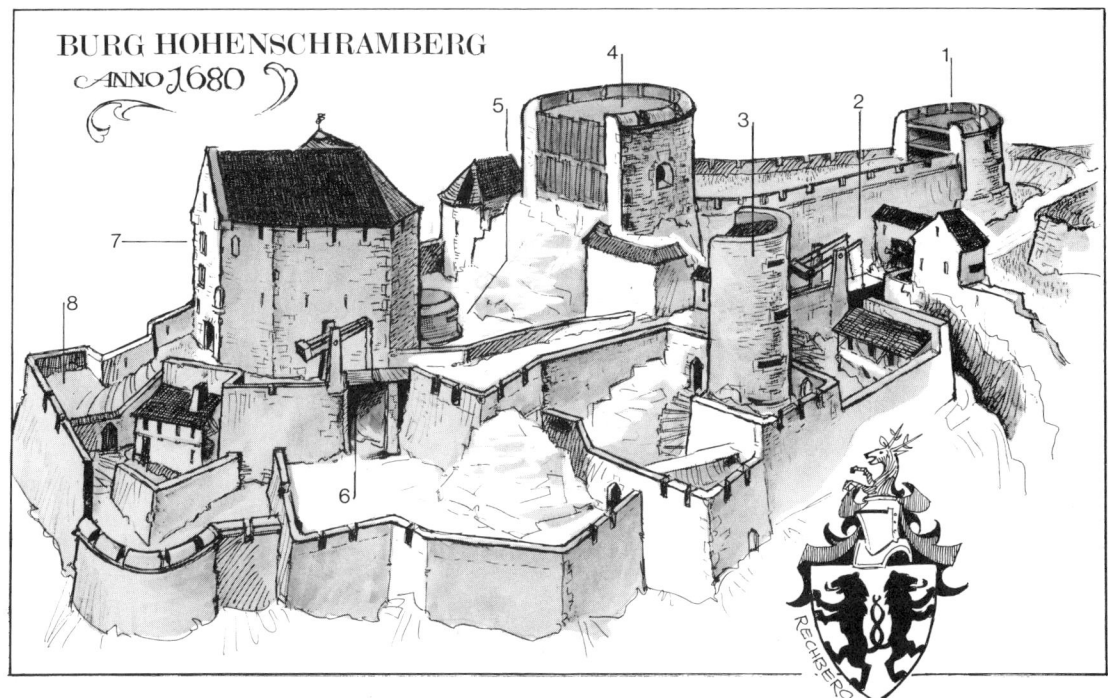

Welch beeindruckende Ausmaße die Burg Hohenschramberg im Mittelalter hatte, zeigt diese Rekonstruktion. Es gibt kaum eine Burg, deren Verteidigung von den Erbauern so durchgeplant war wie hier – aber alle Vorsicht änderte nichts daran, daß auch diese Festung eines Tages eingenommen wurde. Die verschiedenen Ziffern stehen für: 1. „Käferles-Turm"; 2. Eingang mit Zugbrücke; 3. Schalenturm; 4. Wehrbau, Kanonenturm: die Rückseite des Turmes ist durch leichtes Bretterwerk verschlossen, das bei einer Feindbedrohung abgeworfen werden konnte; 5. Quergraben mit Graben-Rondell; 6. Hintere Fallbrücke; 7. Wohngebäude; 8. Auslug.

Der Name sagt es: Die Burg, heute eine imposante Ruine, liegt hoch über der Uhren- und Fünftälerstadt Schramberg. Der Platz war gut gewählt; nach drei Seiten fällt der Burgberg steil ab, nur die Westseite des flachen Bergrückens erlaubt einen Zugang. Doch wer hier als Feind kam, sah sich Mauern und Bollwerken gegenüber, die unmittelbar aus dem gewachsenen Fels emporwuchsen. Ungefügig und trotzig, wohl versehen mit Schießscharten, drohte hier ein wuchtiger Geschützturm, der in der damaligen Zeit jeder Beschießung standhalten konnte. Er steht auch heute noch, äußerlich unversehrt, und führt den lustigen Namen „Käferles-Turm".

Diese starke Bewehrung ist durch Zwingermauern mit dem dahinterliegenden noch stärkeren Wehrbau verbunden. Der Zugang zur Burg lag damit unter dem Beschuß von der Zwingermauer aus. Gleich hinter der heutigen gemütlichen Gaststätte „Burgstüble" kommen wir zum damaligen Eingang. Eine starke Mauer mit Tor sperrte einst den Durchgang, geschützt durch ein danebenliegendes Torwehr. Aufmerksame Besucher bemerken, daß unmittelbar hinter dem ehemaligen Tor ein tiefer, in den Fels gehauener Graben liegt; einst sperrte hier eine Fallbrücke den schmalen Durchgang, heute ist der Graben fest überbrückt. Hier wäre ein Feind genau in das Schußfeld des rechts liegenden Wehrbaues geraten – und überdies von dem auf der linken Seite liegenden hohen „Schalenturm" aus unter Feuer genommen worden. Dieser Turm, auch heute noch nahezu in seiner ursprünglichen Höhe erhalten, hat mehrere Stockwerke mit gut ausgebauten Geschütznischen. Er konnte sowohl den Eingang als auch das Angriffsfeld der Nordseite wirkungsvoll beschützen. Nach der Burg hin war der Turm offen; so konnte ein Feind, wenn es

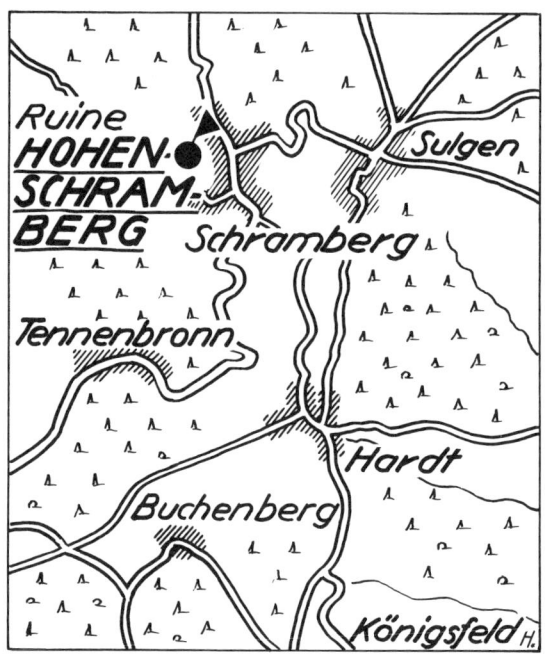

ihm gelungen war, den Turm zu nehmen, sich nicht darin festsetzen – überdies konnte der Pulverdampf der Geschütze besser abziehen. Was hier von dem Schalenturm gesagt wird, gilt ebenso für den rechts liegenden bollwerkartigen Wehrbau. Strebt der Turm steil in die Höhe, so ist der Wehrbau breit angelegt und sperrt den Platz beziehungsweise das Zwinger-Plateau zwischen sich und dem „Käferles-Turm". Mehrere übereinandergestaffelt liegende Geschütznischen zeugen von seiner Wehrhaftigkeit; imponierend sind die meterdicken Mauern aus rotem Sandstein.

Ein tiefer, breiter Graben trennt dieses Bauwerk von der eigentlichen Wohnburg, dem Palas. Der Zugang zu diesem führt hier dicht an der Felswand vorbei – heute überbrückt, früher aber nur über eine Holzbrücke mit Fallwerk passierbar, die bei einem feindli-

Die großen und gut erhaltenen Burgreste der Feste Hohenschramberg.

chen Angriff abgeworfen werden konnte. Der tiefe, den ganzen Felsrücken einnehmende Quergraben zwischen Wehrbau und Palas war zusätzlich noch mit einem Graben-Rondell bestückt, das die Grabensohle beherrschte. Hinter dem Wehrbau verdeckt, lagen Unterkünfte, Zwingermauern, Verteidigungsbauten und bewehrte Zugänge, die auf unserer Zeichnung nicht sichtbar sind.

Nun kommen wir zum Palas. Hans von Rechberg hat den Bau erstellt. Rauh, wie er wohl selbst war, hat er die unbehauenen Steinquadern übereinandergetürmt. Diese Mauer nach der Feindseite hin ist bis zu sechs Meter dick, nur unterbrochen durch eine Schlupfpforte, die wohl einst zum Rondell in der Grabensohle geführt haben mag. Nach der Süd- und Westseite öffnen sich Eingang und Fensterfronten, mit schönen gotischen Fensterlaibungen. So ungefüge auch die Mauer nach der Feindseite hin ist, hier sind Details an Fenster und Schießscharten sorgfältig behauen. Eine heutige Aussichtskanzel vor dem Palas ermöglicht einen weiten Blick über die Stadt Schramberg und den höher liegenden Stadtteil Sulgen. Obwohl hier der Burgberg steil abfällt, lagen auch auf dieser Seite mehrere Reihen übereinandergestaffelter Mauern mit in den Fels gehauenen Gelassen und seitlichen Verteidigungswerken.

Nun kurz die Geschichte der Burg: Ihr Erbauer, Hans von Rechberg, saß einst auf der kleinen Burg Ramstein, steil über dem engen Bernecktal gelegen. Dieser fehdelustige Herr hatte einige „Pfeffersäcke" überfallen, wie damals die reisenden Händler genannt wurden. Der Städtebund ließ sich das nicht gefallen und zerstörte 1452 kurzerhand Rechbergs „Krähennest", auch verbot er einen Wiederaufbau. Durch Verkauf seiner Güter Gammertingen und Hettingen konnte Hans von Rechberg auf den Grundmauern einer schon bestehenden kleineren Burganlage eine neue, starke Burg erbauen (1457–1459). Heute ist diese Ruine Beispiel eines spätmittelalterlichen-frühneuzeitlichen Festungswerkes, in allen Teilen auf Verteidigung gegen die damals schon hochentwickelten Feuerwaffen gerüstet. Die Burg galt einst als die „festeste im ganzen Schwabenland". Nach einer Belagerung durch Graf Eberhard im Bart (1464) wurde die Burg im Dreißigjährigen Krieg durch Überlistung von dem – durch die Verteidigung des Hohentwiels – berühmten, aber durch die Niederlegung aller Hegauburgen berüchtigten Konrad Widerholt belagert und auch eingenommen. Zwischenzeitlich waren Herrschaft und Burg durch mehrere Hände gegangen, und die Burg war immer wieder erneuert, erweitert und stärker ausgebaut worden. 1634 kamen Burg und Herrschaft Schramberg von Württemberg an Österreich und 1648 an die Herren von Bissingen-Nippenburg, die 1746 in den Reichsgrafenstand erhoben wurden. In den Raubkriegen Ludwigs XIV. von Frankreich wurde die Burg am 10. Januar 1689 zerstört und ausgebrannt. Seither ist die „Nippenburg", wie sie auch genannt wird, eine Ruine.

Seit dem Jahr 1937 ist die Burg im Besitz der Stadt Schramberg. Bürger dieser Stadt bewahren sie vor einem weiteren Verfall, karren Ruinenschutt weg, mauern brüchige Teile wieder hoch und beseitigen Bäume und Strauchwerk, die mit den Wurzeln das Gefüge der Mauern zu zersprengen drohen. Es ist kaum zu ermessen, welche uneigennützige Arbeit hier schon geleistet wurde. Wenn man bedenkt, daß an manchen Stellen der Ruinenschutt meterhoch lag, kann man diese freiwillige Arbeitsleistung, die sich nun schon über Jahre hinzieht, einigermaßen einschätzen.

HORNBERG

Hier fand das „Hornberger Schießen" statt

Auf Burg Hornberg im Schwarzwald ging den Kanonieren
im entscheidenden Moment das Pulver aus

Die Ruine Hornberg, stolz auf einem steilen Felsen über dem Städtchen hingelagert, macht uns einen Besuch leicht. Von der Durchgangsstraße abbiegend, gelangen wir, dem Hinweis „Freilichtspiele" folgend, zu einem hübschen Weiher mit Springbrunnen, und dann auf einer schönen Allee zum der Ruine vorgelagerten Schloßhotel. Unter schattigen alten Bäumen läßt es sich auf der weiträumigen Terrasse gut sein. Sonnenschirme, ein Farb-Kaleidoskop von Sommerblumen, Ferien- und Urlaubsstimmung allenthalben und der hohe, blaue Himmel mit seinen gemächlich hinziehenden Kumulus-Wolken unterstreichen das heitere Bild.

Für Wanderer, die den Burgfelsen vom Städtchen aus „erklommen" haben, ist hier der Ausgangspunkt für herrliche Wanderungen in die dahinterliegenden Berge und Wälder. Wenn man am Rand der Terrasse steht, liegt das Städtchen Hornberg tief unter uns: das schmale Tal ausfüllend, klettern weiß aus dem Grün leuchtende schmucke Häuser die steilen Hänge empor. Nach einem Blick zu Gerwigs imposantem Viadukt seiner Schwarzwaldbahn wenden wir uns dem steilen Treppenaufstieg zum Bergfried zu. Vor uns eine Schulklasse; unter Gelächter und Hallo zählen sie die Stufen des Aufstiegs. Wir sind vor dem Eingang des 17 Meter hohen Turmes. Wir bemerken die exakt geschichteten Eckquadern mit Randschlag und über dem nachträglich angebrachten Eingang die Jahreszahl 1735.

Von oben fällt uns ein weiß gekalktes Häuschen auf, das auf einem Felsklotz neben uns steht. Es ist der frühere „Pulverthurm". Wir wundern uns: Er nimmt die ganze Fläche

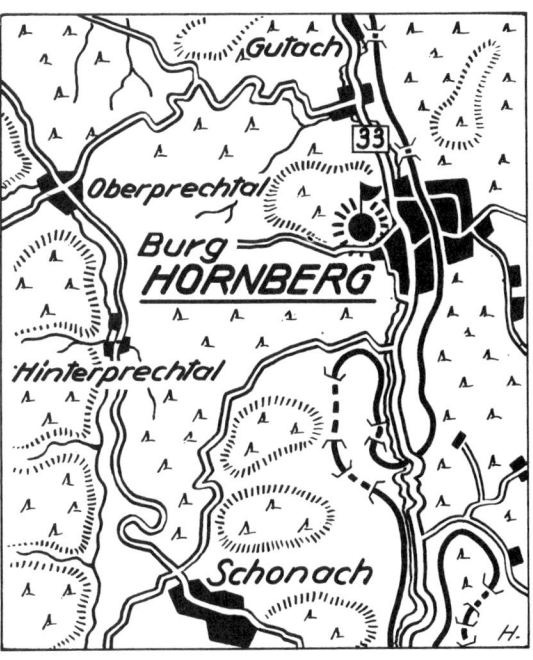

der Felskuppe ein. Sollte es der große Stecher Merian nicht genau genommen haben, denn auf seiner Darstellung von 1643 sind hier mehr und größere Baulichkeiten zu sehen. Eine Holzbrücke verband das Pulverhäuschen einst mit den um den Bergfried herum gebauten Gebäuden, die hier auf der Nordseite gegen Beschuß sicher waren. Wir hören Lachen und fröhliche Zurufe; es sind unsere ,,Klassen-Ausflügler", die in dem Felszacken neben dem Pulverturm das unterirdische Gemach entdeckt haben und hier nun Ritter und Räuber spielen. Durch den kleinen Gang mit dem ,,Gemach" kommen wir zu einem weiteren isolierten Felszahn. Mauerwerk, in den Felsen hineingesetzt, zeigt uns, daß hier am Ende des Bergrückens ein Auslug die Kontrolle über den Zugang zur damaligen Burg ermöglichte. Soweit über die Baulichkeiten der ehemaligen Burg.

Doch wie war das nun mit dem ,,berühmten Hornberger Schießen"? Als man 1564 den erlauchten Besuch des württembergischen Herzogs erwartete und dessen Einzug in sein Städtchen mit Böllerschüssen gebührend begrüßen wollte, stellte sich heraus, daß das Pulver bereits verschossen war! Hatte man doch voreilig (wie Böswillige sagen) den von der Straße aufsteigenden Staub einer Viehherde für das Nahen des hohen Herrn gehal-

Unsere Zeichnung zeigt die Burg etwa um das Jahr 1634. Der steile Felssockel ließ den Burggebäuden nur geringen Platz, so daß sich diese eng an den Bergfried anlehnen mußten. Der Eingang zur Burganlage lag auf der Südseite, während hier die Burg aus einer erhöhten Sicht von Norden, also von der Seite des Städtchens her, zu sehen ist.

Ein Teil des Pulverhäuschens und der Aufstieg zum Bergfried.

ten. Nach einer anderen Version soll es eine Voraus-Abteilung gewesen sein, die begrüßt wurde. Kurz und gut: Mit „Böllern" war nichts mehr drin! Doch der Herzog hatte nach etwas unwilligem Erstaunen genügend Humor und ließ es der „zerknirschten" Burgbesatzung und den Ratsherren nicht entgelten. Soweit zur Redensart: „'s geht aus wie's Hornberger Schießen", etwa von einer Sache, die keinen rechten Abschluß gefunden hat.

Um 1100 wurde die Burg durch Adelbert von Ellerbach als Reichslehen erbaut. Zwischen 1423 und 1448 ging die Burg an die Grafen von Württemberg. Es ist nun hier die Rede von einem oberen und unteren Schloß, die jeweils in verschiedenen Händen waren. Zeitweilig war Konrad Widerholt, den wir vom Hohentwiel kennen, Kommandant beider Schlösser. Schweden und Franzosen lagen im unteren Schloß, das sie nach ihrem Abzug verbrannten. Bayerische Truppen besetzten jedoch bis zum Ende des Dreißigjährigen Krieges das obere Schloß, ohne daß es einer Partei gelang, den Gegner zu vertreiben. Doch 1689 kamen die Franzosen wieder und zerstörten das obere Schloß. Nur der starke Bergfried und das kleine Pulverhäuschen blieben neben einigen Mauerresten übrig. Für den Kommandanten der in Hornberg liegenden Garnison wurde oben ein neues Schloß im Barockstil erbaut, das später anderen Zwecken zugeführt wurde.

SCHILTECK

Burg Schilteck diente zuletzt als Steinbruch
Im Bernecktal Richtung Schramberg gibt es eine ganze Reihe interessanter Ruinen

Im Vergleich zum Hegau und dem Tal der oberen Donau ist der Ostrand des Schwarzwaldes arm an Burgen und Ruinen. Mit einer Ausnahme: Im schluchtartigen Bernecktal, das sich zur Fünftälerstadt Schramberg hin öffnet, sind für Burgenfreunde einige Entdeckungen zu machen. Sie liegen nicht auf dem „Präsentierteller"; feste Wanderschuhe und eine gute Wanderkarte sind notwendig, will man sie besuchen. Manchmal sind es gerade die kleinen Burgen, die eine interessante Vergangenheit haben. Fangen wir an: Auf der linken Seite des Bernecktals steht steil über dem Flüßchen Schiltach der Schloßfelsen; halb Graskegel, halb Felsgrat. Wer ihn besuchen will, muß ihn von der oben liegenden Hochfläche aus angehen. Bei der Kapelle, die einst zur Burg gehörte, findet man über Wiesen bequemen Zugang zur Burgstelle. Der einstige Halsgraben ist noch deutlich sichtbar, doch sonst sind kaum die „berühmten zwei Steine", die noch aufeinander liegen, zu finden.

Auf diesem „Krähennest" setzte sich Hans von Rechberg fest, nachdem er die Burg 1447 von den Herren von Ramstein erworben hatte. Wir wissen aus vorangehenden Berichten: Wo eine Fehde auszufechten war, ein Überfall angezettelt wurde, überall da war Hans von Rechberg zu finden.

Zwei angesehene Patrizier, die ein Freund bei Rechberg auf dem Ramstein gefangenhielt, brachten den Städtebund gegen diesen auf. Zwar waren die Entführten bereits losgekauft worden, aber die Städter wollten bei dieser so passenden Gelegenheit ein Exempel statuieren. Sie stellten 1000 Mann Fußvolk und 200 Reiter auf die Beine und rückten damit Hans von Rechberg auf den Pelz. Ramstein wurde eingeschlossen. Ein mitgebrachtes „grobes Geschütz" riß die ersten Mauerbreschen, und Feuerpfeile setzten das Schindeldach in Brand. Doch als die Mannen des Städtebundes zum Sturm ansetzten, war der gesuchte Vogel längst ausgeflogen. (Auf das tragische Ende Hans von Rechbergs werden wir am Ende dieses Berichtes noch zu sprechen kommen.)

Gegenüber von Ramstein, jedoch auf der rechten Talseite am Auslauf einer flachen Bergterrasse im Walde, liegt die Burgstelle Alt-Falkenstein, auf der Karte mit „Altenburg" beziehungsweise „Turm" angegeben. Ein Graben mit Umwallung ist noch auszumachen, sonst ist nichts mehr zu sehen.

Gar nicht weit entfernt liegen die Trümmer der einstigen Burg Berneck. Zu erreichen ist dieses Felsennest bequem von der Höhe aus. Auch hier ist ein Halsgraben noch sichtbar, dann geht's über einen schmalen Grat zur

eigentlichen Burgstelle, die ganz auf der äußersten Spitze des Felsens liegt. Einige zerzauste Föhren und Fichten, halb über dem Abgrund hängend, krallen sich in den wenigen Resten der einstigen Burg fest. Grob zugehauene Steine lassen das Fundament eines Turmes oder eines Gemaches ahnen. Grünes, sattes Moos und Farnkraut verdecken weitere Reste, bizarre Baumwurzeln ranken sich, großen Schlangen gleich, über Fels und Stein. Seitwärts, den Felsschroffen umgehend, finden wir Teile der Futtermauer, die immerhin noch circa vier Meter hoch sind. Man stelle sich nun diesen Burgplatz mal in einer Mondnacht vor, wenn der Wind in den Tannen saust, Wolkenfetzen gespensterhaft vorbeiziehen und der Schrei eines Käuzchens an unser Ohr dringt, eine Szenerie, perfekt arrangiert für einen ,,Horrorfilm"! Doch nun genug von romantischen Vorstellungen und zurück zur Wirklichkeit.

Unser Besuch gilt der schönen Ruine Schilteck. Die Nordseite des Schramberger Kessels wird von einer Bergnase begrenzt, weithin sichtbar darauf der Bergfried der Schilteck. Zugang und Zufahrt sind von der Talstraße aus leicht zu finden und führen am Schilteckhof vorbei, einst ein Schloßhof der Burg. Das Burgareal ist gepflegt, die Mauern sind gegen Zerfall gut geschützt, und der schöne 18 Meter hohe Bergfried aus exakt gesetzten Buckelquadern wurde zugänglich gemacht dank der selbstlosen Initiative der ,,Höflevereinigung Burg Schilteck", die sich der langsam zerfallenden Ruine angenommen hat. Wir stehen in dem aus gewachsenem Fels ausgehauenen Burggraben vor der hohen

Bei kaum einer Burg findet man einen Turm mit derart schön gefügten Buckelquadern. Der Turm-Eingang liegt in acht Meter Höhe. Darunter Kragsteine als Auflage des Zugangs.

Mauer, die schildartig Turm und Burginneres deckt. Der Eingang zur Burg lag wie üblich auf der „schildfreien" Seite (auf der anderen Seite des heutigen Zugangs). Durch eine Mauerpforte, an einem Torturm vorbei (beides nicht mehr vorhanden), gelangte man in das Innere der Burg. Von den einst hier stehenden Gebäuden ist nichts mehr zu sehen. Doch der makellose Bergfried läßt unsere Blicke nicht los. Sein Zugang lag in acht Meter Höhe. Zwei Kragsteine, die die Treppenstiege trugen, stehen noch; darüber das schöne rundbogige Eingangstörchen. Gerade noch erkennbar ist ein an den Turm angelehntes Giebelfeld eines hohen Gebäudes, das über den Eingang hinausreichte. Viel Raum war hier nicht, doch darf angenommen werden, daß mit dem Palas, einigen kleineren Gebäuden und dem Burghof das von einer starken Umfassungsmauer begrenzte Areal gut genutzt war. Wann und durch wen die Schilteck erbaut wurde, ist nicht festzustellen. Urkundlich faßbar sind die Herren von Schilteck im Jahre 1225. Das Geschlecht starb in der ersten Hälfte des 15. Jahrhunderts aus, doch schon zuvor war die Burg in fremden Händen. Wir hören von einem Herter zu Dusslingen, dann von einem Wartenberger, genannt von Wildenstein (Eschachtal). Auch Graf Rudolf von Hohenberg (Heuberg) soll die Burg vorübergehend zu eigen gehabt haben. Es folgten die Herren von Ow, dann die Neunecker aus dem Glattal. Durch Verkauf kam die Burg an Ludwig von Rechberg, sein ihm nachfolgender Sohn mußte sie verpfänden. Die Folge davon war, daß die Burg immer mehr herunterkam und allmählich zerfiel. Die schön behauenen Quadersteine der Gebäude wurden weggeschleppt, die Burg diente als bequemer Steinbruch der nun aufkommenden Industrie-Anlagen.

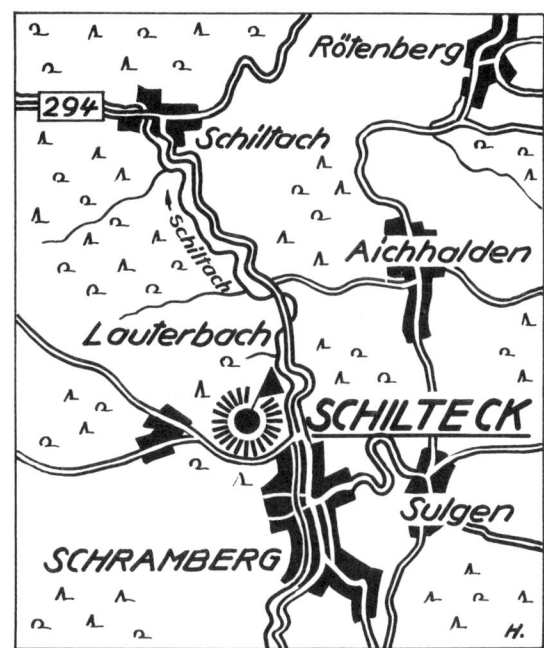

Doch nun zu dem tragischen Ende Hans von Rechbergs, dessen Persönlichkeit schwer zu fassen ist, war er doch ein tapferer Kriegsmann, ein draufgängerischer Haudegen und, der Zeit folgend, ein gelegentlicher Raubritter. 1464 unternahm er einen Überfall auf das nahegelegene Rotenberg. Verfolger, die ihm nachstellten, führte er in die Irre. Doch auf dem Wege zu seiner Burg schlug das Schicksal zu. Ein Bauer, der ihm aufgelauert hatte, traf ihn mit einem Pfeil, der zwischen Wams und Harnisch steckenblieb. Rechberg schenkte dem keine Beachtung. Doch beim Absteigen vom Pferde stieß er sich durch eine ungeschickte Bewegung den Pfeil in den Leib. Er ließ sich zu einem Arzt nach Villingen bringen, dessen Stadt-Bürgerschaft er besaß, doch zwei Tage später verstarb er und wurde auch dort begraben.

Der Bergfried beherrschte durch seine Wuchtigkeit das Bild der gesamten Burganlage. Die Buckelquadern gaben durch ihre Struktur dem Turm einen bedrohlichen Gesamteindruck und unterstrichen die Machtansprüche der Burgherren.

WALDAU

Schon mehr als 300 Jahre eine Ruine
Burg Waldau bei Königsfeld – Nur der Bergfried überstand die Zerstörung

Der Zusammenklang von Burgruine, Schwarzwaldhaus und sanft geschwungenen Wiesenflächen ist einmalig. Die Harmonie ist so vollendet, daß man kaum glauben kann, daß alles „natürlich gewachsen" ist. Niemand kann sich dem Zauber dieser „Dreisamkeit" entziehen. Reisebusse, die aus Königsfeld oder Schramberg kommen, legen hier eine kleine Fotopause ein. Autofahrer und Wanderer statten der Ruine einen Besuch ab.

Die Ruine Waldau liegt nahe dem bekannten Kurort Königsfeld an der Landstraße in Richtung Hardt–Sulgen–Schramberg, gehört jedoch zur Gemeinde Buchenberg. Ein kleiner Höhenrücken, der ins Glasbachtal ausläuft, ergab einen günstigen Burgplatz. Dem Rücken zu war die Burg durch einen tiefen, künstlichen Trockengraben geschützt. Auf den beiden anderen Seiten boten zwei Bäche und das früher wohl versumpfte Wiesengelände der Burg Schutz. Der nach staufischer Art aus Buckelquadern erbaute Bergfried gab zusätzliche Sicherheit. Von ihm aus konnten Graben und Zugang zur Burg gegebenenfalls erfolgreich verteidigt werden.

Das Areal war nicht sehr groß, doch gaben die starken und hohen Mauern der Anlage einen wehrhaften Charakter. Insbesondere der Bergfried zeigt an, daß man Fehden und Überfälle bei der Baulegung einkalkuliert hatte.

Heute liegt die Burg in Trümmern. Dem Turm jedoch konnte die Zeit nichts anhaben. Wie alle Bergfriede hatte er seinen Eingang auf halber Höhe. So konnte man sich im Fall der Gefahr hinter die meterdicken Mauern zurückziehen, nachdem man den Zugang hinter sich abgeworfen hatte. Später wurde ebenerdig ein zweiter Eingang geschaffen.

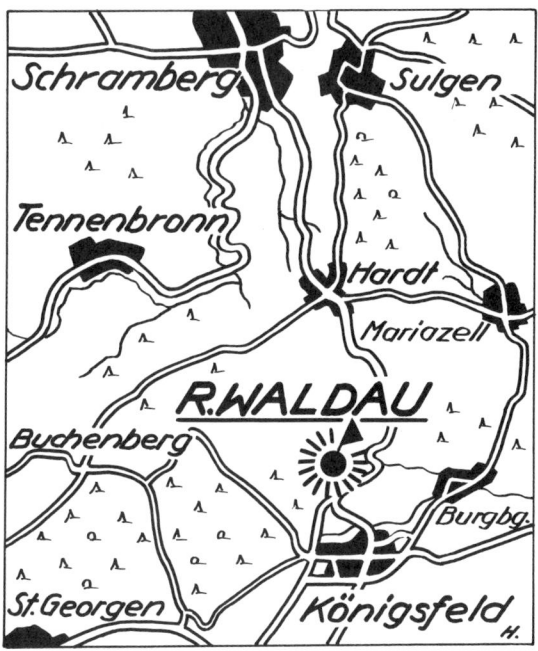

Der Aufbau der Burg Waldau ist sehr einfach. Der Burgweg führt auf der schildfreien Seite entlang der starken Mantelmauer durch ein Mauertor in den dem Wohnbereich vorgelagerten kleinen Burgzwinger, und von dort durch das heute noch stehende Tor in den Burghof. Von dem Wohntrakt, dem Palas, auf unserer Zeichnung etwas verdeckt durch den Turm, steht nur noch die Außenmauer. Auf der anderen Seite des Burghofes befand sich ein weiteres Gebäude, dessen Maueraußenseite spitz zulief. Die dort nach der Innenseite gehenden Rundfenster könnten zu der Burgkapelle gehört haben. Der aus schönen Sandsteinquadern – an den Ecken mit Buckeln – erbaute Bergfried hat bei einer Mauerdicke von 2,6 Meter (unten) eine Höhe von circa 20 Meter und ist besteigbar. Auch die Mantelmauer mit teilweise Buckelquadern mit Randschlag weist noch eine beträchtliche Höhe auf. Nach der Talseite hin war die Burg durch einen Zwinger geschützt.

◁ Was uns bei der Ruine Waldau so anspricht, ist die einzigartige Verbindung der Ruine mit dem Bauernhaus. Das Ganze gleicht einer Bildkomposition, wie sie Maler der romantischen Ära nicht besser hätten erstellen können.

Sehen wir uns die Gegend von oben an. Es ist eine undramatische, geruhsame Landschaft: sanfte Höhenzüge, dunkle Tannenwälder, saftige Wiesen, aus denen das klare Wasser kleiner Bächlein blitzt. In die Wiesen eingestreut behäbige Bauernhäuser und eine Sägemühle. Sogar die Straße paßt sich der Melodie der Landschaft an, indem sie in sanft gerundeten Kurven als helles Band in die Niederung absteigt und im kühnen Schwung den Gegenhang nimmt, um dann hinter einem Wäldchen zu verschwinden.

Die Burg Waldau wurde im 13. Jahrhundert erbaut und war ursprünglich ein Lehen des Hauses Fürstenberg. 1445 verkaufte der Lehensinhaber Bernhard Hagg – ein Villinger Bürger, dessen Geschlecht aber auch in Rottweil ansässig war – das ,,Schloß und den Weiler Buchenberg" an den Grafen Ludwig von Württemberg.

Wann die Burg zerstört wurde oder abgebrannt ist, liegt nicht genau fest. Deutlich ist jedoch an den zersprungenen Buckelquadern des Bergfrieds auf der Hofseite zu sehen, daß die Burg durch Feuer zerstört wurde. In der ,,Chorographia Ducatus Wirtenbergici" von Georg Gadner um 1652 ist die Burg bereits als Ruine eingezeichnet.

FALKENSTEIN/HÖLLENTAL

Der Ritter, den der Falke weckte...
Woher Burg Falkenstein im Höllental ihren Namen hat – Bereits im Jahre 1388 zerstört

Jeder, der den Schwarzwald liebt, kennt auch das Höllental. Es ist die landschaftlich und geologisch interessanteste Ost-West-Verbindung. Von der Freiburger Bucht über das Zartener Becken führt heute die Straße durch das „Himmelreich" ins „Höllental" hinauf zur Hochfläche von Hinterzarten. Die interessanteste Stelle des Tales ist zweifellos die Felsenenge beim Hirschsprung. Rotbach, Straße und Eisenbahn haben kaum Raum zwischen den steilen Felsen. Auf der linken Talseite steht stolz das Standbild des Hirsches, der der Enge hier den Namen gab.

Es geht die Überlieferung, daß hier ein verfolgter Hirsch den rettenden Sprung über das Tal gewagt haben soll. Stehen auch die Felsen rechts und links sehr eng, so erscheint die Begebenheit doch kaum glaubhaft. Allerdings wäre dazu zu sagen, daß – bevor Straße und Eisenbahn gebaut wurden – das Tal viel enger war, kaum, daß der Rotbach seinen Durchlaß hatte.

Den Hirschsprung kennt jeder. Reiseprospekte weisen auf ihn hin. Selten findet man eine Lücke auf dem Parkplatz, und der Andenkenhandel blüht. Aber wer kennt die Ruine der Herren von Falkenstein? Nicht mal alle Freiburger. Dabei liegt sie in unmittelbarer Nachbarschaft des Hirschsprungs, auf der rechten Talseite. Obwohl die Burgstelle vom Parkplatz Hirschsprung gut auszumachen ist, wird sie nur der sehen, der gewohnt ist, auf derlei zu achten. Viel ist von der einstigen Burg nicht mehr zu entdecken; doch der Halsgraben, tief aus dem Urfels herausgemeißelt, ist auch von der Talsohle aus sichtbar.

Fast senkrecht fällt der Burgfels ins Tal. Oben auf der Ruine ist es ruhig. Der Anstieg ist steil, nur ein schmaler Fußpfad führt zur ehemaligen Burg. Trotzig lag sie einst auf dem Fels. In mehrere Ebenen gestaffelt, mögen sich die Baulichkeiten kaum vom grauen Fels unterschieden haben. Fels und Burg waren eine Einheit. Es war nicht viel Platz da oben. Also wurde jeder verfügbare Raum genutzt. Dem Bergrücken zu, getrennt durch den tiefen Halsgraben, war die stärkste Befestigung. Ein Bergfried ist nicht mehr feststellbar, war wohl auch nicht vorhanden. Wir müssen uns die Burg als einen festen, ineinander verschachtelten Gebäudekomplex vorstellen. Die hohen, starken Mauern waren Schutz genug. Die Burg wurde ja gebaut, als man Feuerwaffen noch nicht kannte.

Nur wenige hundert Meter von der hier beschriebenen Altfalkenstein entfernt, liegt die Neufalkenstein – auch Bubenburg genannt. Ob es auf der alten Burg zu eng wurde, oder ob man von der Bubenstein aus den Saumpfad besser im Blick hatte? Wir wissen

es nicht. Die neue Burg bestand aus einem trutzigen Wohnturm, der Ummauerung und einem einfachen Wohngebäude. Wie schon der Name sagt, dürften in ihr die „Buben", das heißt die Söhne des Burgherren – vielleicht auch noch Burgknechte –, ihr Domizil gehabt haben. Mit der Altfalkenstein wurde auch die neue Burg zerstört.

Wer waren die Erbauer? Die Burg wurde am Anfang des 12. Jahrhunderts von einem Zähringer Ministerialengeschlecht am unteren Eingang der Falkensteige (so hieß der Engpaß früher) erbaut. Als Bernhard von Clairvaux den Kreuzzug predigte, nahm auch der Ritter der Burg das Kreuz. Der Sage nach wurde er von den Heiden gefangen, und erst nach sieben Jahren gelang es ihm, zu entfliehen. Der Teufel soll mit ihm einen Pakt geschlossen haben. In der Gestalt eines geflügelten Löwen trug er den Ritter aus dem Heiligen Land in den Schwarzwald zurück. Doch der Ritter durfte während des Fluges nicht einschlafen, sonst wäre seine Seele dem Bösen verfallen gewesen. Immer, wenn er von der Müdigkeit überwältigt wurde, kam ein Falke und weckte ihn durch seinen Flügelschlag. Ergrimmt warf der Löwe den Ritter am Eingang des Tales ab. Als Dank und zur Erinnerung nahm dieser das Bild des Falken in sein Wappen auf. In Kirchzarten liegt der Ritter begraben, und sein Standbild in der Kirche zeigt ihn im Kettenhemd mit Schild und Schwert.

◁ Blick von der Ruine Falkenstein in „die Hölle", das heißt in die engste Stelle des Höllentals. Rechts der „Hirschsprungfelsen", links die Felsnadel des „Paulketurms". Der Durchbruch wurde beim Bau der Straße und der Eisenbahnlinie verbreitert. Zur Zeit der Falkensteiner hatte neben dem Rotbach nur ein schmaler Saumpfad gerade noch Platz, den diese von ihrem „Falkenhorst" aus überblicken konnten.

Sie waren ein trotziges, fehde- und rauflustiges Geschlecht, die Falkensteiner. Ihre Herrschaft reichte von Ebnet bei Freiburg über das Zastlertal bis auf die Feldberghöhen; von dort über das „Grüble" zum Feldsee; dieser gehörte je zur Hälfte den Falkensteinern und dem Kloster St. Blasien. Dann ging die Grenze dem Seebach entlang zum Titisee und über die Höhen rechts des Rotbachs wieder zurück.

Die Burg Falkenstein hatte einst die Aufgabe, eine alte wichtige Verbindung zu überwachen. Zwar ging durch das Falkensteiner Tal nur ein Saumpfad nach Hinterstraß (dem heutigen Hinterzarten), von dort aber eine alte Straße über Saig–Lenzkirch nach Schaffhausen. Der Fahrweg zur Baar verlief von alters her von Freiburg aus über das Wagensteigtal –Vorderstraß nach Villingen. Erst viel später wurde auch eine Fahrstraße durch das Höllental gelegt, als 1770 die 14jährige Tochter Maria Theresias auf der Reise nach Frank-

So etwa dürften die Falkensteiner Burgen ausgesehen haben. Der steile und harte Fels zwang die Erbauer, die Burg in mehreren Etagen anzulegen. Der oberste Teil der Burg war durch einen tiefen Halsgraben von der etwa gleich hohen Gegenseite des Burgberges getrennt. Die als Schildmauer ausgebaute Nordseite des Palas gab der Anlage Schutz zur Bergseite. – Die Bubenstein (unten), von der heute noch gut erhaltene – und wieder aufgebaute – Mauern zu sehen sind, war eine kompakte Anlage und gut gesichert. Ein starker Wohnturm und davor ein Burggraben schützten die kleine Burg vor dem höher liegenden Gelände.

reich war, um dort den Dauphin – den späteren Ludwig XIV. – zu heiraten.

Obwohl einige Mitglieder des Geschlechtes hohe Ämter in Freiburg bekleideten, ging es mit den Falkensteinern schon im Mittelalter bergab. Teile der Herrschaft mußten verkauft werden. Die Falkensteiner wurden Buschklepper und Raubritter.

Da war ein Mädchen aus dem Kirchzartener Tal, Tochter eines Leibeigenen der Falkensteiner. Dieses nahm gegen den Willen seines Vaters und seiner Herrschaft einen Freiburger Hintersassen zum Manne. Nun durften ein Leibeigener oder dessen Kinder nicht ohne Erlaubnis heiraten oder wegziehen. Der Falkensteiner fühlte sich in seinem Recht übergangen und verlangte Genugtuung. Seine Knechte lockten das Paar in eine Falle, überfielen beide, schleppten sie auf die Burg und warfen sie ins Verlies. Während die Frau freigelassen wurde, stürzten die Knechte den Mann vom hohen Burgfelsen hinunter.

Die Frau, entkräftet und krank, konnte sich noch nach Freiburg retten. Dort erstattete sie dem Rat der Stadt Anzeige. Die Freiburger waren dem Falkensteiner schon lange nicht mehr gut gesonnen. Sie zogen vor die Burg, sprengten das Tor, überwältigten die Besatzung und verbrannten die Burg (1388).

Die Burg war zerstört. Aber auch die Herrschaft kam in andere Hände. Nachfolger waren die Schnewelins von Landeck. Dieses Geschlecht starb 1562 im Mannesstamme aus, und das ehemals falkensteinische Gebiet kam als Hochzeitsgut einer Erbtochter 1568 an die Herren von Sickingen-Hohenburg.

ZINDELSTEIN

Ein Karfunkelstein gab den Namen

Die Burgruine Zindelstein im Bregtal –
Die schweren Quadern des Turmes hielten ohne Mörtel

Der Name der einstigen Burg soll auf den alten Namen Sindoldt zurückzuführen sein, doch die Sage weiß es anders: Als der Ritter der Burg von einem Kreuzzug ins Heilige Land zurückkehrte, brachte er als Kriegsbeute einen großen Karfunkelstein mit. Der, auf die Burgmauer gelegt, funkelte und „zündelte" nachts weithin. Heute fehlt uns dieses Leuchtzeichen, denn vom Bregtal aus ist die Zindelstein kaum zu sehen, obwohl die Umgebung der Burgruine von großen Bäumen weitgehend freigestellt worden ist. Eine kurze, steile Auffahrt vom Weiler Vorder-Zindelstein aus bringt uns unmittelbar bis zum tiefen, künstlich ausgehobenen Burggraben.

Die Burgruine steht auf einem isolierten, nach Südwesten abfallenden Bergkegel. Daß dieser Baugrund nicht der allerbeste war, zeigt uns der nur noch aus zwei Seiten bestehende Bergfried. Die dritte Seite ist abgestürzt, die Trümmer liegen wild durcheinandergewürfelt in der Grabensohle. Der Weg durch den Burggraben, der nach Süden zusätzlich noch durch einen Wall geschützt ist, ist der alte, nun wieder gangbar gemachte Zugang zur Burg. Wie zu erwarten, war er so angelegt, daß ein etwa eingedrungener Feind den Burgverteidigern die nicht durch den Schild geschützte Seite darbot. Von einem Halbrundturm aus, der aus der Wehrmauer vorspringt, konnte ein Eindringling wirksam unter Feuer genommen werden. Auch war der Aufstieg zwischen Innen- und Außenmauer durch wenige Männer leicht zu verteidigen. Der nach Südwesten abfallende Burgplatz war durch den Bergfried und eine – heute noch stehende – hohe Mauer gut geschützt. Diese gibt jedoch Rätsel auf, da sie auf beiden Seiten durch Buckelquadern als Außenmauer erkenntlich ist.

Auf der unteren Seite des Burgplatzes könnte der Palas gestanden haben. Von die-

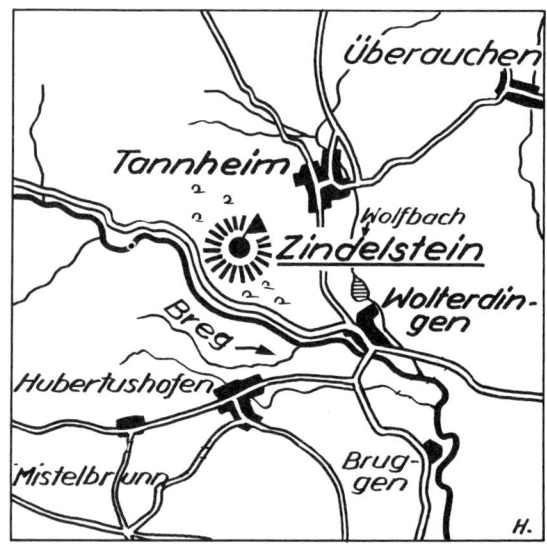

sem Gebäude ist außer wenigen Fundamentsteinen nichts mehr übriggeblieben. Vermutlich saß es mit seiner südlichen Front auf der Futtermauer auf. Der Bergfried mit seinen urtümlich groben Quadersteinen zeigt einen großen Durchbruch, in dem man wohl den Eingang sehen darf. Die schwere Deckplatte hat sich aus dem Verband gelöst, ist aber gesichert und abgestützt. Der Bergfried konnte durch eine Leiterstiege oder von einem kleineren Gebäude aus, das an ihn angelehnt war, betreten werden. Wirtschaftsgebäude, Stallungen und ähnliches könnten noch im südlichen Teil des hier breiteren Grabens gestanden haben.

Burg Zindelstein, 1225 zum ersten Mal erwähnt, kam nach der Teilung des Zähringer Besitzes, das heißt nach dem Tod Bertholds V., des letzten Zähringers, in fürstenbergische Hände. Ein Herr von Bonndorf ist als Vogt bezeugt, auch diente die Burg als Wohnung für Angehörige der fürstenbergischen Grafen. Im Bauernkrieg wurde sie vom „Klettgauer Haufen" unter Führung von Hans Müller aus Bulgenbach ebenso wie die nahegelegene Burg Neu-Fürstenberg niedergebrannt.

Die Burgruine Zindelstein ist von Donaueschingen oder Villingen aus leicht zu erreichen. Von Donaueschingen über Wolterdingen sind es ungefähr zehn Kilometer. Von Villingen über Tannheim ist es etwa ebensoweit.

Der Stumpf des Bergfrieds mit seinen dicken Quadern, von der Burgseite aus gesehen. Die Deckplatte des Eingangs ist abgestützt.

Unsere Rekonstruktion zeigt die sehr kompakte Burganlage. Der Zugang, der erst in den letzten Jahren vom Denkmalsamt freigelegt wurde, befindet sich auf der „sturmfreien" Seite. Der massige, urtümliche Bergfried mit der Wehrmauer bot dem Wohnhaus guten Schutz.

NEU-FÜRSTENBERG

Die „Unbezwingbare" fiel im Bauernkrieg

Die Ruine Neu-Fürstenberg und ihre mächtige Schildmauer

Neu-Fürstenberg, wie schon der Name sagt, eine Gründung der Fürstenberger, liegt etwas seitwärts der Straße Donaueschingen–Wolterdingen–Vöhrenbach im Bregtal. An der Abzweigung nach Neustadt biegen wir ab. Schon von weitem sehen wir die hohe Schildmauer aus dem Grün der Tannen uns entgegenleuchten. Die Burgruine liegt auf einem Felssporn zwischen der Breg und dem aus einem Seitental kommenden Flüßlein Urach.

Ein kurzer Aufstieg, der unmittelbar nach der Straßenbrücke beginnt, bringt uns in wenigen Minuten vor die einzigartige, schön aufgesetzte und von keinem Fenster durchbrochene hohe Schildmauer. Hinter dieser lag die Wohnung, vor Bewurf und Beschuß wohlgeschützt. Wie ein Schild – daher der Name – bewahrte die Mauer die Bewohner der Burg vor Angriffen. Der Eingang zur Burg lag seitwärts an ihr wie heute. Ein zweiter Eingang führte über die steilen Felszacken auf der linken Seite. Hier reicht die Mauer nicht ganz bis an den steilen Absturz heran, um einen schmalen, leicht zu verteidigenden Zugang frei zu lassen. Dieser Zugang war nur durch eine über den Absturz führende Leiterbrücke gangbar. Hinter der Schildmauer stand ein Gebäude, das sich an diese anlehnte; es folgte der kleine Burghof, begrenzt von weiteren Gebäuden, die mit ihrer Außenseite auf der Burgmauer aufsaßen. Wirtschaftsgebäude, Ställe usw. könnten noch auf dem Bergsporn gestanden haben, der ja von der Burg abgeriegelt war.

Neu-Fürstenberg wurde von den Fürstenbergern 1275 bis 1350 erbaut, um die neue Straße, die den Breisgau mit der Baar verband, zu schützen, und um eine Kontrolle über das Erzvorkommen und dessen Verarbeitung im Eisenbachtal zu haben. Zwei weitere Burgen, die das fürstenbergische Gebiet gegen die Schwarzwaldseite zu sichern hatten,

Die Burg Neu-Fürstenberg aus einer Seitenansicht. Die hohe Schildmauer ist durch eine starke Entlastungsstütze abgesichert. Auf der Mauerkrone befand sich der Wehrgang, erreichbar durch eine Treppenstiege. Die Gebäude – heute nicht mehr zu sehen – könnten aus Fachwerk bestanden haben. Sie saßen auf der Umfassungsmauer auf.

waren die Kirnburg – am heutigen Kirnberg-See – und die Warenburg – am heutigen Stadtrand von Villingen. Von beiden Burgen sind nur noch spärliche Reste zu sehen.

Die Neu-Fürstenberg wurde im Bauernkrieg 1525 vom „Klettgauer Haufen" unter der Führung von Hans Müller niedergebrannt. Man wird sich nun fragen, ob die gut gesicherte Burg nicht verteidigt werden konnte. Wenn man aber bedenkt, daß den unter der Leitung eines kriegserprobten Anführers stehenden 7000 Bauern die Städte Bräunlingen, Möhringen, Geisingen und Engen ihre Tore öffnen mußten, und sogar Freiburg zu einem Vertrag mit den Bauern gezwungen werden konnte, so hatten diese Burgen, die ja auch wehrtechnisch (gegen neue Geschütze) überaltert waren, keine Chancen. Einmal geöffnet, waren sie eine leichte Beute. Den Obervogt, der sich nicht rechtzeitig in Sicherheit gebracht hatte, jagte man durch die Spieße. Der Abt des benachbarten Klosters St. Georgen hingegen ließ es auf nichts ankommen. Er schickte den Bauern etliche Wagen mit gebratenen Ochsen, Kälbern und Weinfässern entgegen und 300 Karpfen aus dem Klosterweiher. Da verschonten diese sein Kloster.

◁ An der Schildmauer sind oben die Kragsteine deutlich zu sehen, auf denen der Wehrgang aufsaß. Links die Aussparung des zweiten Eingangs.

HOCHBURG

Einst mächtigste Festung des Breisgaus

Im Jahre 1636 wurde die Hochburg bei Sexau gesprengt –
Erstmals im Jahre 1102 erwähnt

Die Burgruine Hochburg, ehemals Hachberg genannt, liegt zwischen Emmendingen und Waldkirch, nahe der Gemeinde Sexau, auf der westlichen Seite des Brettentales auf einem niederen Vorberg. Sie war einst die größte und stärkste Burg des Breisgaus, und der Umfang ihrer Anlagen wird in Baden nur vom Heidelberger Schloß übertroffen. Die Burg ist von einem starken Mauerring mit sieben Bastionen umgeben. Die großartigen Ruinen der Burg und der gesamten Anlage gehören zu den schönsten und burgenbaulich interessantesten des Landes. Zudem hat man in den letzten Jahren mit der Ausbesserung und teilweisen Wiederherstellung der einstmaligen Bollwerke begonnen, Sträucher und Baumwuchs entfernt, so daß die Befestigungsanlagen vor allem der Außenmauern mit ihren in die Gräben vorspringenden Batteriewerken vom Schutt freigelegt wurden.

Die Burgruine ist dank ihrer günstigen Lage auf guten Verkehrsstraßen leicht vom Hegau, dem mittleren Schwarzwald oder von der Baar aus erreichbar. Vor der landwirtschaftlichen Domäne stellen wir unser Fahrzeug ab und freuen uns über den hübschen Wegweiser mit der lustigen, aber beherzenswerten Mahnung bezüglich ,,Hinterlassenschaften". In knapp zehn Minuten stehen wir vor dem Rothgattertor, dem äußersten Tor des Fe-

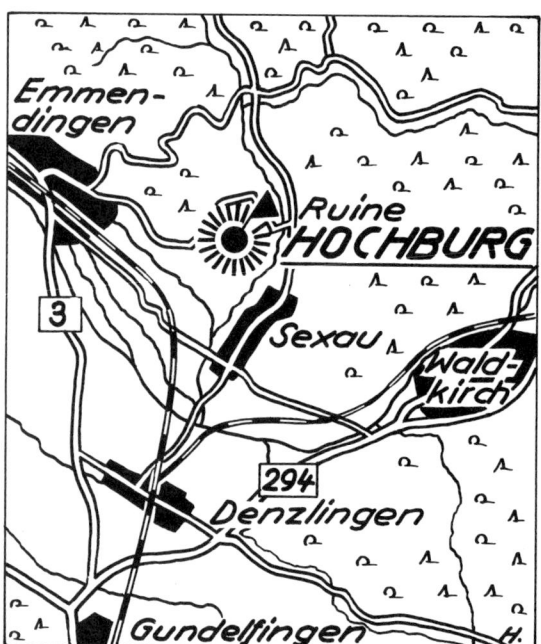

stungsbereiches. Die ehemaligen ausgedehnten Erdbastionen, die der Festung weit vorgelagert waren, sind zwar noch in ihren Umrissen erkennbar, jedoch durch die Zeit und

Der Staffelgiebel des ,,neuen Baues", vom ,,Gießhübel- ▷
hof" aus gesehen. Rechts unten die sogenannte ,,Maulscharte" für ein Geschütz.

Vor dem Eingang zur Festung lag das „Gießhübeltor". Dieses Tor war durch einen Turm gut geschützt, der dann bei der Sprengung der Festung 1636 vollständig zerstört wurde. Da er eine wichtige Funktion hatte, könnte er als Kanonenturm ausgebaut gewesen sein. Der an das Tor innen anschließende „Gießhübelhof" war eine richtige „Mausefalle", da ein hier etwa eingedrungener Feind von allen Seiten „bestrichen" werden konnte. Auf der freien Fläche bei dem „neuen Bau" mit dem Staffelgiebel stehen heute noch die Reste des sogenannten „Küchenbaus", die aber auf unserer Zeichnung – der Übersichtlichkeit wegen – weggelassen worden sind.

die landwirtschaftliche Nutzung stark „verschleift". Hinter dem Tor stehen wir vor den hohen Mauern aus schön behauenen Quadern, denen der Trockengraben vorgelagert ist. Ein dreieckiges Vorwerk in der Grabensohle hatte einst die Aufgabe, einen hier eingedrungenen Feind zurückzuhalten – ebenso das große, in Trümmern liegende Rondell am Ende der Mauer. Zwischen diesen beiden Wehren liegt das große Tor, als Eingang zum eigentlichen Festungsbereich. Dieser Eingang war durch einen starken Halbrundturm gesichert. Zu sehen sind davon heute nur noch die niederen Fundamentreste, da der Turm als wichtige Sperre 1636 bei der Sprengung der Feste vollständig niedergelegt wurde. Es darf angenommen werden, daß dieser Turm, der ja die Aufgabe hatte, das wichtigste Tor der Festung zu schützen, als Kanonenturm ausgebaut war, wie wir ihn von der Küssaburg, von der Landskron (Sundgau) und anderen Festungen aus dieser Zeit kennen. Auf den darüberliegenden Verteidigungsanlagen erkennen wir noch Reste eines Turmes aus früherer Zeit. Den Eingang zum mittleren Festungsbereich verwehrt uns das Innentor. Eine Zugbrücke und Schießscharten waren für unliebsame Besucher einst eine nicht zu übersehende „Stoppstelle". Haben wir dieses Tor hinter uns, führt uns eine steile Treppe endlich zum Hochschloß mit seinen vielen aneinandergereihten Gebäudefluchten.

Der alte Name „Hachberg" war von dem Eigennamen Hacho abgeleitet worden. Urkundlich wurde die Burg erstmalig 1102 erwähnt. Sie gehörte zu den Eigengütern der von Heinrich I. – dem Sohn des Markgrafen Hermann IV. von Baden-Verona – abgehenden Linie der Zähringer. Den Titel Markgraf führten in der Folge alle in der direkten Linie abstammenden Nachkommen.

Das Schicksal meinte es indes nicht immer gut mit diesem Geschlecht. Hermann IV., der Vater des Begründers der Linie der Markgrafen von Hachberg, starb auf einem Kreuzzug in Antiochia 1077. Hermann V. geriet auf einem späteren Kreuzzug (1221) in Gefolgschaft des Kaisersohnes Heinrich in die Gefangenschaft des Sultans. Der Sohn von Heinrich VI., Friedrich, wurde während des unseligen Italienzuges mit dem jungen Konradin dem Staufer gefangengenommen und am 29. Oktober 1268 auf dem Marktplatz von Neapel enthauptet. Der Nachfahre Otto I. fiel in der Schlacht von Sempach, zugleich mit seinem Schwager, Ritter Martin Malterer von Freiburg, an der Seite des Herzogs Leopold von Österreich. Dazu kam, daß im Jahre 1306 das Erbe der Markgrafschaft geteilt wurde. Heinrich übernahm Hachberg und Emmendingen mit vielen Dörfern. Rudolf erhielt die bei Kandern liegende Burg Sausenburg und weitere Liegenschaften. Von nun an gab es zwei Linien der Familie: Hachberg-Hachberg und Hachberg-Sausenburg.

Durch die im 14. Jahrhundert beginnende Umstellung der Lebenshaltung als Folge der immer stärker werdenden Geldwirtschaft, durch Kriegszüge und Erbteilungen verschuldete die Markgrafschaft immer mehr und wurde schließlich an den Markgrafen Bernhard I. von Baden verkauft – und blieb von da an in badischem Besitz. Die Burg wurde nun zu einer modernen Festung ausgebaut, die auch den aufständischen Bauern widerstehen konnte. Doch trotz der damals neuzeitlichen Befestigungswerke konnte sie 1636 – im Dreißigjährigen Krieg – nach zweijähriger Belagerung von den Kaiserlichen eingenommen werden. Die zerstörten Außenwerke wurden wiederhergestellt, großzügig erweitert und verstärkt. Doch mitten im Frieden zerstörten die Franzosen – die damals die vorderösterreichische Stadt Freiburg besaßen – die mächtigen Festungsanlagen, da sie sich bedroht fühlten. Die Festung wurde nun nicht mehr aufgebaut. Die ausgebrannten Gebäude, Mauern und Bastionen zerfielen langsam und verschwanden mit der Zeit unter Büschen und Bäumen, bis man sich dieses einzigartigen Zeugnisses einer bewegten Vergangenheit annahm und die noch vorhandenen Mauern, Wälle und Bastionen vor dem Verfall schützte.

BADENWEILER

Römer, Ritter... Zwiebelkuchen

Die teilweise turbulente Geschichte der Burg von Badenweiler – Romantik rund um Ruinen

Die Römer hatten von jeher ein Gespür für die angenehmen Seiten des Lebens. Hier in Badenweiler fanden sie alles vor, was sie sich wünschten: Ein mildes, mittelmeerähnliches Klima, eine schöne, nebelfreie Lage und – endlich, aber nicht zuletzt – eine warme Therme. Zwar hatten sich schon vor den Römern die „Ureinwohner", die Helvetier und Rauriker, in einem aufgestauten Badeteich verlustiert – indes machten sich die Römer, eine feinere Art gewöhnt, alsbald daran, diese Therme zu einem komfortablen Mittelpunkt ihrer hochstehenden Badekultur umzuwandeln. 150 Jahre lang heilten sie ihr Rheuma und ihr „Zipperlein" in dieser Therme, die unter der Schirmherrschaft der „Diana Abnoba" stand – einer Göttin, die für Wald, Feld und Thermen zuständig war.

Die Alemannen, die im Jahre 235 den Limes durchbrachen und bis zum Rhein vordrangen, hatten in ihrer rauhen Lebenseinstellung kein Verständnis für die „feine römische Art". Die Badeanlagen und alles, was dazugehörte, gingen in Flammen auf. Gestrüpp und Dornen überwucherten bald die noch verbliebenen Mauern. Wind und Wetter wehten die Mosaiken der Badeanlagen zu – und schützten dergestalt die römischen Hinterlassenschaften vor Steinraub und Zerstörung.

Nach den Römern und Alemannen kamen die Ritter. Die Zähringer erbauten auf dem über den einstigen Thermen liegenden Bergkegel eine Burg, „Badin" genannt. Nach den Zähringern war die Burg vorübergehend in staufischem Besitz, fiel dann aber an die Grafen von Urach-Freiburg. Über Otto von Straßberg und dessen Nachfolger ging sie

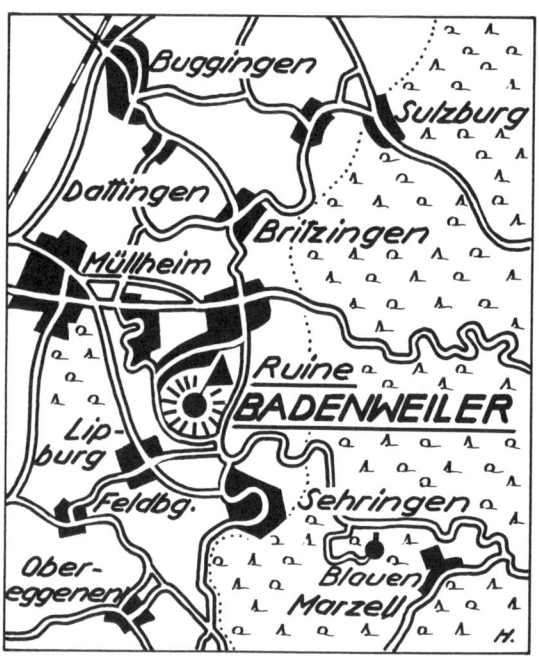

So werden Sie die Burg Badenweiler kaum kennen, denn dies ist nicht der vertraute Anblick, den der Besucher des Kurparks etwa von den Terrassen des Kurhauses aus hat. Auf unserer Rekonstruktion der Burganlage sehen wir sozusagen in die Rückseite der Burg hinein. Der Zugang zieht sich als Spirale um den Bergkegel, geschützt durch ein äußeres Tor, dann aber massiv abgeschottet durch die hohe, dicke Wehrmauer und den starken Rundturm. Das große Herrenhaus verdeckt auf unserer Darstellung zwei dahinterliegende größere Anbauten. Vom Bergfried, der 1678 von den Franzosen gesprengt wurde, sind nur noch wenige Fundamentsteine sichtbar. Der – heute stark verwachsene – äußere Burggraben ist auf unserer Zeichnung gut zu erkennen.

1364 an die Grafen von Fürstenberg – später an den Grafen Egino IV. von Freiburg. Zeitweise wurde sie dann an die Herzöge von Österreich verpfändet, bis schließlich 1444 der letzte Graf von Freiburg die Herrschaft Badenweiler mit Rötteln und Sausenburg an seine Neffen Rudolf und Hugo von Hachberg-Sausenburg verschenkte. 1503, nach dem Tod des letzten Grafen, fiel das nun „Markgräflerland" genannte Territorium an Markgraf Christoph von Baden.

Im sogenannten Holländischen Krieg wur-

de die Burg von den Franzosen besetzt und nach deren Abzug 1678 so gründlich zerstört, daß an eine Wiederherstellung nicht mehr gedacht werden konnte.

Als Markgraf Karl Friedrich von Baden 1783 sein Amtshaus erweitern und umbauen wollte, erinnerte man sich an die alten Gemäuer. Bald wurde erkannt, daß es mit diesen Altertümern eine besondere Bewandtnis haben mußte. Ein Baustopp wurde erlassen, Nachforschungen angestellt – und so blieben uns die Ruinen dieser einmaligen Anlage erhalten.

Als hochaufragende, malerische Ruine ist die von ringsum laufenden Spazierwegen eingefaßte Burg nun ein nicht mehr wegzudenkender Baukörper – einbezogen in die einzigartige südlich anmutende Parklandschaft am Sonnenplatz des Schwarzwaldes, umgeben von Pinien, Libanonzedern, Zypressen und Mammutbäumen.

Wer das Glück hat, hier inmitten dieser subtropischen Landschaft sonnige Spätherbsttage zu erleben (und in dieser Zeit sollte man hier wandern), spürt nicht nur den kräftigen Ruch der Tannenwälder, die sich zum Blauen (1165 Meter) hinziehen, sondern auch den Duft des neuen Weines, der in kaum spürbarer Süße allgegenwärtig ist – und von Basel bis Freiburg überall dort wahrnehmbar ist, wo neuer Wein gekeltert wird. Wenn es Abend wird und die Sonne rotgolden hinter dem gerade noch sichtbaren Kamm der Vogesen verglüht, kommt die Zeit des „Sürpflens". Ob bei fröhlicher Gesellschaft oder im besinnlichen Gespräch – zum „Neuen" gehört eine Spezialität besonderer Art, die ebenfalls mit diesem Landstrich verwurzelt ist: der warm servierte Zwiebelkuchen. Auf diesen Genuß zu verzichten kommt im Markgräflerland fast einer Sünde gegen Land, Leute und Tradition gleich.

◁ Die „Schauseite" der Badenweiler Markgrafenburg, wie sie jeder Besucher von den Kurpark-Terrassen kennt. Die vorgezogene Wand ist die Vorderseite des Palas. Der untere Teil ist aus besonders starken Felsquadern gefertigt.

SAUSENBURG

Der Wind saust um die Sausenburg

Gut erhaltene Ruine in der Nähe von Kandern –
Ein herrlicher Aussichtspunkt

Die interessante Burganlage Sausenburg im südlichen Schwarzwald liegt etwa in der Mitte des Höhenzuges, der sich vom Blauen bis zum Brezel- und Keramikstädtchen Kandern hinzieht. Sie ist damit den Schwarzwaldwanderern, die den Westweg Basel–Pforzheim begehen, gut bekannt. Auch von dem unweit gelegenen Schloß Bürgeln führt ein schöner Wanderweg zur Ruine. Für Autowanderer bietet sich eine landschaftlich hübsche Strecke von Badenweiler über Sitzenkirch nach Vogelbach an. Genau auf dem „Höchst" liegt das „Lindenbückle". Eine hier in die Gartengestaltung einbezogene alte Mauer zeigt, daß dieses hübsche Anwesen zur Zeit der Sausenburger als Zehntscheuer oder Unterstellplatz für Pferde gedient haben mag. Von da geht ein – bis zum Burganstieg – ebener, bequemer Weg zur Ruine, die in zwölf Minuten zu erreichen ist.

Die Burgruine zeigt sich dem Wanderer gleich von der besten Seite. Auf einem Felssockel steilt der wehrhafte runde Bergfried empor, dem sich die gut erhaltene hohe Burgmauer anschließt. Eine Treppenstiege durch eine Mauerbresche bringt uns in den Hof der oberen Burg. Einige Zwischenmauern zeigen ehemalige Wohngebäude an. Wir wenden uns zunächst dem runden Bergfried zu. Um ihn besteigen zu können, wurde vor Jahren im Sockel ein neuer Zugang geschaffen, denn der alte, mittelalterliche Eingang lag sechs Meter über dem Burghof und war damals nur durch eine leicht abzuwerfende Holztreppe zu erreichen. Oben, am Kranz des Turmes, erkennen wir noch zwei Kragsteine, auf denen die Pechnase aufsaß. Von hier konnte man, vor Beschuß geschützt, siedendes Wasser, geschmolzenes Pech, Steine usw. herunterwerfen und den Eingang zum Turm verteidigen. Imponierend ist die Mauerstärke; in einem Raum über dem Eingang bemerken wir eine kleine Wandnische, wohl einstmals ein Kamin, ein Fenster und einige Luftschlitze, die das Zwischengeschoß wohnlicher machen sollten. Oben, von der Turmplatte aus, haben wir eine herrliche Aussicht, die bei klarem Wetter bis zu den Vogesen, der Baseler Bucht und dem Schweizer Jura reicht. Doch im Herbst oder gar im Winter mag der Sturm wohl arg um den Turm heulen, und auch sonst ordentlich „sausen" auf der hochgelegenen Sausenburg.

Der frühere Zugang führte von der Vorburg über eine steile Rampe zur oberen Burg. Rampe und Stützpfeiler, ein Bohlenweg – der bei Gefahr abgeworfen werden konnte –, sind

Noch erhalten ist der besteigbare Bergfried, der Flucht- ▷
turm der Sausenburg.

Leicht zu erreichen für Autofahrer ist die Ruine Sausenburg, die zudem auch in einem überaus schönen Wandergebiet liegt.

erhalten. Am Mauerring entdecken wir einen starken Mauerzug mit Fensterdurchbrüchen. Nach der Grabenseite hin zeigt die Mauer noch eine Höhe von sechs bis sieben Meter. Hier stand einst ein größeres Gebäude, das vielleicht dem Burgvogt als Wohnung diente, denn es ist anzunehmen, daß die Wohngebäude der oberen Burg eng und nicht gerade komfortabel gewesen sein dürften. Der Zugang zur Vorburg führte durch ein Tor, das durch einen Turm geschützt war. Turm, Tor und Mauer zur oberen Burg sind nicht mehr vorhanden, aber feststellbar. Auch von den übrigen Gebäuden der Vorburg – wohl in der Hauptsache Scheuern oder Gesindeunterkünfte und Stallungen – sind nur noch die Grundrisse erkennbar. Doch ist auch der Besuch der Vorburg wegen der einmaligen Anlage der Rampe zu empfehlen. Burg und Vorburg sind durch tiefe Gräben mit Wall geschützt. Da das Areal der Vorburg stark bewachsen ist, sind die Umfassungsmauern am besten von der Außenseite her erkennbar. Die Anlage, die von der Oberburg durch zwei Mauern zangenartig umfaßt wurde, vermittelt einen guten Eindruck von der einstigen Wehrhaftigkeit der gesamten Burg.

Nun zur Geschichte der Sausenburg:

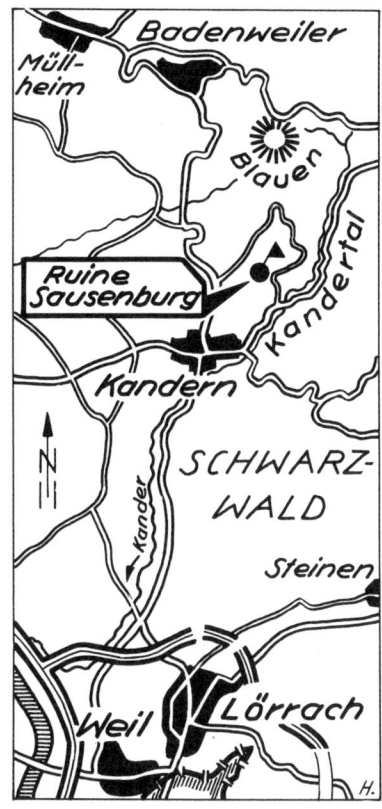

1232 erwarben die Markgrafen von Hachberg vom Kloster St. Blasien den Sausenberg und erbauten darauf eine Burg. Markgraf Heinrich von Hachberg-Sausenburg – wie sich das Geschlecht fortan nannte – bekam 1315 als Großneffe des Bischofs Luitpold von Basel – dem letzten des Geschlechtes der Freiherren von Rötteln – kurz vor dessen Tode Burg und Herrschaft Rötteln übereignet. Verständlich, daß die Markgrafen das größere und schöner gelegene Rötteln der abseits gelegenen windumsausten Sausenburg vorzogen. Diese wurde nun Amtssitz eines Vogtes, der hier mit einigen Dienstmannen hauste. 1678 wurde sie von den Franzosen zerstört, ein Schicksal, das die Sausenburg mit fast allen Burgen im westlichen Schwarzwald teilte. Eine große Heldentat war die Zerstörung nicht, wenn man bedenkt, daß die mittelalterlichen Burgen gegen einen mit modernen Feuerwaffen ausgerüsteten Angreifer keine Chancen hatten.

FALKENSTEIN/BERNECKTAL

Zwei Burgen auf einem Fels
Ober- und Unterfalkenstein im Bernecktal oberhalb von Schramberg

Die beiden sehr eindrucksvollen Ruinen der Falkensteiner Burgen liegen am Rande der Fünftäler- und Uhrenstadt Schramberg. Fahren wir von Schramberg in Richtung Tennenbronn–St. Georgen, so halten wir bei der letzten Häusergruppe rechts. Eine Brücke bringt uns über das Flüßchen Schiltach, und ein Hinweis an einer Tanne, etwas verdeckt, weist uns den Weg über einen Felsgrat zur unteren Falkenstein. Bei dem kleinen „Brückle" über den Werkskanal beginnt der Aufstieg, der uns dann in sechs Minuten zum Burgplatz der unteren Ruine bringt. Aber vorher heißt's „tief Luft holen". Der schmale, aber gut begehbare Wanderpfad „zickzackt" steil den Hang hinauf. Alle paar Meter eine Spitzkehre; dann geht's über Treppenstufen und Baumwurzeln an klotzigen Felstürmen vorbei. Nun stehen wir vor einer engen kleinen Schlucht, die einst durch eine Mauer verriegelt war, durch einen Durchbruch aber gangbar gemacht wurde.

Genau senkrecht, hoch über uns, liegt der kleine „Späherker" der unteren Burg. Die kleine Schlucht war ehemals der natürliche Burggraben, hier kam niemand ungesehen durch. Wir stehen nun auf dem unteren Burgplatz. Ein starker Viereckturm – der ehemaligen Umfassungsmauer etwas vorgesetzt – hatte den engen Eingang zu bewachen. Von ihm aus konnte man auch den Aufstieg aus der Schlucht unter Kontrolle halten und ebenso das kleine Wehr, aus dem die Burgsassen ihr Wasser holen mußten. Vom Turm bis zur Felsmauer zog sich ein schmaler Graben hin, heute zugeschüttet. Von einem Tor ist nichts zu sehen. Doch über uns, auf Fels gesetzt, sehen wir Reste der Wehrmauer. Die Burg

Die Reste des Turmes der oberen Burg. Die „Pechpfanne" wies einst „späten" Besuchern den richtigen Weg – die beiden Fenster gehören zur Wächterstube.

wurde in „Etagenbauweise" in den Burgfelsen „eingepaßt", so daß Teile des natürlichen Felsens in die Burgfundamente mit einbezogen und überbaut wurden. Nach der Bergseite, das heißt hier Angriffsseite, hin wurde sie durch die hohe Schildmauer geschützt; nach unten und nach den Seiten boten die steile Lage und eine Umfassungsmauer genügend Schutz.

Anhand der noch vorhandenen Mauern, Treppen und Absätze ist die Anordnung der einstigen Gebäudeteile gut zu erkennen. Ein Bergfried fehlte, den Schutz der Burg hatte die Schildmauer zu übernehmen. In dieser unteren Burg, so darf angenommen werden, wohnten vor allem Dienstmannen und das Gesinde. Doch muß gesagt werden, daß diese Anlage eine in sich geschlossene Einheit darstellte, die sich jederzeit selbständig verteidigen konnte.

Kehren wir wieder zurück zum Burgplatz vor dem Viereckturm. Hier beginnt der Aufstieg zur oberen Burg. Gleich nach der ersten Kehre stehen wir in gleicher Höhe mit der Schildmauer der unteren Burg. Die noch intakte Ecke, einem steilen Zahn gleich, zeigt uns die einstige Höhe der Mauer an, die sich mit dem anschließenden Felsen als eine geschlossene Wand darbot. Von hier bis zur oberen Burg sind es etwa noch sechs Minuten. Natürliche und in den Stein gehauene Treppen und Stufen bringen uns zu einem freiliegenden Felsrücken. Vor uns – aber getrennt durch einen schluchtartigen Burggraben – stehen die hohen, gut erhaltenen roten Sandsteinquader-Mauern der oberen Burg. Was uns jedoch zunächst auffällt, ist eine Art Turm, der hoch aus dem Grün der Bäume im Graben herausragt. Erst nachdem wir den Abstieg in den Graben hinter uns haben, bemerken wir, daß es sich hierbei um keinen Turm, sondern um eine starke Mauer handelt, die einst die Stütze der Burgbrücke war.

Nur über diese einfallsreiche und ungewöhnliche Konstruktion war die Burg erreichbar. Die Brücke war so gebaut, daß sie bei Gefahr abgebrochen werden konnte, dann stand die Burg uneinnehmbar auf ihrem steilen und hohen Felssockel. Rechts und links des Burgeingangs sind Löcher zu sehen; starke Ketten könnten hier die Brücke gehalten haben. Doch hochklappen in der Art einer Zugbrücke konnte man diese nicht. Starke Balken vom Hang und von der Mauerstütze sowie von der Auflage auf der anderen Seite her gaben der Brücke die nötige Steife. Das Widerlager ist „abgespitzt" und mit einer noch sichtbaren Mauer verstärkt. Über dem Eingangstor zur Burg zeigen uns zwei Kragsteine an, daß hier ein Wehr-Erker aufgesessen haben könnte. Einige Treppen bringen uns in den Burghof. Die dem Graben zugekehrte Eckmauer ist als Turm hochgeführt, der besteigbar ist. Einen Blick in das Turmzimmer gestattet uns ein kleines Fensterchen in halber Höhe. Ja, so mag einst die Wächter-

Unsere Rekonstruktion zeigt beide Burgen hier in unmittelbarer Nachbarschaft, in Wirklichkeit liegen sie, wie beschrieben, weiter auseinander. Zur unteren Burg: Auf unserer Zeichnung sehen wir von hinten in die Burg hinein. Um in den oberen Teil der Burg zu kommen, mußte man über einen Treppenweg durch ein tiefer stehendes Gebäude hindurch. Rechts die hochgezogene Schildmauer; links, senkrecht über der Mauer, die unten die Schlucht abschließt, der „Späherker". Der Turm auf dem unteren Burghof, der aus dieser Sicht nicht zu sehen wäre, ist skizzenhaft angedeutet. – Zur oberen Burg: Der Grundriß der Anlage ist ein etwas verschobenes Rechteck. Die Ecke dem Burggraben zu ist als Turm ausgebaut. Eindrucksvoll die gewagte Konstruktion des Zugangs mit der starken Stützmauer. Der Felsklotz, unten rechts, diente als Widerlager der Schwibb-Brücke. Der Treppenaufgang ist aus dem Naturfels herausgemeißelt.

stube ausgesehen haben; ein etwas klobiger Tisch, ebensolche Stühle, an der Wand ein Kamin, gehalten von einer kurzen Steinsäule mit einem schönen, romanischen Würfelkapitell. Zwei schmale Rundbogenfenster geben spärliches Licht. An den Burghof anschließend lagen die Wohngebäude der Burgsassen.

Die Mauer dem gegenüberliegenden Hang zu war besonders stark gebaut und auch höher gezogen, denn von hier aus konnte die Burg angegriffen werden. Vom Turmplateau aus hat man einen herrlichen Blick in das tief unter uns liegende Bernecktal. Links liegt Schramberg, der enge Talkessel ist längst überbaut, treppenartig erobern hübsche Häuser die Talhänge. Auf der nahen gegenüberliegenden Hangseite liegt die kleine ,,Falkensteiner Kapelle", Kunstkennern bekannt durch das herrliche Schnitzwerk des Altaraufsatzes. Die Kapelle ist die Grablege der Grafen von Bissingen-Nippenburg, die auf der nahegelegenen Hohenschramberg ihren Sitz hatten.

Als Abstieg nehmen wir den Weg in die Schlucht. Unten angekommen, glauben wir eine Szenerie aus dem Freischütz vor uns zu haben. Eine Wolfsschlucht, wie sie keine Theaterinszenierung besser zeigen könnte! Abwärts gehend, kommen wir zu einer Engstelle. Hier, senkrecht darüber, steht der Turm der unteren Burg, und hier war wohl auch die Wasserstelle. Auf Tragtieren wurde das kostbare Naß auf die Burgen gebracht. Wir sind nun wieder an unserem Ausgangspunkt angelangt. Für unsere Exkursion haben wir nur wenig mehr als eine Stunde gebraucht. Anzumerken wäre, daß gutes Schuhwerk notwendig ist; besonders nach Regen oder feuchter Witterung ist beim Abstieg Vorsicht geboten.

Erbaut wurden die Burgen durch das freiadlige Geschlecht der Herren von Falkenstein um das 11. Jahrhundert. Die Falkensteiner übten die Schutzherrschaft über das Kloster St. Georgen aus. 1139 war ein Angehöriger dieses Geschlechtes Abt des Klosters. Um 1030 nahm der aufständische Herzog Ernst von Schwaben, Stiefsohn des Kaisers Konrad II., Zuflucht auf der Burg. 1444 kamen beide Burgen vorübergehend an Württemberg, danach erwarb sie 1452 Hans von Rechberg, über dessen Taten und Untaten schon mehrfach berichtet wurde.

STAUFEN/BREISGAU

Hier ward dem Faust das Genick gebrochen
Vielfältige Sagen um das Städtchen Staufen
und die gleichnamige Burgruine im Münstertal

Die weiträumige, gut erhaltene Burgruine Staufen liegt am Ausgang des Münstertals auf einem isolierten Kegelberg über dem „heimeligen" Städtchen Staufen. Im Namen der Burg steckt das mittelhochdeutsche Wort „Stouf" beziehungsweise „Stauff", die Bezeichnung für einen Becher, meist ohne Stiel und Fuß; und dies ist genau die Form des Burgberges. Schon von weitem sichtbar, leuchten die hellen Mauern der Ruine mit ihren großen Fensterdurchbrüchen aus dem Grün der Reben, die den Burgberg umfangen.

Mittelpunkt des Städtchens Staufen ist der Marktplatz mit Brunnen und dem wappengeschmückten Rathaus. Unsere Anfahrt zur Ruine, an der Kirche vorbei, auf dem ausgeschilderten Sträßchen führt zu einem niederen Sattel. Von hier aus (Parkmöglichkeit) sind es nur noch zehn Minuten bequemen Weges bis zur Ruine. An der langen Mauer des ehemaligen Wohntraktes vorbei kommen wir auf den Fundamentsockel eines ehemaligen Wachthauses (heute Aussichtsterrasse). Vorbei an dem mächtigen Stumpf des Bergfrieds erreichen wir das danebenliegende innere Tor. Noch erhaltene große Quadern weisen darauf hin, daß das Tor ehemals wohl anders ausgesehen haben mag, wuchtiger und mehr auf Verteidigung ausgerichtet. Der Bergfried mit seinen im Unterteil verschieden großen Quadern zeigt schön gefügtes Mauerwerk mit dekorativen Eckquadern. Er ist besteigbar. Die starke Umfassungsmauer mit Fensterdurchbrüchen trennt die Kernburg von den außerhalb liegenden Gebäuden der ehemaligen Vorburg. Gebüsch und Gestrüpp erschweren einen Besuch.

Im Innern des großen Burghofes läuft parallel zu der großen äußeren Mauer das innere Gegenstück. Ein quer über den Hof liegender Fundamentrest zeigt uns ein heute nicht mehr erhaltenes Gebäude an. Der nördliche und östliche Teil der inneren Mauer dürften als Rückwand für kleinere Gebäudeteile gedient haben. Außer den kahlen Mauern ist von der „einstigen Pracht" wenig Sichtbares übriggeblieben. Hier etwa die Reste eines romanischen Fensterchens, dort Teile eines Kamins. Auch die gehauenen Sandsteingewände der Fenster im Wohnbau sind dem Steinraub zum Opfer gefallen.

Daß ein solcher in die Rheinebene vorgeschobener Berg ein wunderbarer Aussichtspunkt ist, versteht sich. Blicken wir nach Süden, säumen die dunklen Höhen des Schwarzwalds die Ebene. Auf der anderen Seite, gerade im Sonnenglanz noch erkennbar, der Elsässer Belchen; seine Nachbarn verlieren sich im goldenen Dunst zur „burgundischen

Blick auf die Ruine Staufen.

Pforte" hin. Vor Jahrmillionen, bevor der hochgewölbte Bergzug der Vogesen und des Schwarzwalds zusammenbrach, floß durch diese Niederung der Alpenrhein dem Mittelmeer entgegen. Der langgestreckte, niedere Bergzug des Tuniberges und die Kuppen des Kaiserstuhls ragen aus der Rheinebene hervor. Näher zu uns der rebbewachsene sanfte Rücken des Batzenbergs und nicht weit davon weg die Kirche von Kirchhofen, deren weißer Turm aus dem Grün und Gold der Felder und Rebberge heraussticht. Der Schönberg, als Jurarest des einstigen Deckgebirges, zeigt uns seinen langgezogenen Scheitel und läßt uns die Nähe der Breisgaustadt Freiburg ahnen.

Am Anfang des 12. Jahrhunderts urkundlich erfaßt, aber vermutlich älter, war die Burg Sitz eines Ministerialengeschlechtes derer von Staufen im Dienste der Zähringer. Seit dem 15. Jahrhundert dem Freiherrenstand angehörend, hatten die Staufener Lehen der Üsenberger, der Grafen von Freiburg und derer von Habsburg inne. Sie waren Schutzvögte des Klosters St. Trudpert und hatten Anteil an den Erz- und Silberbergwerken im Münstertal. Viele Angehörige des Geschlechtes bekleideten wichtige Stellen in der vorderösterreichischen Regierung. Nach dem Ableben des letzten männlichen Sprosses des Geschlechtes, Georg Leo von Staufen, 1602 wurden die Lehen eingezogen. Die nun unbewohnte Burg verfiel langsam, wurde überdies noch im Dreißigjährigen Krieg von den Schweden besetzt und „ruiniert". Die Herrschaft, das heißt die Gerechtsame, kam in verschiedene Hände, um nach mehrfachem Wechsel 1806 an Baden zu fallen. 1835 erwarb die Stadt Staufen die Burgruine, die nun restauriert und der Öffentlichkeit zugänglich gemacht wurde.

Doch wie verhält es sich mit dem Aufenthalt des „berühmten Schwarzkünstlers" Doktor Faust auf der Burg und im Städtchen? Ist dies eine Sage oder eine historische Wahrheit? Lesen wir, was die berühmte „Zimmersche Chronik" darüber zu berichten weiß:

„Anno 1539 ist im Leuen zu Staufen Doctor Faustus, so ein wunderlicher nigromanta gewest, elendiglich gestorben und es geht die Sage, daß der obersten Teufel einer, der Meffistoffel, den er in seinen Lebzeiten nur seinen Schwager genannt, hab ihm, nachdem der Pakt von 24 Jahren abgelaufen, das Genick gebrochen und seine arme Seele der

So sah die Burg im 17. Jahrhundert aus.

ewigen Verdammnis überantwortet. Die Bücher, die er verlassen, sein dem Herrn von Staufen, in dessen Herrschaft er abgegangen, zu handen geworden, darumb doch hernach vil leut haben geworben." Soweit die „Zimmersche Chronik". Doch die Sage weiß mehr: „Es ist von einem seltsamen Besuch die Rede, den der Doktor Faust vor dem St. Gallentag gehabt haben soll. Dieser habe ausgesehen wie ein reisiger Knecht und war bekleidet mit Mantel, Kappen, Hut und Schwert, auch mit Stiefeln und Sporen. Und es begab sich, daß der Doktor mit dem andern, den er seinen Schwager nannte, auf der Kammer zwischen 12 und 1 Uhr des Nachts in schweren Streit und Wortwechsel geriet, so daß alles im Haus aus dem Schlaf erwachte, und der Wirt sich erhob, um Fried' zu stiften, da es aber auf einmal stille war, davon abstand. Da aber am nächsten Morgen keiner der beiden zur Suppe erschien, erhob sich der Wirt und ging auf die Kammer. Dort fand er den Doktor, blau im Gesicht, mit umgedrehtem Hals tot auf dem Boden liegend, von dem Schwager aber war nichts mehr zu sehen."

Tatsache ist, daß der stark verschuldete Freiherr Anton von Staufen eine große Neigung zur Alchimie hatte und 1539 den als Alchimist wohlbekannten Doktor Faustus zu sich auf seine Burg rufen ließ, in der Hoffnung, seiner Schulden durch eine glückliche Umwandlung von unedlem Metall in pures Gold ledig zu werden.

Auf dem Marktplatz zu Staufen steht das Gasthaus „Zum Leuen" (Löwen), mit seinem Fauststübchen, in dem Faust „elendiglich" gestorben ist. Die ganze Geschichte ist an der Hausfront des Gasthauses in anschaulicher Weise im Bild zu ersehen.

NEUENFELS

„... fand man Diener und Herrschaft erschlagen..."
Burg Neuenfels zwischen Badenweiler und Britzingen –
Im Jahre 1540 wurde die ganze Familie Opfer eines Verbrechens

„Von der Geschichte des Schlosses schweigen die Urkunden. Der letzte Besitzer war Christoph von Neuenfels, der mit seiner Gattin, einer Tochter und fünf Dienstboten die Burg bewohnte. Noch vom Jahre 1540 hat man Kunde von ihm. Eine wohldressierte, große Dogge holte jeden Tag in Britzingen oder Badenweiler den Fleischbedarf in einem Korbe für die Familie. Einst, nachdem der Hund mehrere Tage ausgeblieben war, ahnte man daraus nichts Gutes; man begab sich auf das Schloß, fand den Hund neben den Dienern erschlagen und die Herrschaft ermordet, welche Greuelthat wahrscheinlich von Räubern verübt worden war. Die Leichen wurden in Britzingen beigesetzt", so erzählt die Chronik das ungeklärte Verbrechen auf Burg Neuenfels, nachzulesen im „Badischen Sagenbuch" von 1893.

Von Badenweiler-Oberweiler führt eine Straße an dem weithin sichtbaren Sanatorium vorbei zu dem bekannten Weinort Britzingen. Genau auf dem Kamm, also auf der höchsten Stelle dieser Straße, liegt ein schöner Parkplatz, und hier finden wir auch den gut beschilderten Weg zur Ruine Neuenfels.

Nach einem Aufstieg von etwa 40 Minuten stehen wir unversehens vor der mächtigen Vorderfront der Burg. Erwarten Sie nun bitte keine malerisch aufgebaute Burgruine mit stolzem Bergfried. Nichts von alledem. Auf einer Bergzunge gelegen, durch einen tiefen Graben von dem höher liegenden Kammgrat getrennt, bildet die Ruine ein längliches Viereck, dessen Ostseite – der Angriffsseite zu – schiffsbugartig verstärkt ist. Eine große Bresche in der Nordwand ermöglicht einen Zugang. Und die in der starken Mauer im 19.

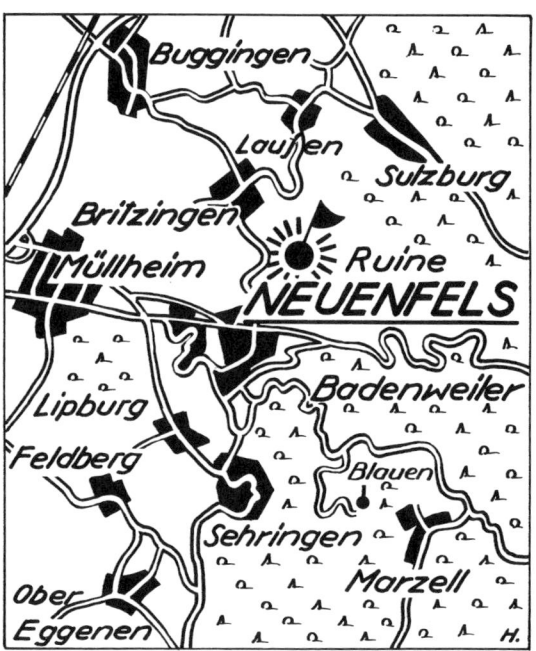

Die Vorderseite der Burg mit stark abgerundeten Ecken.

Jahrhundert angelegte Steintreppe erlaubt einen Aufstieg auf die Westmauer. Im Innern der Ruine befinden sich zwei durch Fundamentmauern getrennte Bauteile. An den großen Westfenstern mit den noch sichtbaren Fensterbänken läßt sich der Palas erkennen. Das darunterliegende Kellergeschoß ist eingestürzt und stark verwachsen. Auf der Ostseite dürften das Gesindehaus und wahrscheinlich auch die Küche gelegen haben. An den Balkenlöchern ist die Höhe der Unterteilung noch teilweise zu sehen. Zwischen beiden Bauten lag der kleine Burghof. Die Mauern der Burg hatten eine fast durchgehende Stärke von 2 bis 2,5 Meter.

Der Eingang lag vermutlich an der Nordseite, etwa an der großen Mauerlücke. Ein gut erhaltenes Fenster mit schön behauenen Lai-

Die Seitenansicht der Burg Neuenfels: Eine hohe Burgmauer, deren Dach nach innen abgeschleppt war, kennen wir von vielen anderen Burgen, wie beispielsweise von der Hohenbodman, der Homburg bei Stahringen, der Homburg über Buckten (Schweiz) und der Farnsburg. Der Wirtschaftsteil könnte als Fachwerkbau in und auf der Mauer gesessen haben. In diesem Fall wäre der Eingang zur Burg dann in den Burghof hineingegangen. Da eine Zugbrücke wegen der geringen Breite des Weges schwer anzubringen war, ist ein hoch gelegener Eingang mit leicht abzubrechendem Einstieg anzunehmen.

bungen zeigt uns, daß die Besitzer auf Wohnlichkeit Wert gelegt haben. Es ist zu vermuten, daß die Westseite noch ein weiteres Stockwerk aufwies. Da die Ecken der Burg an dieser Stelle abgerundet sind, könnte man sich hier ein nach innen abgeschlepptes Pultdach gut vorstellen.

Eine erste Kunde von der Burg Neuenfels stammt aus dem Jahre 1343. Obwohl die Ritter als Ministerialen einige Dörfer der Umgebung zu eigen hatten, konnten sie sich nicht halten. So mußten viele der Güter verkauft werden, später sogar die Burg selbst. Als Lehensgut bekamen die verarmten Besitzer sie wieder zurück. Einige ihres Geschlechtes waren Burgvögte und Statthalter von Badenweiler – sie hatten sogar Stadtrechte und Besitztümer in Neuenburg am Rhein. Aber auch diese gingen verloren, so daß nur noch die Burg übrigblieb.

Im Bauernkrieg soll die Burg beschädigt worden sein. Doch wurde sie wieder von neuem hergestellt und bewohnt – bis zu dem Augenblick, da alles Leben auf der Burg gewaltsam ausgelöscht wurde. Seitdem blieb die Burg offen und war fortan dem nagenden Wind und den tobenden Stürmen ausgesetzt.

DELLINGEN, KIRNBURG, BRÄUNLINGEN

Drei Burgruinen auf einen Schlag

Eine „Sonntagnachmittags"-Exkursion abseits der Straßen rund um Bräunlingen

Ein „echter" Burgenfreund interessiert sich nicht nur für die großen, attraktiven und auch bekannten Burgruinen. Es gibt in unserem Raum noch sehr viele kleine und meist nur regional bekannte Burgruinen, die noch eine „Entdeckung" versprechen, abseits der allgemein begangenen Burgen- und Wanderwege. Sie zu besuchen ist gerade, weil sie nicht auf dem „Präsentierteller" liegen, besonders reizvoll. Einst, vor vielen Jahrhunderten, hatten diese Burgen eine wichtige Aufgabe zu erfüllen, im Wandel der Zeiten verloren sie ihre Bedeutung und ihre Aufgabe; heute sind sie meist nur wenigen Wander- und Burgenfreunden bekannt.

Drei solcher Ruinen gilt unser Besuch. Es sind dies die Burg Dellingen, die Kirnburg (Kürnburg) und die Stadtburg in Bräunlingen. Als erstes Anlaufziel nehmen wir die kleine, aber interessante Ruine Dellingen. Ausgangspunkt unserer Exkursion ist das hübsche Städtchen Bräunlingen. Am westlichen Ausgang der Stadt, bei dem kleinen Obelisken, biegen wir von der Durchgangsstraße ab und nehmen das Sträßchen in Richtung Waldhausen. Bei einer Abzweigung halten wir uns dem Wald zu, und nach insgesamt circa zwei Kilometer können wir unser Fahrzeug am Anfang des Hängentälchens abstellen. Auf dem Waldsträßchen finden wir nach etwa 200 Meter ein Hinweisschild zur Burgruine, die auf einem auslaufenden Bergrücken zu finden ist.

Was uns zunächst interessiert, ist der noch gut erhaltene Stumpf eines gar nicht so kleinen Turmes. Von allen „Burgen-Gewohnheiten" abweichend, hatte er einen ebenerdigen Eingang. Die Mauern wiesen eine beachtliche Stärke von etwas über zwei Meter auf. Der Raum, den wir nun betreten, hat Mauern aus schön behauenen, glatten Quadersteinen. Auf der Außenseite wurden diese – so darf man annehmen – ausgebrochen, so daß hier nur mehr die Bruchsteine der Füllung zu sehen sind. Innen über den Quadern bemerken wir den Rücksprung im Mauerwerk, auf dem einst die Tragbalken des Wohngeschosses auflagen. Dieses – und ein weiteres Geschoß – dürften als Fach- oder Holzwerk ausgebaut gewesen sein. Auf der Seite des Einganges könnte noch ein Gebäude gestanden haben, das auch als Eingangstor seine Funktion hatte – genau auf diese Stelle läuft ein Graben zu, der wie ein Schlauch zu dem vermuteten Tor führt. Ungewöhnlich sind auch die tiefen und breiten Umfassungsgräben der doch relativ kleinen Burg. Da Mauerreste auf den Grabenwällen fehlen, könnten diese mit Palisaden bestückt gewesen sein, von denen natürlich nichts mehr übriggeblieben ist.

Links oben: So könnte die Kirnburg etwa ausgesehen haben. Der Standplatz eines Turmes ist durch einige noch vorhandene, große Quadern als gesichert anzunehmen; daran anschließend – dem Graben und damit der Angriffsseite zu – wäre eine starke Mauer mit Wehrgang folgerichtig. Das sicher nicht sehr große Wohnhaus lag auf der „sturmfreien" Seite. Hier fallen die Felsen fast senkrecht zum Kirnbach beziehungsweise dem heutigen Stausee ab. Die höchste Stelle des Burgplatzes bot sich für einen Auslug förmlich an. Man konnte von hier aus die Gebäude auf der schmalen Terrasse darunter, die auf der Rückseite des Burgfelsens lagen, besser überwachen. Rechts unten: Die Dellingen bestand in der Hauptsache aus dem starken Turm, der als Wohnturm ausgebaut zu vermuten ist; die umfangreichen Gräben und Wälle sind bei dieser kleinen Burg verwunderlich. Ein schlauchartiger Graben könnte zum Burgeingang geführt haben. Die Wallkronen der Gräben waren mit einem Pfahlwerk (Palisaden) bewehrt. Die beiden Burgen Dellingen und Kirnburg sind auf unserer Zeichnung zusammen abgebildet. In Wirklichkeit sind sie circa drei bis vier Kilometer (Luftlinie) voneinander entfernt.

Dellingen, Sitz eines edelfreien Geschlechtes der Herren von Tanheim, war um das 15. Jahrhundert ein Lehen der Landgrafen Lupfen-Stühlingen. Über mehrere Lehensinhaber kam die Burg 1512 an Georg Stähelin von Stockburg. 1559 wurde sie an die Fürstenberger verkauft. Die Burg dürfte allmählich verfallen sein, auch könnte sie im Bauernkrieg zerstört worden sein.

Unser nächstes Ziel ist die Kirnburg (auch Kürnburg genannt), die in etwa vier Kilometer Entfernung von der Ruine Dellingen am Nordostende des Kirnberg-Stausees liegt. Die Burg, deren Überreste heute kaum noch zu

Der Aufgang zur ehemaligen Burg Bräunlingen. Geschickt hat man es verstanden, die wenigen Reste der einstigen Burg in eine Anlage einzufügen. Eine vorbildliche Lösung, die das historische Stadtbild bereichert.

erkennen sind, lag auf einem steilen Felsklotz, der nach der Rückseite des Stauwehrs und nach dem See hin nahezu senkrecht abfällt. Die Burgstelle war durch einen Graben von dem etwas höher liegenden Bergrücken abgetrennt. Diesem Bergrücken zu lag die Wehrseite der kleinen Anlage. Einige große Quadern, die gerade noch aus dem Boden ragen, könnten die Fundamentsteine eines Turmes gewesen sein. Auf der Rückseite des unebenen ,,Burgbuckels" liegt eine abgetreppte Planierung, einst der Raum für die Nebengebäude der Burg, die auf der kleinen Burgstelle keinen Platz hatten. Auf dem Gehweg zur Mauerkrone des Wehrs finden wir noch ein schön gemauertes Stück einer Stützmauer. Darüber könnte das Wohngebäude gelegen haben.

Die Kirnburg wie auch die Burg Zindelstein im Bregtal und die ehemalige Warenburg (heute am Stadtrand von Villingen) waren ,,Sperrforts" der Zähringer und hatten die hier durchgehenden wichtigen Verbindungsstraßen zwischen dem Breisgau und dem einstigen Besitz der Zähringer in der Baar zu sichern. Die Grafen von Freiburg beerbten 1250 die Zähringer. Als späteres österreichisches Lehen kam die Kirnburg dann an die Fürstenberger. Als diese 1412 in der sogenannten Lupfenschen Fehde mit dem damaligen Pfandinhaber, dem Pfalzgrafen Konrad von Tübingen, einen ,,Span" hatten, wurde die Kirnburg zerstört. 1483 wird sie in Urkunden als ,,verlassen Burgstall" bezeichnet.

Doch nun wieder zurück zu unserem Ausgangspunkt: der Stadt Bräunlingen. Die Burg der Stadt lag auf einer niederen Erhöhung am Rande des damaligen Mauerringes. Im Kampfe des Königs Albrecht gegen die Fürstenberger wurde sie im Jahre 1305 zerstört und nie wieder aufgebaut. War die Zerstörung derart gründlich, daß heute nur noch wenige Rudimente der ehemaligen Burg zu sehen sind, oder hat hier der ,,Steinraub" der Bürger kräftig mitgeholfen? Später hat man es verstanden, das Wenige zu erhalten und in eine hübsche, dekorative Gebäudeanlage mit einzubeziehen. Teile des Burggrabens und des Zwingers sind noch erkennbar, von einem Bergfried jedoch, den die Burg einst gehabt haben soll, ist nichts mehr zu finden. Man sollte aber nicht versäumen, um das Burgareal herumzugehen, das die Stadt nach dem ansteigenden Gelände des Lützelberges hin zu schützen hatte.

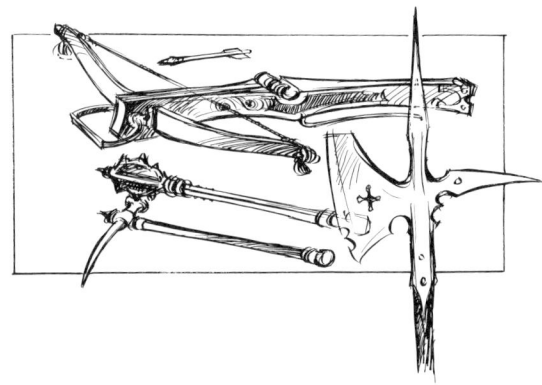

KASTELBURG

Trutziger Bergfried und hohe Mauern

Die Ruine Kastelburg ist ein Musterstück einer mittelalterlichen Burganlage – Seit 350 Jahren zerstört

Fährt man das Elztal abwärts in Richtung Waldkirch, so weitet sich hinter Gutach das Tal. Blausilbriger Dunst, der vor uns liegt, zeigt an: Die Rheinebene ist nicht mehr weit. Wie als Abschluß des Tales steht auf der rechten Seite auf halber Berghöhe weithin sichtbar eine Burgruine. Unübersehbar steht der massige Bergfried, über den gerade ein Wolkenschatten fällt, dunkel, fast drohend vor dem gleißenden Sonnenlicht der Ebene, vergleichbar mit dem Paukenschlag einer ausklingenden Symphonie.

Die Kastelburg, so heißt die Burgruine, steht unmittelbar über dem betriebsamen Städtchen Waldkirch. Wir finden die Brücke über die Elz und stellen unseren Wagen in halber Höhe auf der Bergstraße ab. Der Weg zur Ruine ist kurz. Wir stehen auf der Brücke über dem breiten und tiefen Halsgraben. Der der Burg zugekehrte Teil der Brücke war früher hochklappbar und verschloß damit das Burgtor. In der daran anschließenden weiträumigen Unterburg fanden Wirtschaftsgebäude, Ställe usw. genügend Raum. Gleich neben dem Tor bemerken wir Mauerreste; hier hatte die Burgwache ihre Unterkunft. Ein aus der Palasmauer vorspringender Halbrundturm hatte einst die Aufgabe, den Zugang zur Oberburg zu verwehren. Heute zu einem „Altan" ausgebaut und mit verspielten Zinnen versehen, kann er uns „das Fürchten" nicht mehr lehren!

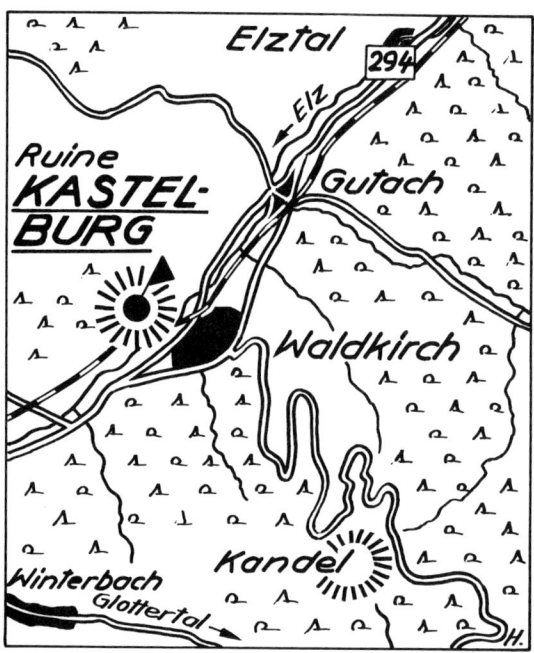

Unser Bild zeigt den massigen Bergfried und ein zu dem ▷ Palas gehörendes Mauerstück. Die Ecken des Turmes sind aus besonders schön behauenen Buckelquadern aufgeführt, die den bis zu drei Meter dicken Turmwänden Stabilität und dem Turm sein besonderes Gepräge geben.

Der Zugang zur Burg erfolgte über einen tiefen Halsgraben, dessen Brücke hochgezogen werden konnte. Die ausgedehnte Vorburg war mit Gebäuden aller Art bestückt, die aber, der Übersichtlichkeit wegen, auf unserer Rekonstruktion nicht eingezeichnet sind. Von dieser Vorburg, die zugleich die Funktion eines Zwingers hatte, gelangte man durch eine mit einer Pechnase geschützten engen Türe in den Burghof. Die Wohngebäude waren halbkreisförmig angeordnet. Der starke Bergfried hatte sein eigenes Treppenhaus. Eine Besonderheit ist der sogenannte „Danziger" (Abortturm), der mit dem Palas durch einen Schwibbogen verbunden war.

Wenn wir um die Ecke des Palas biegen, haben wir rechts einen Turmrest vor uns, dessen Bezeichnung „Danziger" bei uns im „Süden" nicht allgemein gebräuchlich ist. Der Turm steht auf der Außenmauer, war aber früher mit einem Wohngebäude durch einen Schwibbogen verbunden und diente als Abortanlage. Der Eingang zum inneren Burghof war so eng, daß jeweils nur ein Mann hindurch konnte. Von oben drohte zudem eine Pechnase mit einem heißen „Willkomm".

Die Einteilung der Oberburg ist gut erkennbar. Große Fensteröffnungen, nach Süden gelegen, mit den in der Mauerstärke eingelassenen Sitzbänken, gaben dem Innern des Palas Licht und Luft. Der hohe und starke Bergfried hatte seinen eigenen Treppenturm, von dem einige Reste noch gut zu sehen sind; man konnte ihn geschützt von einem Verbindungsbau aus betreten. Mit zwölf mal zwölf Meter Seitenlänge und 28 Meter Höhe stellt der Turm zusammen mit den sehr kompakten Anbauten ein ,,Musterstück" einer mittelalterlichen Burganlage dar. Die Kastelburg hatte die Aufgabe, den Eingang zum Elztal und die wichtige Durchgangsstraße zum Schwarzwald, auf die Baar und in den Hegau vor feindlichen Einfällen zu schützen.

Ende des 13. Jahrhunderts wurde die Kastelburg von den edelfreien Herren von Schnabelberg-Eschenbach erbaut, die sich nach ihrer auf der anderen Talseite stehenden Burg von Schwarzenberg nannten. Die Burg ging von diesem Geschlecht zusammen mit der Stadt Waldkirch an Martin Malterer aus Freiburg über. 1386 fand Malterer nebst 350 Rittern aus dem Breisgau und dem Elsaß den Tod in der Schlacht von Sempach. Da keine männlichen Erben da waren, wechselte die Burg nun häufig ihren Besitzer. Während des Bauernkrieges war die Burg von den Waldkirchern besetzt, die jedoch mit den Bauern ein ,,Stillhalte-Abkommen" getroffen hatten. Im Dreißigjährigen Krieg wurde die Burg von badisch-markgräflichen Truppen zeitweise belagert, kam aber 1634 an die Kaiserlichen. Man glaubte sie gegen die anrückenden Schweden nicht halten zu können und steckte sie in Brand. Nach dieser Zerstörung folgte ein schneller Zerfall. Mauerwerk wurde abgetragen, Baumwuchs und Witterung taten ein Weiteres. 1839 wurde die Ruine unter dem Großherzogtum Baden wieder begehbar gemacht, und seit 1929 ist der Turm wieder besteigbar. Seit 1970 ist die Burg in städtischem Besitz.

RÖTTELN

Hohe Türme, mächtige Mauern: Die Ruine Rötteln

In der Nähe Lörrachs finden sich die Reste einer der schönsten süddeutschen Burgen – Von den Franzosen zerstört

Burg Rötteln, eine große Anlage mit Gebäuden, Türmen und ausgedehnten Mauern, liegt als mächtige Ruine auf einem niederen Bergrücken westlich der Gemeinde Haagen (oberhalb des hübschen Dörfchens Röttelnweiler) über dem rechten Ufer des Flüßchens Wiese.

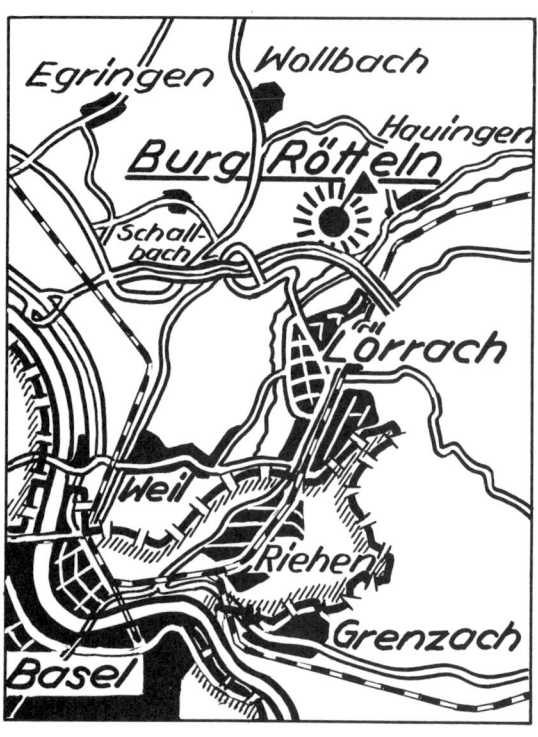

Von Lörrach sind es nur wenige Kilometer bis zu der baugeschichtlich interessanten Burgruine. Ein Besuch bringt uns nicht nur ein historisches Bauwerk des Hochmittelalters und die wechselvollen Ereignisse in der Geschichte des Südwestens näher, sondern bietet auch eine Rund- und Fernsicht, wie sie selten zu finden ist. Während die hohen Schwarzwaldgipfel Feldberg und Belchen grüßen, öffnet sich das Wiesental mit der rührigen Grenzstadt Lörrach zum Basler Raum hin. Südwestlich sieht man die runden Rücken des Schweizer Jura. Die Weite, die über Basel und der „burgundischen Pforte" – in der Region „Belforter Loch" genannt – liegt, erlaubt mittelmeerischer Luft den Zugang.

Die Herkunft des Namens Rötteln ist nicht ganz geklärt; vermutlich wurde er von dem Wappenbild eines „roten Leuen", das heißt Löwen, abgeleitet. Die Ruine teilt sich in Vor- und Oberburg. Der Eingang zur Vorburg führt heute von der Bastion „Kapf" durch das untere Burgtor, einst durch eine Zugbrücke und ein Torhaus geschützt. Der frühere Zugang lag jedoch am oberen Ende der Vorburg – ebenfalls durch eine Zugbrücke mit Vorwerk geschützt und überdies durch den höher liegenden Wehrgang der Oberburg leicht zu verteidigen. Seitwärts des Haupttores stand die „Landschaft", ein massiver

So präsentiert sich heute die Ruine von Burg und Schloß Rötteln.

Rundturm. Seinen Namen hatte er durch die Verpflichtung der waffenfähigen Bevölkerung, in Kriegszeiten die Verteidigung der Burg zu verstärken, erhalten. In den von sechs Türmen und der hohen Wehrmauer eingeschlossenen Vorburg befanden sich Ökonomiegebäude, Stallungen, Scheuern, Speicher usw., darunter auch ein Wirtshaus. Das beherrschende und auch wichtigste Gebäude war jedoch die Landschreiberei, das heißt die Hauptstelle der Verwaltung mit dem Archiv, das im Bauernkrieg 1525 vernichtet wurde.

Über die steile Zugbrücke und durch den Torbau mit der Wächterstube erreichte man die Oberburg. Dieser Burgteil umfaßte zwar nicht einmal die Hälfte des Areals der Vorburg, war aber enger bebaut und Wohnsitz des Burgherren und des Burgvogtes. Der älteste Teil der Oberburg war der massive Bergfried aus schönen Buckelquadern mit dem Namen ,,grüner Turm"; er wurde gelegentlich auch als Gefängnis benutzt und besaß vier Stockwerke. Der Eingang war wie üblich aus Verteidigungsgründen in halber Höhe. Anschließend an diesen Turm befand sich die Wohnung des Burgvogtes. Die Südost- und damit Aussichtsseite, dem Wiesental zu gelegen, nahm der ,,alte Bau" ein, der um 1360 entstanden war; sein Untergeschoß umfaßte den großen Weinkeller, darüber lagen der Rittersaal und die Wohnungen des Burgherren. Schutz gab der Oberburg der viereckige ,,Giller", ein mächtiger Turm mit überaus dicken Mauern. Er diente zeitweise als ,,Malefizgefängnis", das heißt, in ihm waren Verbrecher und Übeltäter eingekerkert, während sich im Kellergewölbe der alten Kanzlei, anschließend an den ,,grünen Turm", das ,,Hexengewölbe" befand.

Ein Geschlecht der freien Herren von Rötteln wurde erstmalig 1103 genannt; es wird angenommen, daß schon damals eine Burg oberhalb des Dorfes und der Kirche von Röttelnweiler bestand. Erwähnt in Urkunden finden wir die Burg jedoch erstmalig im Jahre 1259. Im Jahre 1315 starb das Geschlecht derer von Rötteln aus, und die Nachfolge übernahmen die mit ihnen verwandten Herren von Hachberg-Sausenburg, die sich fortan Markgrafen von Hachberg, Herren zu Rötteln und Sausenburg nannten. 1333 wurde die Burg durch die Basler besetzt, die Belagerung aber abgebrochen, da sich die beiden Parteien einigen konnten. Ein unerwartetes Naturereignis war das große Erdbeben des Jahres 1356, das nahezu die ganze Stadt Basel in Trümmer legte; es richtete auch auf der Burg Rötteln, wie bei vielen anderen Burgen, erheblichen Schaden an. 1428 starb Markgraf Rudolf III. In seine Grablege, dem Kirchlein zu Röttelnweiler, ist er mit seiner Frau, der Gräfin Anna von Freiburg, beigesetzt worden; seine Skulptur zeigt ihn als ritterlichen Herrn in der Modetracht seiner Zeit. Durch die Lage der Burg, als ,,Nahtstelle" zwischen Österreich, der schweizerischen Eidgenossenschaft und den Städten und als Verbindung zum Herzogtum Burgund, war ihre Zugehörigkeit vielfachem Wechsel unterworfen und überdies durch Verträge bündnispolitischer und familiärer Art nicht immer eindeutig.

Im Jahre 1503 erfolgte der Übergang der Herrschaft an Baden-Durlach. Im Bauernkrieg 1525 nahmen die Aufständischen die Burg ein, zerstörten sie jedoch nicht. Danach, im Dreißigjährigen Krieg, stritten sich Kaiserliche und Schweden um den Besitz der Burg. Pest und Hunger wüteten im Lande. 1638 nahm Herzog Bernhard von Sachsen-Weimar Burg Rötteln im Sturm. Es ist vermeldet, daß die Burg unbewohnbar und ,,arg mitgenommen" war. Kaum waren die ärgsten Schäden

Unsere Rekonstruktion zeigt die Burg Rötteln, wie sie um 1600 ausgesehen hat. Von der ausgedehnten Vorburg ist auf unserer Zeichnung nur ein kleines Stück zu sehen (Landschreiberei und Tor). Sie bot Platz für Scheuern, Ställe und Gesindehäuser, aber auch für ein Wirtshaus für etwaige Besucher der Verwaltung. Diese und das Archiv befanden sich in der Landschreiberei, dem stattlichsten Haus der Vorburg. Der Haupteingang zur Vorburg befand sich am oberen Ende der Wehranlage. Der Eingang zur Oberburg war durch den Turm „Giller" geschützt. In der Oberburg stand auch der Palas mit den Wohnräumen des Markgrafen und dessen Familie. Höchster Punkt der Burg war der „grüne Turm".

behoben und die Burg wieder instand gesetzt, wurde sie von den in das Oberrheingebiet eingefallenen Franzosen unter dem Befehl von Marschall Crequi 1678 unter Beschuß genommen – jedoch gelang es diesen nicht, die Burg zu besetzen. Da die Burg eine kaiserliche Besatzung hatte, erschienen die Franzosen erneut. Nach einer Beschießung, die drei Tage lang dauerte, mußten die Besatzer der Burg sich ergeben. In der Nacht vom 29. auf den 30. Juni 1678 wurden Burg und Vorburg niedergebrannt. Dasselbe Schicksal erlitten das Schloß in Badenweiler, die Sausenburg und das Schloß in Brombach, zusammen mit vielen anderen Burgen und Schlössern, die am Rande des Schwarzwaldes gelegen waren. Seit dieser Zeit liegt Rötteln in Trümmern – doch wird die Ruine heute renoviert und instand gehalten durch die Mitglieder des Röttelnbundes in Haagen.

SCHENKENBURG

Vom eigenen Herrn belagert und zerstört
Die Schenkenburg im oberen Kinzigtal war klein, aber ungewöhnlich gut gesichert

Die Schenkenburg war zwar nur eine relativ kleine Burg, aber nach allen Seiten ungewöhnlich gut abgesichert. Ein 15 Meter tiefer und 18 Meter breiter Halsgraben trennte die Burganlage von einem höher liegenden Bergrücken. Ein dreifacher Mauerring schützte sie zudem von der Talseite her. Vorgelagerte kleinere Sperren, die bis hinunter zur Straße reichten, kamen noch dazu. Die unterste lag acht Meter senkrecht über der Straße, die außerdem vom Burgfels und der Kinzig so eingezwängt war, daß hier nicht einmal eine Maus ungesehen passieren konnte.

Diese Burg, einst ein Geroldseckisches Lehen, erwarb um 1500 ein Graf von Fürstenberg, der schon zuvor Herrschaftsansprüche hatte. Für die Grafen von Fürstenberg, die in Wolfach und Hausach umfangreichen Besitz hatten und auch im nahegelegenen Kloster Wittichen die Klostervogtei zu eigen hatten, war die Schenkenburg eine wichtige Erwerbung, lag sie doch wie ein Sperriegel im oberen Kinzigtal und konnte somit den Zugang zum fürstenbergischen Besitz absichern. Als Lehensträger setzten die Fürstenberger den Herrn von Weitingen auf die Burg, doch dieser fühlte sich wohl selbst als Burgherr. Übergriffe, die sich aus dieser Einstellung ergaben, verursachten Verdruß und erregten den Zorn des Lehensherrn. Da sich die Mißhelligkeiten

Der Palas, von der Innenseite der Ruine aus gesehen.

Auf unserer Rekonstruktion ist die „sturmfreie" Lage der Burg gut erkennbar. Drei Mauerringe waren wohl nicht so leicht zu knacken, zudem befand sich auf der Stirnseite des großen Zwingers noch ein kleinerer, separater Graben. Der große und tiefe Halsgraben liegt vor dem Palas und dem Bergfried, der Gegenhang ist auf der Zeichnung angedeutet. Gebäude, die im großen Zwinger standen, sind nicht eingezeichnet.

nicht beilegen ließen, zog der Fürstenberger mit Roß und Reisigen vor seine eigene Burg, belagerte und zerstörte sie. Seit dieser Zeit wird die Burg als „Burgstall", das heißt als nicht mehr bewohnbare Burg, bezeichnet.

Die Grundfläche der Kernburg ist bescheiden. Der Palas hatte nur eine Grundfläche von circa sechs mal sechs Meter, dafür aber eine stolze Höhe von 16 Meter, mit fünf Geschossen. Wer diese Palasmauer in ihrer ganzen stolzen Pracht bewundern möchte, der sollte von der Sohle des Halsgrabens einige

Meter zur Gegenhöhe hinaufsteigen. Man sieht von dort aus die schön behauenen Buckelquadern der Eckmauer und die großen Fensteröffnungen. Dahinter, auf der Innenseite, waren früher steinerne Sitzbänke, von denen aus man die Straße an der Flußschleife gut beobachten konnte. Im Obergeschoß sind die Laibungen der schmalen, hohen Fenster besonders sorgsam gearbeitet, ein Zeichen, daß die Burgherren nicht nur die Mauerstärke ihrer Burg im Auge hatten, sondern mit solchen Ausschmückungen ihren sozialen Stand dokumentieren wollten.

Die nördliche Wand des Palas war zugleich Wand des Bergfrieds. In den Abmessungen zwar etwas bescheidener, stand dieser aber genau wie der Palas auf der äußersten Kante des Burgfelsens, steil und hoch über dem Halsgraben. Seinen Zugang hatte er vom Palas aus. Leider ist er heute bis auf den Turmstumpf verschwunden. Nur einige schöne Quadern mit Randschlag am Turmsockel sind von seiner einst stolzen Höhe übriggeblieben. Die Burgfläche, fast ein Dreieck, verengt sich nach hinten. Ein oder zwei kleinere Gebäude könnten hier gerade noch Platz gehabt haben. Alle weiteren Gebäude – Ställe, Schmiede, und was sonst noch zu einer Burg gehörte – dürften in dem großen Burgzwinger gestanden haben, der heute zu einer kleinen Anlage ausgebaut ist. Mauerreste sind durch die Umgestaltung wohl verlorengegangen. Das einstige Burgtor war vermutlich in der großen Mauerbresche; dahinterliegende Mauerzüge könnten Überreste eines früheren Wacht- oder Torhauses sein.

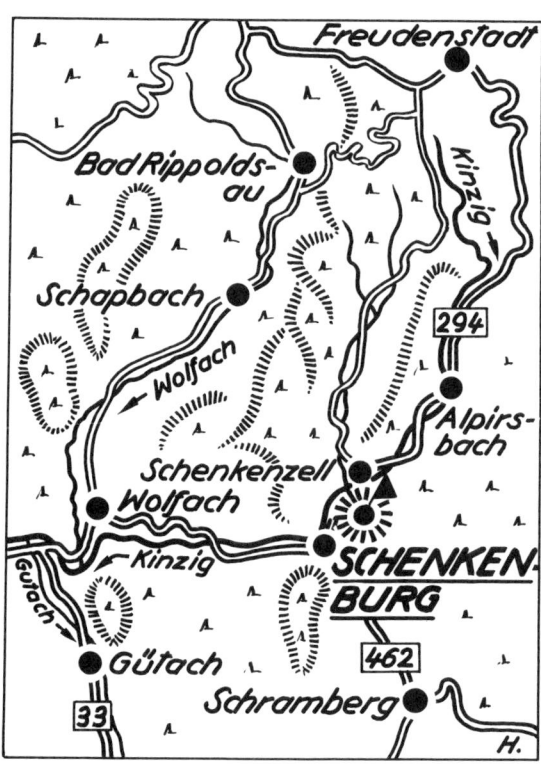

LICHTENECK

6000 Mann zwangen die Lichtenecker in die Knie

Die Grafen von Nimburg erbauten die Festung an der Elz um das Jahr 1200 – 1675 weitgehend zerstört

Am nördlichen Ende der Freiburger Bucht begegnen sich die Hügel des Vorgebirges mit den Ausläufern des Kaiserstuhles. Nur knappe zwei Kilometer mißt die Enge des „Trichters", gerade genug Raum für die Autobahn und Bundesstraße, für die Bahn und das Flüßchen Elz. Undenkbar, daß ein solch strategischer Punkt ohne eine Befestigung bleiben könnte. Die Grafen von Nimburg erkannten diese Vorteile, und sie waren es, die um das Jahr 1200 hier eine Burg erbauten.

Die Burgruine Lichteneck, hell aus den goldgrünen Rebhängen des Dorfes Hecklingen herausleuchtend, liegt auf einer kleinen vorgeschobenen Bergkuppe etwa 40 Meter über Dorf und Rheinebene. Von welcher Seite man auch kommen mag, sie ist nicht zu übersehen. Von der Bundesstraße aus erreicht man die Ruine über eine Zufahrt zu den darüberliegenden Rebhängen. Am Grillplatz, im Vorfeld der Burg, parken wir. Das künstlich planierte Plateau weist durch geringe Mauerreste und eine halbmondförmige halbe Kellerwand darauf hin, daß wir uns bereits in der Vorburg befinden. Diese ist vom Bergrücken überhöht, und die Burg steht noch eine Etage tiefer. Konnte sich auf diesem Bergrücken ein Feind festsetzen, so war er in gleicher Höhe mit der Oberkante der Wehrmauer und hatte die Burg sozusagen auf dem „Präsentierteller" vor sich liegen.

Als die Lichteneck erbaut wurde, spielte dies noch keine so große Rolle. Pulvergeschütze gab es damals noch nicht, und gegen die „Bliden oder Antwerchen", wie man die Schleudergeschütze nannte, schützte man sich durch eine extra dicke Mauer. Doch das Dach war verwundbar, ein Brocken von circa 40 bis

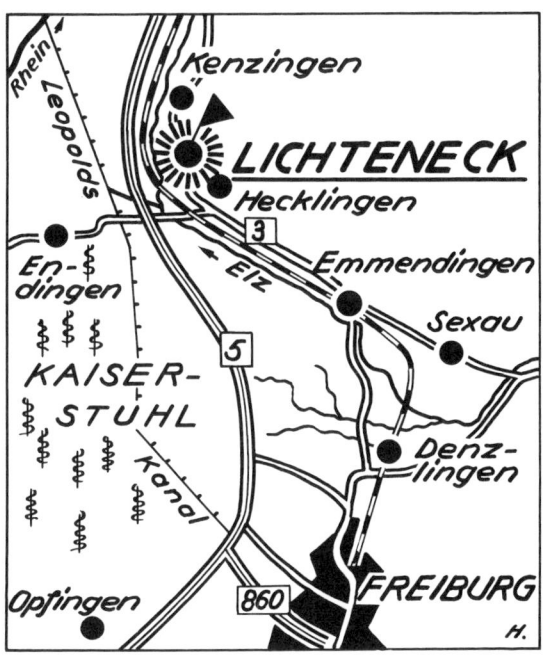

Knapp zwei Kilometer breit ist das Elztal an der Stelle, an der um 1200 die erste Burg Lichteneck entstand. Unsere Rekonstruktion zeigt die Burg mit der „Wallzunge", die zur Zugbrücke führt. Die bis zu drei Meter dicke Burgmauer ist noch weitgehend erhalten.

50 Kilogramm konnte einen Dachstuhl zerschlagen; Feuerpfeile und brennende Pechkörbe nachgeschickt, setzten dann eine Burg schnell in Brand.

Ein tiefer, schön ausgemauerter Graben hielt den Feind auf Distanz. Überbrückt war er durch eine Zugbrücke, deren Mittelpfeiler noch heute steht. Erreichen konnte man diese aber nur über eine „Wallzunge", die im Schußbereich der Wehrmauer lag. Diese schmale Zunge ließ einem etwaigen Angreifer keinen Spielraum. So schön und stolz sich die Ruine von außen gibt, so unbefriedigt sind wir vom Innern dieses Mauerklotzes. Hier ein aufgerissenes Kellergewölbe, da ein schönes großes Fenster mit seitlichen Sitzbänken, dort die Andeutung eines „Wendelsteines", der wohl einst zu den oberen Gemächern geführt haben dürfte. Die Ringmauer der Burg hat die beachtliche Stärke bis zu drei Meter und ist, abgesehen von der Nordwestecke, noch in der fast ursprünglichen Höhe erhalten. Viel

Immer noch beeindruckend ist die hohe Burgmauer der Ruine Lichteneck.

Gestrüpp und Geranke; auch der Abgang von der Vorburg in den Graben ist kaum noch begehbar, und die schön gemauerten Grabenwände, soweit nicht eingestürzt, sind vom Efeu überwuchert.

Erste urkundliche Nachricht von der Lichteneck erhalten wir im Jahre 1316. Über eine Erbtochter kam die Burg an den Pfalzgrafen Götz von Tübingen, dessen Sohn sie dem Grafen Egeno von Freiburg überlassen mußte, sie aber als Lehen wieder zurückbekam.

Doch schon 1639 starb das Geschlecht der Pfalzgrafen von Tübingen-Lichteneck in der männlichen Linie aus. Über die Tochter des letzten Pfalzgrafen erhielt Graf von Solm-Neuburg die Burg als Morgengabe, mußte sie aber bald wieder verkaufen. In der Folge wechselten die Burg und das zugehörige Dorf oft ihren Besitzer. Im Bauernkrieg konnte die Burg einer Zerstörung entgehen, doch im Dreißigjährigen Krieg setzten sich Schweden und Kaiserliche abwechselnd auf ihr fest. Dieses Hin und Her dürfte wohl nicht immer reibungslos abgegangen sein. Als jedoch am 20. April 1675 der französische General Vauban mit 6000 Mann vor die Burg zog, um die kaiserliche Besatzung auszunehmen, entschied sich ihr Schicksal endgültig. Nach einer heftigen Kanonade mußte sich die tapfere Besatzung ergeben, da ihr die Munition ausgegangen war. Die Burg wurde angezündet, und in der Südostecke wurde eine Mine gelegt, die die weithin sichtbare große Bresche in die Mauer riß. 1774 erwarb Graf Hennin Burg und Dorf und erbaute sich unter den Rebhügeln ein hübsches Schlößchen im Zeitstil. Heute sind Ruine und Schlößchen im Besitze der Gemeinde Hecklingen.

NECKAR · DONAU · BAAR

HERRENZIMMERN

Vor dem Kaiser zog der Graf den Hut nicht

Die Geschichte des Geschlechtes und der Burg Herrenzimmern in der Nähe von Rottweil – Wasserleitung über die Brücke

Das Geschlecht der Herren von Zimmern wäre heute wohl nur wenigen Interessierten bekannt, hätte nicht ein Angehöriger dieser Familie die berühmte „Historia", genannt „Zimmersche Chronik", geschrieben. Dies war Graf Froben Christoph von Zimmern, und er lieferte eine lebendige, reichhaltige Geschichte des Geschlechtes, zugleich eine der ergiebigsten zeitgenössischen Quellen der schwäbischen Geschichte zwischen Mittelalter und Neuzeit.

Wer waren diese Herren von Zimmern? Ihre Stammburg Herrenzimmern stand auf einem Bergrücken im schluchtartigen Schloßbachtal zwischen dem Dorf Herrenzimmern und Talhausen am Neckar, etwa acht Kilometer von Rottweil entfernt. Das hochadelige Geschlecht derer von Zimmern läßt sich bis in das früheste Mittelalter zurückverfolgen. Das heutige Dorf Herrenzimmern oberhalb der Stammburg war damals ein kleines Städtchen mit Mauer und Toren, verlor aber später, als die Zimmern nach Meßkirch zogen, sein Stadtrecht.

Die stolze Burg Herrenzimmern lag gut geschützt: auf beiden Seiten durch tief eingeschnittene steile Bachtäler, dem Bergrücken zu durch einen breiten, in den Fels eingehauenen Graben. Dieser war überbrückt durch eine hohe hölzerne Brücke, die bei Gefahr abgeworfen werden konnte. Diese Brücke trug auch eine Wasserleitung aus Deicheln, eine Wasserversorgung, wie sie sonst keine Burg hatte. Es wird auch berichtet, daß die Stadtbürger von Herrenzimmern bei Zwistigkeiten mit ihren Herren diesen gelegentlich das Wasser sperrten!

Burg Herrenzimmern hatte in einer „obe-

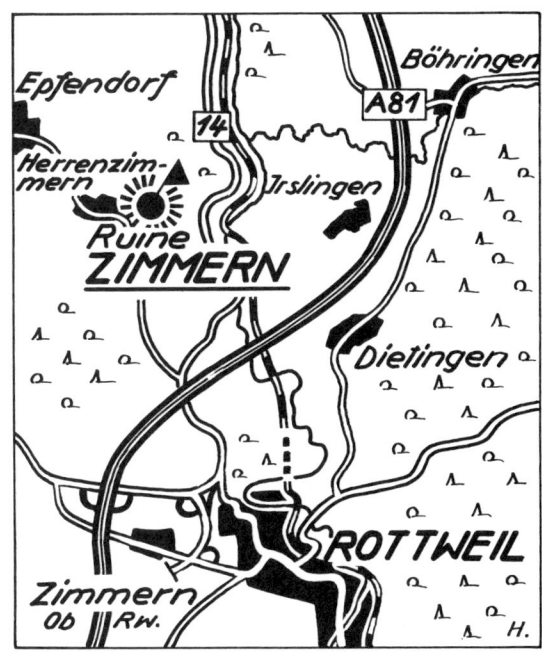

Unsere Zeichnung zeigt die schöne Burganlage, die, auf einem Felsen stehend, treppenartig angelegt ist. Das kleine Häuschen in der Mitte der Zeichnung, das „Schloßhäusle", war noch bis um das Jahr 1880 herum intakt und auch bewohnt. Die Statue des Ritters stand einst – nach Aussagen der Bürger von Herrenzimmern – vor dem Eingang der Burg. Heute steht sie in der Bruderschaftsgasse in Rottweil.

ren Burg" eine Vorgängerin, doch weiß man nicht genau, ob darunter „ein festes Haus" im Städtchen oder die gegen Talhausen liegende heutige Burgstelle Nußburg zu verstehen war. Da von einer Zerstörung im Jahr 1078 berichtet wird, könnte es die damalige Nußburg gewesen sein. Eine andere Zerstörung 1312 betraf aber mit Sicherheit die Burg Herrenzimmern.

Die Burg war ein imposantes Bauwerk. Die einzelnen Stockwerke des Herrenhauses waren durch den Treppenturm miteinander verbunden. Dem Berg zu waren die Mauern besonders verstärkt, und der Eingang wurde durch Tor und Vorwerk geschützt. Um das Burgareal zog sich die Burgmauer, verstärkt durch einen Zwinger. Im Areal befanden sich neben dem Herrenhaus auch die Gesinde-Wohnungen und am Ende des Burg-Platzes die Kapelle.

Im Jahre 1354 kam die Herrschaft Meßkirch durch Heirat in die Hände der Zimmern, und im Jahr 1400 kam noch die Burg Wildenstein im Donautal dazu. Die Herren wechselten nun ihr Domizil und bauten sich in Meßkirch ihr Schloß. Burg Herrenzimmern

Blick in die Kernburg: Umfangreiche Restaurierungsarbeiten verhindern den völligen Verfall der schönen Anlage.

wurde zwar noch immer von Angehörigen des Geschlechtes bewohnt, 1595 aber an die Reichsstadt Rottweil verkauft. Noch vor 120 bis 150 Jahren soll das Dach des Herrenhauses einigermaßen intakt gewesen sein, dann aber verfiel die Burg sehr schnell. Lediglich das „Schloßhäusle", einst auf den Mauern eines Gesindehauses erstellt, blieb noch bis in unser Jahrhundert erhalten.

Die Herren von Zimmern waren hochangesehene Leute. Glieder des Geschlechtes waren Landhofmeister, Hofrichter in Rottweil oder Räte im Reichskammergericht, andere saßen in den Domkapiteln zu Speyer oder Straßburg als geistliche Würdenträger. Graf Froben Christoph, der Verfasser der Chronik, hatte Universitätsbildung.

Die Herren von Zimmern gaben viel auf Stand und Namen. Sie bezeichneten sich selbst als edelfreie Herren, frei seit „unvordenklichen" Zeiten. Ein Beispiel ihrer Selbsteinschätzung ist in ihrer Chronik vermerkt: König Sigismund, 1414 vom Konstanzer Konzil kommend, wollte den Grafen von Werdenberg in Sigmaringen besuchen (damals war Sigmaringen noch nicht zollerisch). Des Königs Weg führte über Meßkirch. Graf Johann hatte sich nun eine Bank nahe dem Tor aufstellen lassen, an dem der König vorbei mußte. Dieser kam und wunderte sich sehr über den Mann auf der Bank, der ihm keinerlei Achtung erwies und sogar seinen Hut aufbehielt. Doch merkte er, daß dieses Gebaren wohl seinen Grund haben dürfte, und ließ den unhöflichen Sitzer zu sich kommen. Graf Johann kam, machte seine Reverenz, zog tief den Hut und entschuldigte sich untertänigst und sagte: „daß solches nit zur Verachtung oder Verkleinerung seiner Majestät geschähen wäre, er hätte damit nur kund tun wollen, daß er ein freier Herr und weder an seine Majestät noch an sonst jemanden mit Pflichten oder Lehen gebunden wäre. Auch habe er Briefe und Urkunden darüber, die schon von früheren Kaisern aus Gnaden und Verdiensten ohne alle Verpflichtungen gegeben und verliehen worden wären." König Sigismund wunderte sich nicht wenig, bot ihm aber seine Gunst an, wofür Herr Johann untertänigst Dank sagte.

Das 1538 in den Grafenstand erhobene Geschlecht starb 1595 in der männlichen Linie aus.

NECKARBURG

Die Neckarburg wurde 793 erstmals erwähnt
Eine Ruine in landschaftlich reizvoller Lage nördlich von Rottweil

Der junge Neckar der Vorzeit, mit seinem Zufluß der wasserreichen Eschach, mußte sich hinter dem heutigen Rottweil durch den Haupt-Muschelkalk seinen Lauf nagen. Das Ergebnis war eine tiefe, enge Schlucht. Doch ein harter, steinerner Querriegel stellte sich dem Wasser in den Weg. Er gab nicht nach, und so mußte der Fluß das Hindernis umgehen. Ergebnis: zwei bildschöne Umlaufberge. Dann aber kürzte der Fluß eine Schlinge ab, so daß heute nur noch ein Berg vom Neckar umflossen wird.

Wandern wir von der höher liegenden, fruchtbaren Ebene in den Talkessel hinunter, so sehen wir hinter dem wie ausgezirkelten Talgrund, mit dem wacholderbewachsenen ,,Bergle" in der Mitte, die steilen Mauerzähne der einstigen Neckarburg aus dem Wald herausragen.

Was wir zunächst erblicken, sind die Ruinen von nur einer Burg. Genaugenommen war es schon mehr ein Schloß, wohl von Mauern geschützt, aber ohne die Wehrhaftigkeit einer Burg. Die zweite, hintere Burg, von der nur noch geringe Mauerreste vorhanden sind, lag auf einem der beiden Felsplateaus, die, von der vorderen Burg aus gesehen, in Richtung des Kirchleins liegen.

Kommen wir vom Gutshof über die Eisenbahnbrücke den Burgweg herauf, überqueren wir zuerst einen sehr tief eingeschnittenen und steilen Quergraben. Wir dürfen annehmen, daß er von einer Holzbrücke überspannt war, die man bei Not und Gefahr leicht abwerfen konnte. Gleich hinter dem Graben, links des Weges, erkennen wir niedere Mauerzüge. Rechts in der Höhe bröckeln Teile in der Umfassungsmauer, die dicht an die steilen ,,Zähne" des vorderen Schlosses herangeht.

Gehen wir weiter zum Scheitelpunkt des Burgweges, so sehen wir rechts zwei ,,Felsstotzen", die über das Plateau hinausragen. Hier standen die Gebäude der hinteren Burg. Zwischen den beiden ,,Stotzen" ist ein kleiner Burggraben. Es ist anzunehmen, daß auf dem größeren Felsen die eigentliche Burg stand, der eine Vorburg vorgelagert war.

Viel Raum war hier nicht. Der hintere Felsen mißt nur etwa fünf mal sieben Meter. Es kann also nur eine Turmburg gewesen sein, die hier Platz fand. Mit der Vorburg war sie wohl durch eine Zugbrücke verbunden. Die Turmburg war durch einen tiefen Graben mit halbrundförmigem Wall sehr gut nach hinten abgesichert.

Nach dem Burgweg zu ist ein eingeschlossener Burgzwinger mit einem Gebäude (Stallung, Schmiede?) anzunehmen. Hier ist etwas mehr Raum. Aus dem Felsen ist eine Wand

177

herausgehauen, das Areal ist eingeebnet. Hier war auch für den Festungserbauer die Möglichkeit gegeben, den Burgweg nach beiden Seiten durch Tore abzusichern.

Der Burgweg fällt nun leicht ab, zieht sich seitlich an dem steilen Burgwall hin, um dann den großen, sehr tief eingefrästen hinteren Graben zu durchqueren. Der Übergang ist heute aufgeschüttet, aber auch hier dürfte eine Brücke gewesen sein.

Wir kommen jetzt zum Sporn des Umlaufberges. Als landschaftlichen Höhepunkt empfinden wir das auf dem Wiesengelände stehende Kirchlein, beschützt und überragt von herrlichen alten Bäumen. Sehen wir das einfache Gotteshaus heute als Kapelle, so war es doch früher eine Pfarrkirche für den hier einst liegenden Weiler. Die Kirche hatte bedeutende Gerechtsame, 1275 wurde sie erstmals genannt und war dem heiligen Michael geweiht. Um 1700 wurde sie unter Abt Michael Glükher vom Kloster St. Georgen in Villingen erneuert.

Rechts, auf dem weiten Wiesengelände, anschließend an den tiefen Außengraben, fällt uns ein etwas erhöhtes Plateau auf; hier stand vermutlich ein dem Weiler oder der Burg zugehörendes größeres Gebäude.

Erstmals erwähnt wurde die Neckarburg in einer sanktgallischen Urkunde (793), nach der der Baargraf Berthold aus dem alten Geschlecht der Birchtilonen die Burg nebst vielen Dörfern und Weilern unter den Schutz des mächtigen Klosters stellte. Als Lehen bekam er die Besitztümer wieder zurück. Aus dem 11. bis 13. Jahrhundert sind uns Ortsadelige benannt, die auf der Burg ihren Sitz hatten.

Doch nun hören wir von zwei Burgen, die unter verschiedener Herrschaft waren. Es saßen hier die Hohenberger Grafen und die Herren von Rüti. 1381 verkaufte Graf Ludwig III. von Hohenberg seinen Burgteil mit noch anderen Besitztümern an Herzog Leopold von Österreich. Dann wurde ein Burgteil Lehen der Grafen von Sulz und der Herren von Neuneck, die ihre Stammburg im Glatt-Tal hatten.

Im Jahr 1387 vereinbarten die Sulzer Grafen mit den Herren von Rüti, daß diese ihnen zum Mauerbau Steine von ihrem Burgstall geben sollten. Dies ist eine interessante Nachricht, denn es geht daraus hervor, daß die frühmittelalterliche Burg, vermutlich also die Turmburg, bereits nicht mehr bewohnbar war (Burgstall ist mit Ruine gleichzusetzen).

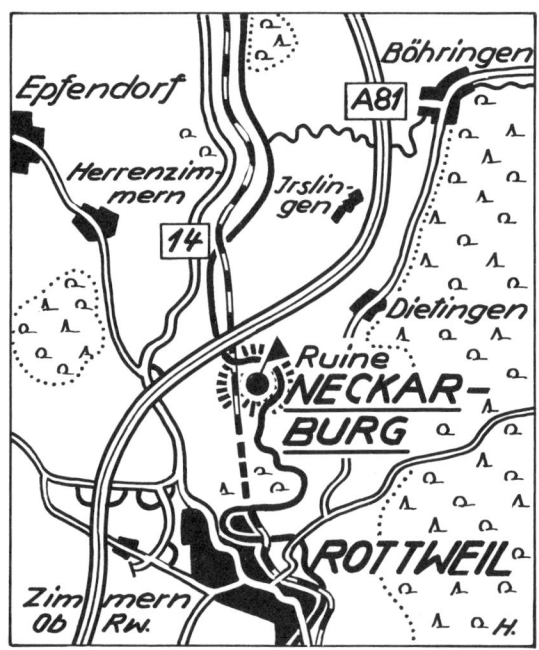

Da die Mauern unter den großen Fenstern durchbrachen, ▷ blieben nur hohe Mauerzähne erhalten. Unser Foto, aufgenommen im Hof des Schlosses, vermittelt einen Eindruck davon. Auch die Bodendecke des einstigen Kellers ist eingebrochen.

Auf der linken Seite ist die alte Neckarburg zu sehen. Von der Hand des berühmten Malers Hans Baldung Grien kennt man eine Darstellung, die er mit „Neckarburg" bezeichnet hat. Dieser Künstler ist durch seine sehr wirklichkeitsgetreuen Wiedergaben bekannt, so daß wir hier ein genaues Bild der ehemaligen alten Burg vermuten dürfen. Die Darstellung des neuen Schlosses verdanken wir dem Entgegenkommen des heutigen Besitzers, Herrn Grafen von Bissingen-Nippenburg. Es wurde Ende des 16. Jahrhunderts errichtet, als die Rottweiler Familie Spreter von Kreidenstein die Neckarburg besaß. Rechts unten: deren Wappen.

Es ist anzunehmen, daß nun die ganzen Baulichkeiten der hinteren Burg abgebrochen wurden und zum Bau beziehungsweise Ausbau der vorderen Burg Verwendung fanden. Diese wurde dann in Form eines repräsentativen Schlosses neu aufgebaut oder umgebaut. Dies geht aus der ganzen Konzeption hervor. Für eine Burg waren die Mauern viel zu schwach und die Fensteröffnungen zu groß, auch fehlte ein wehrhafter Turm, der Bergfried.

Die Zeit der Ritterherrlichkeit ging damals zu Ende. Die Burgherren bauten sich an Stelle ihrer unbequemen Burgen, die meist auch schon durch Kriege, Fehden und den Zahn der Zeit angeschlagen waren, feudale Schlösser. Gegen die später immer mehr aufkommenden Feuerwaffen konnten sich die Burgen nicht mehr halten. So entstand nun das neue Schloß Neckarburg, errichtet durch die Rottweiler Familie Spreter von Kreidenstein.

Aber schon bald war auch dieses Bergschloß nur noch zum Teil bewohnbar. Vermutlich war ein Brand durch Blitzschlag die Ursache.

Im 18. Jahrhundert kam das Schloßgut an das Kloster St. Georgen in Villingen. Abt Michael Glükher ließ die Kirche und den im Tal gelegenen Gutshof erneuern. Aus dieser Zeit stammt auch das Wappen über der Tür des Gutes (1711). Im Jahr 1836 kamen Berg, Burg, Gutshof und Areal in den Besitz des gräflichen Hauses Bissingen.

Heute ist das ganze Areal der Burgen stark verwachsen, so daß man eigentlich nur im Winter einen gesamten Überblick bekommen kann. Die beiden äußeren Burggräben sind dort, wo der Burgweg sie kreuzt, aufgefüllt. Der Stadtjugendring Rottweil hat sich die Aufgabe gestellt, die Ruine zu sanieren. Viele Kubikmeter Schutt wurden hinweggekarrt, Bäume wurden gefällt und Büsche entfernt, um so wieder eine freie Durchsicht zu erhalten. Die Mauerzähne wurden teilweise verputzt, lose Steine befestigt und noch bestehende Fensterbögen wieder instand gesetzt. – Eine immense Arbeit, der Dank und Anerkennung gebührt.

Eine Wanderung zur Neckarburg lohnt immer, schon wegen der einmaligen Umgebung und der geologischen Sonderheiten der zwei wacholderbestandenen Umlaufberge. Denn so schön und harmonisch, wie wir hier die Natur noch erleben dürfen, finden wir sie nicht alle Tage in unserem doch so schönen Südwestdeutschland.

URSLINGEN

Der letzte Burgherr verstarb als „Bettelherzog"

Die Stammburg der Urslinger, bedeutendes Uradels-Geschlecht aus Schwaben – Schlichem-Klamm und Ruine Urslingen, zwei Höhepunkte einer Wanderung

Sie sind wenig bekannt, die Schlichem-Klamm und die nahegelegene Burgruine der Herren von Urslingen, einem einst bedeutenden Hochadelsgeschlecht zu Zeiten Barbarossas. Das kleine Flüßchen Schlichem entspringt unweit des Lochen-Hörnles, durchfließt den Stausee von Schömberg und gerät nach trägem, ruhigem Dahinfließen urplötzlich in den Sog des etwa 60 Meter tiefer fließenden Neckars. Nur etwa drei Kilometer vor seiner Einmündung hat dieses „Zahmwasser" einen Felsdurchbruch zu bewältigen gehabt, dessen Spuren sich heute sehen lassen können. Zwar mißt diese Durchbruchstrecke nur etwa 600 Meter, doch ist diese Klamm durchaus mit Teilstrecken der Wutach im Schwarzwald vergleichbar. Senkrechte Felsen, die manchmal kaum Raum für den schmalen Pfad lassen, und eine Geröllhalde engen den Durchbruch ein. Die Schlichem rauscht wild über kleine Katarakte und Felsstufen und bildet Gumpen und „Kolke". Nach Gewittern mit plötzlichen starken Regengüssen ist diese Klamm nicht mehr passierbar. In der Höhe des Butschhofes indes hat sich das Flüßchen ausgetobt und fließt wieder gemächlich dem etwa drei Kilometer entfernten Neckar zu.

Am Ausgang der Klamm, beim Butschhof, ist ein schöner Berg nicht zu übersehen. Vor undenklichen Zeiten hat ihn die Schlichem aus dem Berghang herausgewaschen und freigestellt. Auf diesem isoliert stehenden Berg hatten die edelfreien Herren von Urslingen (oder Irslingen) ihre Burg gebaut. Die Lage war gut gewählt, da der Berghang nach allen Seiten steil abfiel. Nach Westen verwehrte ein künstlicher tiefer Graben den Zugang. Ein Turm und ein Teil der Zwingermauer, die

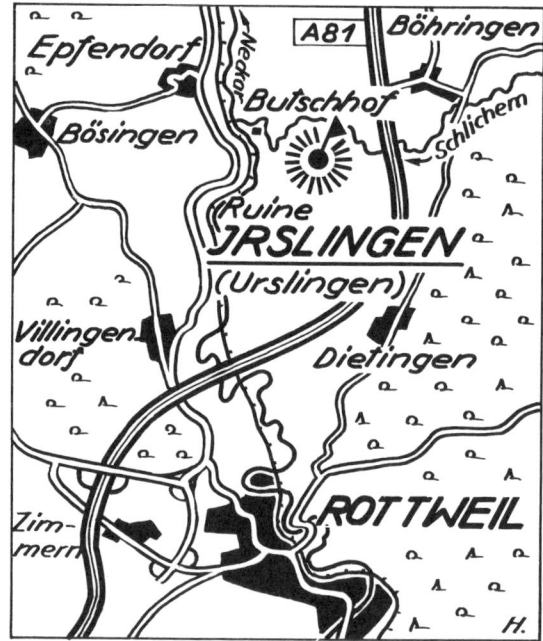

Teilweise wiederhergestellt wurde die Vorburg, die jetzt als gemütlicher Vesperplatz dient.

einen Eintritt verwehrten, sind heute restauriert, und der einst dahinterliegende Zwinger ist zu einem gemütlichen Vesperplatz umfunktioniert worden. Wie hier der Zugang zur Burg ausgesehen hat, ist nicht eindeutig feststellbar. Er kann im Burggraben gelegen haben oder über eine hohe Brücke vom Ende des Walles aus in die Burg geführt haben. Anzunehmen ist jedoch, daß er an seinem offenen Ende durch eine Mauer abgeriegelt war. Von dem einstigen Burgzwinger geht es ohne einen „gemachten" Weg kurz, aber steil auf die höher liegende Burgfläche, die durch Fundamentmauern und Aushebungen erkennbar ist. Durch eine kleine Senke erreichen wir ein weiteres Plateau, das uns durch Mauerreste zeigt, daß hier ein Gebäude gestanden haben muß. Hier oben wuchern Baum und Strauch, wie es ihnen beliebt. Mit einem Blick Richtung Butschhof sehen wir, daß hier der Hang nahezu senkrecht abfällt. Nach Osten senkt sich der Bergrücken allmählich; hier könnten Wirtschaftsgebäude gestanden haben, doch der Wildwuchs verwehrt uns eine nähere Besichtigung.

Die Herren von Talhausen sollen 1099 die Burg erbaut haben. Aus dem Jahre 1137 hören wir vom hochadligen Geschlecht der Urslinger, die hier ihre Stammburg hatten. Konrad von Urslingen wurde unter Kaiser Barbarossa für seine Verdienste zum Grafen von Assisi und zum Herzog von Spoleto erhoben und unter Kaiser Heinrich VI. Reichsverweser von Sizilien. Seine Gemahlin erzog

Unsere Rekonstruktion zeigt die Lage der Burg auf dem Umlaufberg. Rechts Wall und Graben und der – heute wieder teilweise neu aufgerichtete – Turm. Höher lagen die beiden Gebäude, die durch eine kleine Senke getrennt waren. In Irslingen steht ein hübscher Narrenbrunnen, auf dem die Figur des Herzoges von Urslingen zu bewundern ist.

den späteren Kaiser Friedrich II. Die Familie führte den Herzogstitel auch in Deutschland weiter, hier hatte sie ansehnlichen Besitz, der aber nach und nach veräußert werden mußte. 1381 verkauften Reinold, Herzog von Urslingen, und Konrad von Geroltzecke zu Sulz Burg und Stadt Schiltach an Eberhard, Graf von Württemberg, nachdem schon die Stammburg an der Schlichem in dessen Hand gekommen war. Auch Sigmund vom Stein und Graf Wilhelm von Zimmern waren zeitweise Besitzer der Burg. Nach dem Tod von Wilhelm von Zimmern wurden Burg und Herrschaft als „heimgefallenes Lehen" dem Amt Sulz zugeschlagen. Der letzte legitime Urslinger der schwäbischen Linie verstarb in Schiltach im Jahre 1442 als „Bettelherzog".

Zu erreichen sind Klamm und Ruine von

Epfendorf/Neckar aus auf einem kleinen Sträßchen, das gleich hinter dem Bahnhof rechts abbiegt. Eine andere Zufahrt führt über Dietingen/Irslingen zum Ausflugsziel „Böhringer Mühle". Hier kann man den Wagen abstellen, und von hier führt der Wanderweg zur Klamm und zur Ruine (circa zwei Kilometer). Dauer unserer Exkursion, je nach Verweil, etwa zwei bis zweieinhalb Stunden.

ALBECK

In Tiengen fanden die Herren von Sulz ihr Grab

Die Stammburg der Herren von Sulz, Landgrafen im Klettgau, ist nur noch eine Ruine

Unser Foto zeigt die schön gefügte Mauer der Wohnburg mit den gotischen Fensterdurchbrüchen.

Woher stammt dieses Geschlecht der Herren von Sulz, das über 200 Jahre lang die Geschichte der Landgrafschaft Klettgau bestimmte? Die Grafen von Sulz hatten ihre Burg in einem kleinen Städtchen am oberen Neckar. Urkundlich erwähnt sind sie seit dem Jahr 1095. Auf ihre Stammburg Albeck soll hier näher eingegangen werden. Vom Rand des Städtchens Sulz aus erreichen wir nach einem kurzen Aufstieg die interessante, umfangreiche und gut erhaltene Burgruine. Wir stehen zuerst vor dem ehemaligen Eingang zum Burgareal. Von den einst hier liegenden Verteidigungsanlagen, den Gräben und umfangreichen Zwingeranlagen mit ihren „Streichwehren", das heißt Türmchen, von denen aus die einzelnen Zwinger unter Feuer genommen werden konnten, ist kaum mehr etwas zu sehen. Von dem größeren Turm des äußeren Eingangs sind gerade noch die Fundamente erkennbar, und der große Batterieturm, der die ganze äußere Anlage beherrschte, wurde erst vor ein paar Jahren wieder sichtbar gemacht.

Wir nähern uns der mächtigen Wohnburg, deren Umfassungsmauern vollständig erhalten sind. Die schön gefügten Mauern hatten einst ein aufgesetztes Stockwerk und darüber ein großes Walmdach. Im Innern der Anlage erkennen wir die Reste eines großen Kamines, der versetzt über beide Stockwerke läuft. Die schönen, großen Fenster hatten eine gotische Unterteilung, deren Maßwerk noch zu erkennen ist. Auch sieht man tiefe Fensternischen mit steinernen Sitzbänken. Burg und Vorburg waren durch eine hohe Umfassungsmauer geschützt. Die „Hochwacht", von der aus der Burgweg übersehen werden konnte, war auf dieser Mauer aufgesetzt.

Die Grafen von Sulz, um das Jahr 1095 bereits erwähnt, verloren bald ihren Besitz an die Herren von Geroldseck und konnten ihn nicht mehr zurückgewinnen. Wir begegnen diesem Geschlecht nun fernab seiner einstigen Stammburg im Klettgau am Hochrhein. 1408 beerbten sie den letzten Habsburger der Linie Habsburg-Laufenburg und bekamen das Landgrafenamt im Klettgau zugesprochen. Es war dies ein ansehnliches Erbe, denn der Klettgau war einst viel umfangreicher. Größere Gebiete kamen im Laufe der Zeit an den Bischof von Konstanz, an den Kanton Zürich und an Schaffhausen. Ihre Residenz schlugen die Sulzer Grafen in Tiengen auf.

Weiterer Pfand- und Eigenbesitz, darunter die stärkste Festung am Hochrhein, die Küssaburg, kamen in ihre Hände. Doch 1687 starb der letzte der Sulzer Grafen ohne männliche Erben, und damit erlosch dieses Geschlecht. Durch Heirat einer Tochter des Grafen Rudolf von Sulz mit dem Fürsten von

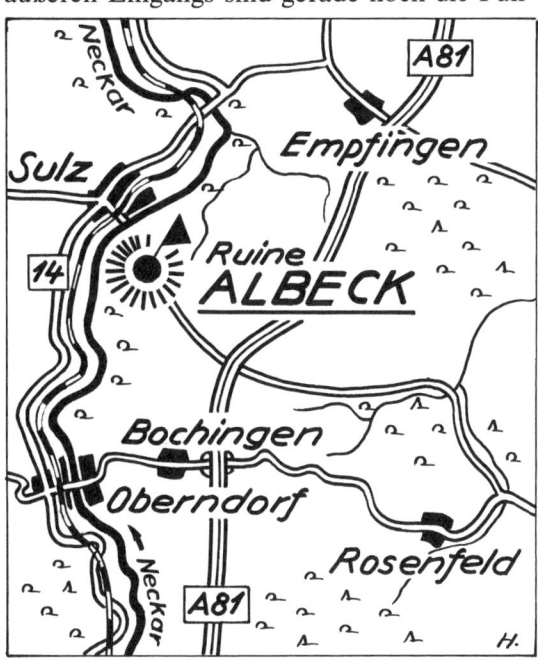

Unsere Zeichnung zeigt – getreu nach alten Unterlagen – die Burg Albeck, wie sie um das Jahr 1675 ausgesehen hat. Die Umfassungsmauern der großen Wohnburg sind noch vollständig erhalten. Die vielen Zwingermauern mit ihren kleinen Turmwehren fielen der Zeit und dem Steinraub zum Opfer, ebenso der sich an die Wohnburg eng anlehnende Eingangszwinger. An einer Eckmauer sind jedoch noch ein Turmstumpf und der Rest des Tores zu erkennen. Von der Hochwacht aus, die auf der Umfassungsmauer aufsaß, konnte der Burgweg überwacht werden.

Schwarzenberg kam die Landeshoheit an dieses Geschlecht. Fürst Ferdinand führte von Wien aus ein strenges Regiment, das den Klettgauern durchaus nicht behagte. Nach der Auflösung des alten Reichs und dem Frieden von Preßburg kam der Klettgau an Baden.

Im Jahre 1978 wurde anläßlich einer Restaurierung in der Kirche von Tiengen die Familiengruft der Grafen von Sulz entdeckt, deren Zugang in Vergessenheit geraten war. Auch der letzte der Grafen von Sulz, Johann Ludwig II., mit dem das alte schwäbische Hochadelsgeschlecht in der männlichen Linie ausstarb, fand hier mit weiteren 16 Angehörigen die ewige Ruhe.

BRONNEN

Das Schlößchen mit dem Poltergeist
Durch vielfache Umgestaltung ging der einstige Burgcharakter verloren

Wohl kein Touristenbus, der von Fridingen nach Beuron seinen Weg nimmt, versäumt es, am Rastplatz „Knopfmacherfelsen" eine kleine Pause einzulegen. Einen so leicht zugänglichen und bequemen Aussichtspunkt findet man selten. Auf der kleinen Aussichtskanzel, gleich hinter dem Parkplatz, drängen sich die Besucher. Der Bildsucher wird ans Auge genommen. „Klick"..., der Augenblick ist verewigt. Der Busfahrer, der seine Route ja kennt, gibt gerne Auskunft auf die Frage nach dem Namen des hübschen Schlößchens gerade gegenüber, auf der anderen Talseite auf dem hohen Felsen: Es ist Schloß Bronnen. Die romantische Lage auf dem schroffen Felsen, der hell aus dem Grün der Wiesen und Wälder herausleuchtet, läßt den Wunsch aufkommen, hier eine kleine Wanderung einzuplanen.

Wer dies von Beuron aus tun will, findet wenige Meter nach der hohen Brücke über die Bahn einen markierten Abgang in das romantische Liebfrauental. Grünes, kühles Waldesdämmern umfängt uns. Ein bizarrer Fels, von Schmelzwassern ausgehöhlt, von Wind und Wetter zernagt, wurde von frommen Händen zu einer „Lourdes-Grotte" gestaltet, vor der kleine bunte Lichtlein brennen. Wir treten nun ins Freie. Vorbei an einem stattlichen Hofgut kommen wir zu einem mächtigen Felsriegel, der sich in den Talhang schiebt. Hell leuchtet der Turm des Schlößchens. Er wurde einst künstlich von dem Berggrat getrennt. Der dabei entstandene tiefe Burggraben gab einen guten Schutz. Eine kleine Brücke ermöglichte den Übergang.

Die Zinnenmauer des winkligen Burgaufganges indes ist wohl mehr eine romantische

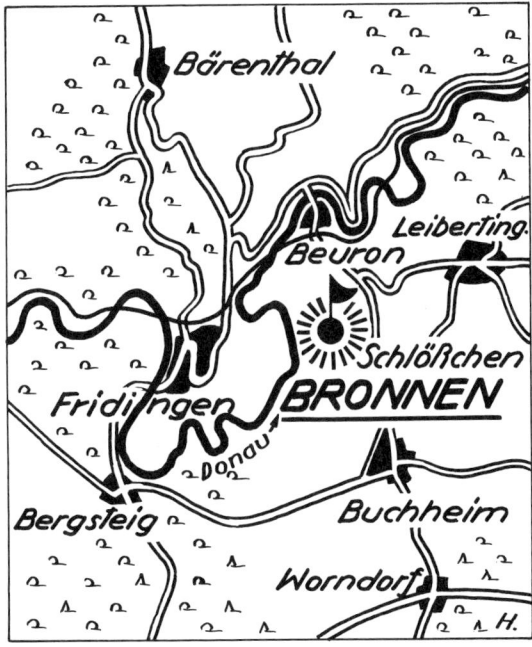

Unsere Zeichnung, fußend auf alten Unterlagen, zeigt den Wohnturm von Schloß Bronnen, bevor er ein „welsches Mansardendach" bekam. Damals erweiterte man auch die Fenster, um den Turm wohnlicher zu machen. Links das „Bronnerne Schlößle" auf seinem steilen Burgfelsen, vom „Knopfmacherfelsen" auf der anderen Seite des Donautals aus gesehen.

Dekoration als eine Wehranlage. Doch der Zugang zu dem Schlößchen war leicht zu sperren, da das Tor in den Turm einbezogen war. Auch war das Schlößchen in früherer Zeit wehrhafter, als es sich uns heute darbietet. Da das Turmobergeschoß im Laufe der Zeit einige Male abbrannte, wurde im Stil der jeweiligen Baumode das Dach entsprechend umgestaltet. Mit dem heutigen Mansardendach ist der einstige Burgcharakter verlorengegangen. Auf dem sich hinter dem Turm hinziehenden Felsrücken befinden sich eine kleine Kapelle und ein Wohnhaus. Die ganze Anlage ist mit einer Ringmauer umgeben. Als

Der Turm in seiner heutigen Gestalt. ▷

„Geisterschlößchen" beziehungsweise „Jagdschlößchen" ist Bronnen weit und breit bekannt. Doch ist nicht geklärt, ob der hier angeblich beheimatete „Poltergeist" dem Schabernack eines ehemaligen Pächters oder den Vorstellungen ängstlicher Gemüter zuzuschreiben ist. Nächtliche Käuzchenrufe, Fledermäuse, die durch die Bäume huschen, oder ein Stein, der von der Felswand hinunterkollert, mögen den Eindruck noch verstärkt haben.

Steigen wir nun hinab zu dem an der Donau liegenden Jägerhaus. In dem Fels, auf dem das Schlößchen steht, befindet sich eine große, offene „Höhlenscheuer", in die man gut und gerne ein kleines Haus hineinstellen könnte. Fast alle Höhlen des Donautals waren in der Vorzeit bewohnt. Hier hat man Funde aus der Steinzeit gemacht. Vom Jägerhaus führt ein kleines Sträßchen zwischen Fels und Donau und später an grünen Wiesen vorbei wieder nach Beuron zurück.

Da das Schlößchen Bronnen bewohnt ist, kann es nicht besichtigt werden, doch ist unser hier vorgeschlagener Weg sehr abwechslungsreich und schon deshalb zu empfehlen.

Den Namen Bronnen darf man einer Eigentümlichkeit des Donautales zuordnen, nämlich derjenigen, daß allenthalben überraschend starke Quellbäche zutage treten. Von dieser Gegebenheit ausgehend, dürfte der Name unserer Burg seinen Ursprung gefunden haben. Die erste Erwähnung finden wir im Zusammenhang mit Mühlheim im Jahre 1303. Als im Jahre 1404 Mühlheim mit den umliegenden Dörfern an die Herren von Enzberg fiel, betraf dies auch Schloß Bronnen. Zum Schloß gehörte die Bronner Mühle, die 1960 durch eine „Mure", das heißt einen Erdrutsch, bis auf die Fundamente zerstört wurde, wobei alle Anwesenden den Tod fanden. Aufmerksame Wanderer erkennen noch einen verlandeten einstigen Wassergraben, der beim Mühlenwehr seinen Anfang hat und kurz vor dem Jägerhaus endet. Dies war die Wasserführung für ein Hüttenwerk, das die Herren von Enzberg einst hier errichtet hatten. Nach circa 30 Jahren wurde jedoch der Betrieb eingestellt. Von dem Hochofen und anderen Betriebsanlagen ist heute keine Spur mehr vorhanden. An der Furt, die beim Jägerhaus die Donau überquert, ersehen wir an der geringen Wasserführung, daß das Wasser schon in Fridingen zur Stromerzeugung abgeleitet wurde. Einige hundert Meter abwärts tritt dieses Wasser wieder zutage, nachdem es in einem Tunnel durch den Berg geführt worden ist.

KALLENBERG

Ein Erdbeben brach den Giebel des Bergfrieds

Die Ruine Kallenberg an der jungen Donau
gehört zu den schönsten Wanderzielen im Südwesten

Die Ruine Kallenberg (Gemeinde Buchheim) kann man nicht ,,anfahren", man muß sie erwandern, und das ist gut so. Gibt es doch wohl im ganzen Südwesten kein so herrliches Stück Erde wie hier in dem Durchbruchtal der jungen Donau, und das allerschönste Stück davon liegt zwischen Fridingen (an der Donau) und dem Jägerhaus unterhalb des Felsenschlosses Bronnen. Dieses kleine Stück Natur ist noch von keiner Bundesstraße ,,erschlossen" und von keiner Flußregulierung ,,begradigt". Steil steigen die hellen Jurafelsen aus dem Talgrund empor, in dem ruhigen Wasser der Donau dümpeln Wildenten, und ein Reiher steht wie ein Denkmal regungslos zwischen Schilf und Ufer.

Man kann die Burgruine über die ,,Bergsteig" (Parkplatz) oder über das hübsche Städtchen Fridingen – (mit Schlößchen und schönen bemalten Fachwerkhäusern) erreichen. Im letzten Falle parken wir unser Fahrzeug an der Straße von Fridingen nach Beuron, und zwar knapp hinter der ,,Haarnadelkurve" (Parkplatz). Genau in der Kurve finden wir den – etwas versteckten – Wanderpfad, der uns über eine Brücke auf die rechte Donauseite bringt. Hinter der Ziegelhütte zwingt eine Felswand die Donau zu einer Richtungsänderung und beschert uns einen kurzen, kräftigen Anstieg. Hier finden wir auch den bezeichneten Wanderweg. Kurz vor der Ruine erinnert ein kleines, spitzes Türmchen an den letzten Besitzer der Burg und an den einst hier stehenden Oberhof, von dem ein ummauerter Keller und eine halb verschüttete Zisterne noch erkennbar sind.

Wir bewundern die schöne, hohe Umfassungsmauer der Burg und den schlanken Bergfried, dessen Giebel 1911 durch ein Erd-

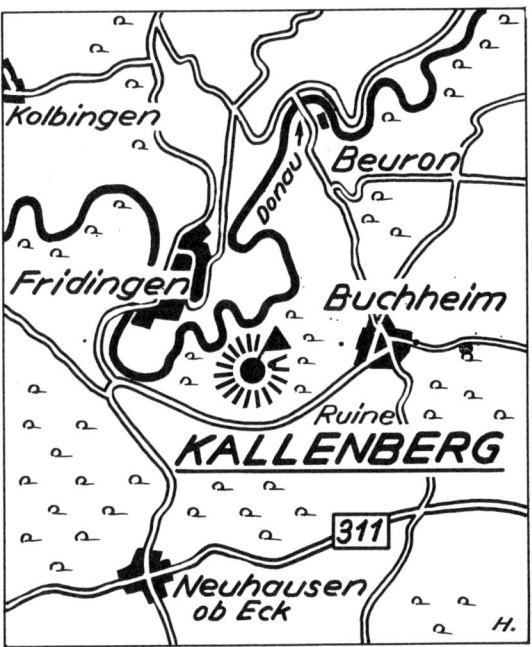

Auf unserer Zeichnung ist der alte Burgweg über die Vorburg gut zu erkennen. Er verlief so, daß ein etwaiger Angreifer nicht durch den Schild gedeckt war. Zwischen Turm, Ritterhaus und der östlichen Mauer lag der kleine Burghof. Nach der Vorburg hin waren die Umfassungsmauern förmlich in die Felszacken hineingebaut. Im Gegensatz zu manchen Ruinen, die uns streng oder gar bedrohlich vorkommen, nehmen wir von der Kallenberg eher ein heiteres Gedankenbild mit nach Hause.

beben einstürzte. Nach der Eingemeindung von Buchheim in den Landkreis Tuttlingen erfolgte die erste Renovierung, und in den letzten Jahren die Sicherung der ganzen Burganlage durch das staatliche Amt für Denkmalpflege unter Beteiligung der Gemeinden Fridingen und Buchheim. Auch die große Bresche in der Umfassungsmauer, vom Zahn der Zeit ausgebrochen, wurde wieder hochgemauert. Der Einstieg zum Burghof ist noch durch eine behauene Türzarge erkennbar. Einst führte er, tiefer liegend, zuerst durch die Vorburg, in der wir Wirtschaftsgebäude annehmen dürfen. Innen, im Burghof, wundern wir uns über die Unebenheiten und Felsbuckel, doch Fensternischen auf der Nordseite der Mauer zeigen uns, daß hier das „Ritterhaus", der Palas, gestanden haben muß.

Der Bergfried der ehemaligen Burg Kallenberg besticht durch die sauber gefügten Buckelquadern, die Macht und Ansehen verkörpern.

Die Herren von Kallenberg sind seit 1200 urkundlich bezeugt, man nimmt an, daß sie Dienstmannen der Grafen von Hohenberg gewesen sind. Ihre Herrschaft umfaßte Dörfer und Höfe im Donau- und Bärental. Als 1381 Hohenberg an Österreich fiel, war auch Kallenberg davon betroffen. Nachdem die Bubenhofer die Burg einige Zeit als Pfand hatten, kam sie 1388 an den Grafen Rudolf von Sulz und 1401 an den Truchseß Hans von Waldburg. Nachfolger war Andreas von Sonnenberg, auf diesen folgten die Freiherren von Ulm-Ebersbach. Etwa um das Jahr 1800 setzte der Verfall der bis dahin noch leidlich erhaltenen Burg ein. 1908 erwarb der württembergische Staatsrat Hans von Ow-Wachendorf die Burg mit den umliegenden Höfen.

Die Sage erzählt von einer zarten Liebesgeschichte zwischen dem hübschen Töchterlein des Kallenbergers und dem kecken Müllersknecht der Bronner Mühle. Daß dieses nicht gut ausgehen konnte, lag auf der Hand. Man fand das Edelfräulein bald darauf tot im Stauwasser des Mühlenwehrs. Niemand weiß, ob es ein Unfall oder ob ihr das Leben nicht mehr lebenswert war.

PFANNENSTIEL

Warum denn nicht mal „Burg am Stiel"?

Ein herrliches Ausflugsziel zwischen Fridingen und Beuron im Donautal – Ursprung des Namens „Pfannenstiel" unklar

Der Weg zur Burg ging an der schildfreien Seite unter den hochliegenden Mauern der Vorburg vorbei und war damit gut abgesichert. Links unten auf unserer Zeichnung ist der Burggraben angedeutet, der sich in dem Steilhang zum Bärental verliert. Der steile Treppenweg zur Burg führte durch ein Untergeschoß in den kleinen Burghof. An der Stelle der heute großen Mauerlücke dürfte sich ein Abgang zum Vorhof befunden haben. Es ist anzunehmen, daß Teile der Burg aus Fachwerk aufgeführt waren.

Kräftige Mauern aus Bruchsteinen umfassen auch heute noch Vorburg und Burganlage. Durch sie und durch unsere Rekonstruktion wird eine Vorstellung, wie die Pfannenstiel einst ausgesehen haben könnte, ermöglicht.

Für Wanderer und Burgenfreunde, die sich das obere Donautal, etwa zwischen Fridingen und Beuron, als Wanderstrecke ausgesucht, oder das schöne Wanderheim „Zum rauhen Stein" nahe Irndorf angewandert haben, wäre ein Besuch der Ruine Pfannenstiel ein interessanter Abschluß. Kommt man aus Richtung Fridingen–Knopfmacherfelsen, so zweigt etwa 50 Meter links vor der „Verkehrsspinne" Bärenthal–Irndorf–Beuron ein Waldsträßchen ab, das uns in circa 15 Minuten auf bequemen, ebenen Wegen zu unserem Ziel bringt.

Haben wir die kleine, leichte Steigung vor der Ruine hinter uns, gelangen wir zunächst in den Burggraben, der nach links noch durch einen kleinen Wall erhöht ist. Vor uns sehen wir die Mauerreste der ehemaligen Vorburg zwischen Felstrümmern und Baumwurzeln und, dahinter ansteigend, die noch hochragenden Mauern der ehemaligen Wohnburg. Den Aufstieg zur Ruine erleichtern uns Treppenstufen, die uns durch ein heute nicht mehr erhaltenes Untergeschoß in die ehemalige Burg bringen. Das ist eine Annahme, aber dies wäre der bestgeschützte und einfachste Auf- und Eingang zur Burg. Ein querliegendes Mauerstück könnte die Rückwand der Wohnburg gewesen sein. Ein kleiner Burghof hätte dann zwischen Wohnburg und einem angrenzenden Gebäudeteil gelegen.

Durch die große Mauerlücke sehen wir auf den ausgedehnten Vorhof hinunter. Auf der anderen Seite, nach Westen zu, ist eine planierte Fläche zu erkennen, auf der, im Schutze der Burg, Wirtschaftsgebäude und das Burggärtlein ihren Platz gehabt haben. Die Burg war zwischen schmalen, steilen Felsenrücken regelrecht „eingekeilt". Insbesondere die nördliche Seite dieses Felsgrates zeigt bizarre Felszacken. Vergegenwärtigen wir uns nun den Grundriß der Anlage, so wäre dieser lange Felsgrat ein „Stiel" und die Burg die „Pfanne" – zugegeben eine etwas fragwürdige Deutung des Namens, aber ein Rittergeschlecht mit diesem merkwürdigen Namen kommt in keiner Urkunde vor. Auch Daten über die Erbauer der Burg und deren Zerstörung kennen wir nicht. Doch ist anzunehmen, daß die Burg in einem Zusammenhang mit der Herrschaft Oberhohenbergs gestanden hat. Der Sage nach soll die Burg durch einen Blitzschlag eingeäschert worden und dann als verlassener „Burgstall" allmählich immer mehr zerfallen sein.

Sehr interessierte Burgenfreunde finden auf der linken Seite des Tälchens, das sich vom Bärental zum Reinfelderhof hinzieht, die geringen Reste der ehemaligen Burg Kreidenstein. Und noch ein „Tip": Fährt man von der eingangs beschriebenen „Verkehrsspinne" in Richtung Bärental, so liegt in der letzten Kurve, bevor die Straße gerade weiterläuft, eine „Bucht". Von hier aus erreicht man, sich nach links haltend, durch ein schönes, großes Felsentor die dahinterliegenden wenigen Reste der ehemaligen Burg Lengenfels, noch erkennbar an Planierungen, Gräben und sonstigen „burgenverdächtigen" Relikten.

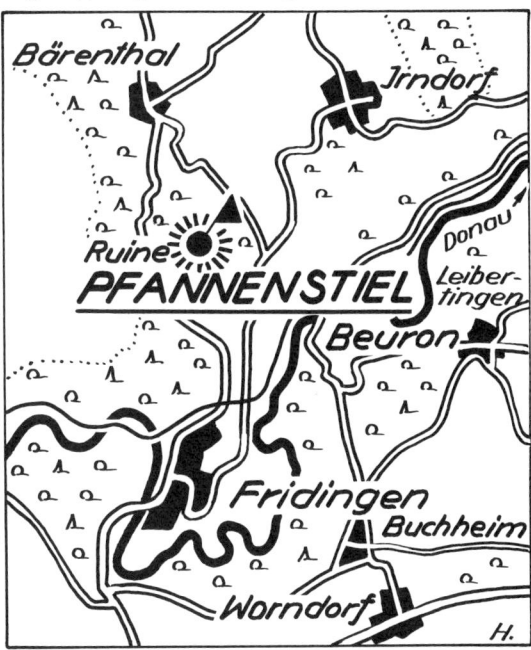

WILDENSTEIN

Diese Mauern trotzten auch der Pest

Wildenstein im Donautal ist ein Musterbeispiel für die damalige Festungsbaukunst – Als sich der Burggraf langweilte . . .

Von Mühlheim an der Donau bis Sigmaringen gibt es nahezu 30 Burgruinen, viele „Burgstellen", nur noch erkennbar an Wall und Graben, und dazu noch einige „intakte" Burgen und Schlösser. Hierunter ist jedoch die Burg Wildenstein das weitaus interessanteste Objekt. Mit dem Auto ist sie über Meßkirch, Leibertingen gut anzufahren. Doch wäre der leichte Aufstieg vom Kloster Beuron aus schon wegen der prächtigen Aussicht über Tal und Fluß, vorbei an kühnen Felsnadeln, bestens zu empfehlen.

Breit, an der Hangkante hingelagert, verbirgt sich die Burg hinter einem starken Vorwerk, dem ein tiefer Graben vorgelagert ist. Wer bei der Wildenstein romantische Türmchen und verspielte Zinnen, etwa in der Art der Burg Lichtenstein erwartet, dem sei gesagt, daß in einer echten Burg für derlei kein Platz war, denn bei einem Beschuß hätten diese Bauteile durch Absturz nur die eigenen Leute gefährdet. Über eine schmale Holzbrücke, die auf einem schlanken Pfeiler ruht und einst durch eine Zugbrücke unterbrochen wurde, überschreiten wir den 26 Meter tiefen Graben und stehen nun vor dem Hauptwerk mit seinen 7 bis 14 Meter dicken Mauern.

Im Jahre 1077 wird die Burg Wildenstein erstmals erwähnt; erbaut als mittelalterliche Burg mit Bergfried, wie viele ihresgleichen.

Doch im 14. Jahrhundert, mit der Erfindung des Schießpulvers und dem Aufkommen von Geschützen, konnte eine solche Burg einer Belagerung nicht mehr standhalten. Der Herr der Burg, Graf Gottfried Werner von Zimmern, erkannte dies rechtzeitig und begann, die Burg nach den damals neuesten Erkenntnissen der Fortifikation umzubauen. Als erstes fiel der Bergfried der Neuerung zum Opfer; sein oberer Teil, der einst hoch über die ganze Burg hinausragte, wurde gekappt. Sein Rumpf wurde durch angetragenes Mauerwerk verstärkt und überdies mit Geschützscharten versehen. Die Front der Burg wurde ebenfalls durch vorgesetztes Mauerwerk auf die mehrfache Stärke gebracht, und Geschützscharten wurden angebracht. Darauf ruhte eine neu erstellte Dachkonstruktion, die ebenfalls Geschützpforten erhielt, jedoch so angefertigt war, daß sie bei einem etwaigen Brand schnell abgeworfen werden konnte. (Bei einer zu erwartenden Belagerung wurde oft schon vorher von den Verteidigern das Dach abgetragen, um einen Brand der Burg zu vermeiden.) Der Dachboden bestand nicht, wie üblich, aus einem Balkenwerk mit Estrich, sondern war mit großen Steinplatten fugenlos ausgekleidet, selbst Wasserrinnen waren darin vorgesehen. Der Felsen, auf dem die Kernburg stand, wurde abgespitzt, so daß

Burg Wildenstein im Donautal.

Fundamentmauern und der gewachsene Fels eine senkrechte Wand von circa 30 Meter Höhe ergaben.

Mehr als 40 000 Gulden wurden dergestalt verbaut, und in der „Zimmerschen Chronik" steht zu lesen, daß Graf Werner schon errichtete Bauteile wieder abreißen ließ, wenn sie seinen Vorstellungen nicht entsprachen, und diese dann auf „eine ander Manier wieder uffrichten ließ". Ihre Stärke brauchte die Burg jedoch nie unter Beweis zu stellen. Aufständische Bauern hatten weder die Mittel noch die Kenntnisse, einer solchen Festung beizukommen; im Dreißigjährigen Krieg gelang es allerdings den Schweden durch Unachtsamkeit des Burgvogtes, die Burg vorübergehend in ihre Gewalt zu bringen. Die Franzosen hingegen hatten 1704 kein Glück und mußten erfolglos abziehen. In Kriegszeiten war Wildenstein nicht nur den Herren von Zimmern ein sicherer Ort, sondern auch für viele Familien und „Klosterleut" mit ihrem Hab und Gut. Als Meßkirch 1518 von der Pest heimgesucht wurde, flüchtete die später gräfliche Familie auf Wildenstein, verriegelte alle Türen, so daß niemand mehr herein und heraus konnte. Alles, was man an Lebensmitteln brauchte, mußte vor dem Tor abgestellt werden und wurde erst nach einiger Zeit in die Burg hereingeholt. Auf neue Kleider, Schuhe und sonstige Dinge des täglichen Lebens mußte weitgehend verzichtet werden, und so kam es, daß die Frau Gräfin kein rechtes Schuhwerk mehr hatte und „in arg zerschlissenen Pantoffeln einhergehen mußte". Erst nach einem ganzen Jahr konnten alle wieder nach Meßkirch zurückgehen. Graf Gottfried Werner muß die Untätigkeit jedoch arg geplagt haben, denn es wird berichtet, daß er aus lauter Langeweile seine alten Urkunden zu Leim versottete und alte Rüstungen zerschlug!

Die ersten Herren der Burg waren die Freiherren von Wildenstein; 1263 kam Wildenstein an eine Nebenlinie, die sich von Justingen-Wildenstein nannte, um dann in den Besitz der Freiherren – und später Grafen – von Zimmern zu gelangen, deren Stammburg in einem kleinen Nebental des Neckars, unweit von Rottweil, lag. Werner von Zimmern erwarb 1354 die Herrschaft Meßkirch, und Johann von Zimmern um 1400 die Burg Wildenstein. Graf Froben und sein Sekretär Johannes Müller verfaßten hier die berühmte „Zimmersche Chronik" in den Jahren von 1564 bis 1566. „Eine Historia – den Nachfahren zu Nutz und Lehr und nicht zu letzt auch zur Ergötzung", so sahen sie es selbst. Neben der Familiengeschichte derer von Zimmern waren gerade die in der Chronik niedergeschriebenen Sagen und Anekdoten wesentlich

Dies ist eine Rekonstruktion der Burg Wildenstein aus jener Zeit, als sie allen Eroberungsversuchen trotzte. Aus der Vogelperspektive ist die Anlage des Vorwerks genausogut zu erkennen wie die beiden tiefen Gräben. Eigentlich ist das Vorwerk sogar eine eigene Burganlage für sich. Die Kernburg nimmt die ganze Fläche des Burgfelsens ein und paßt sich in den Außenmaßen diesem an. So sieht die Burg auch heute noch aus.

für die Kultur- und Sittengeschichte der damaligen Zeit. Die große Politik wurde außer acht gelassen, man begnügte sich mit Ereignissen im überschaubaren Raum. Die Niederschrift besteht aus sich locker aneinanderreihenden Geschehnissen, ohne eine eigentliche fortschreitende Handlung.

Mit Graf Wilhelm, Graf Frobens Sohn, starb das Geschlecht derer von Zimmern 1595 in der männlichen Linie aus. Die Hinterlassenschaften wurden unter den Ehemännern der acht Töchter aufgeteilt, wobei Burg Wildenstein an die Grafen von Helfenstein-Gundelfingen kam. Im Jahre 1627 gelangten die Grafen von und späteren Fürsten zu Fürstenberg in den Besitz der Burg.

FALKENSTEIN/DONAUTAL

Wo der Turm im Sturme bebte...

Die Ruine Falkenstein im Donautal gehört zu den am reizvollsten gelegenen Ausflugsplätzen im Südwesten

Nahezu 30 Ruinen und Burgen im deutschsprachigen Raum tragen den Namen „Falkenstein". Doch kaum eine liegt inmitten eines so schönen und interessanten Wandergebietes wie „unsere" Falkenstein im Donautal. In Unterneidingen, unmittelbar neben der Tankstelle, bringt uns ein „mittelkräftiger" Anstieg auf die Höhe. In nicht ganz einer Stunde haben wir den Schaufelsen mit seinem einmaligen Ausblick in das tief unter uns liegende Donautal erreicht. 50 Meter weiter, auf dem nächsten Zacken, sehen wir tief unter uns einen Pulk Kanuten auf dem sonnenglitzernden Wasser der Donau geruhsam dahintreiben. Wir wissen es, dieser Felsen trug einst eine stolze Burg, doch nur geringe Reste und ein überwachsener Wall zeigen dem Kundigen die Stelle, auf der vor Zeiten die Schauenburg stand.

Nun geht es bergab in eine kleine Senke; das Hochtal, dem wir nun auf dem gut markierten Weg folgen, war einst ein Bett der Urdonau, bevor diese dann, verstärkt durch die gewaltigen Schmelzwässer der zu Ende gehenden letzten Eiszeit vor Jahrzehntausenden, die Felsbarrieren ihres heutigen Laufes durchbrechen konnte. Ein kurzer Anstieg noch, und wir stehen vor dem sich hoch auftürmenden „Bug" der Falkenstein. Genauso wie ein Schiffsbug steilen die Mauern empor. Transportvorrichtungen, eine eiserne Leiter und Abschrankungen zeigen uns, daß dem natürlichen Abbruch der Ruine tatkräftig Einhalt geboten wird. Von der „Aktion Ruinenschutz, oberes Donautal", im Verein mit amtlichen Stellen in Sigmaringen, wird die Ruine von Schutt und Bewuchs befreit; nicht mehr ganz standfeste Mauern werden wieder hochgemauert, und ehedem tief unter dem

Der „Bug" der Burg ist heute wieder hochgemauert. ▷
Links der Turm, zu dem die Rampe führte.

Unsere Rekonstruktion zeigt den äußeren und inneren Zwinger, die Torbewehrung und die Rampe, die zum Turm mit der Fallbrücke führte. Teile der Rampe stehen noch, ebenso der Turm bis etwa zur damaligen Höhe der Fallbrücke. Die einzelnen Stockwerke des Palas waren durch einen „Wendelstein" (Turm mit Treppe) erreichbar. Dahinter sehen wir einen Teil des Flankierungsturmes. Der „Bug" der Mantelmauer war dreifach verstärkt und hochgezogen; man darf annehmen, daß dieser Teil als Schildmauer gedacht war. Ein Durchbruch diente nicht nur zur Verteidigung, sondern auch um hier Lasten mit einem Hebezeug in die Burg bringen zu können.

Ruinenschutt gelegene Fundamente und ehemalige Gemächer werden freigelegt, wobei viele neue Erkenntnisse gewonnen werden.

Auch der Flankierungsturm auf der Ostseite der Ruine ist ausgeräumt. Wir erinnern uns, daß hier früher durch eine nachträglich eingebrochene Türe der Zugang zur Oberburg führte. Die waagrechten, mit Bossenquadern verstärkten Schießscharten verraten uns, daß er erst zur Zeit der Pulvergeschütze der Burg beigefügt worden ist. Der eigentliche, alte Eingang zur Hochburg lag einst an der hohen Mauer der Südseite. Eine Treppenrampe, unterbrochen durch eine Zugbrücke, führte über einen Turm zum Eingang. Eine wehrtechnisch sehr gute Lösung. (Eine genau entsprechende Anlage finden wir in der Ortenburg im Elsaß.) Im oberen Burghof, der sauber ausgeräumt worden ist, zeigen uns die Fundamente und sonstiges Mauerwerk Einteilung und Lage von Wohn- und Nebengebäuden. Ein mit Regenwasser gefülltes Gelaß könnte eine ehemalige Burgzisterne gewesen sein. Hier dürfte auch der hohe Turm seinen Platz gehabt haben, von dem es in der „Zimmerschen Chronik" wortgetreu heißt: „Er war so hoch, das man über alle welder biß gar geen Mengen sehen megte. der war oben mit holz und rigelwerk uf die alte manier weit außgelassen, doch war deselbig thurn, wann ain starker luft gieng, dermaßen wacken und sich bewegen, das ain schussel mit wasser unverschutt uf dem tisch nit bleiben mogte."

Gottfried Werner von Zimmern, dem damals die Burg gehörte, ließ daher den Turm abbrechen „der merer sicherheit wegen". Wer in die Burg eindringen wollte, mußte durch das äußere Tor zunächst einmal in den großen Zwinger, den engen Innenhof, kommen. Das Tor zum inneren Zwinger war durch einen Felsengrat und einen starken Torturm gut geschützt. Gelangte ein Eindringling doch in den Zwinger, konnte er von dem Wehrgang und dem hohen Torturm aus mit Geschoß und „Gewerf" bekämpft werden. Vollends unmöglich war ein Aufstieg auf der schmalen Rampe und eine Überquerung der Mauerlücke bei aufgezogener Zugbrücke.

Einige hundert Meter westlich, und auch tiefer gelegen, stehen auf einem steilen unzugänglichen Felszahn die wenigen Mauerreste der Unterburg. Bei dem großen Erdbeben 1449, das an den Burgen an der Donau und auf der Alb viel Schaden anrichtete, mag dieser „Luginsland" wohl zerstört worden sein.

Wann die Falkenstein erbaut wurde, ist nicht genau feststellbar. Das Geschlecht der Erbauer trat die Burg schon früh an die Grafen von Lupfen-Stühlingen ab. Als Lehen ging sie dann durch mehrere Hände, um 1516 an Gottfried von Zimmern zu kommen. 1525, kurz vor dem Bauernkrieg, übernahm dessen Bruder Hans Werner die Burg. Von ihm erbte sie sein Sohn Froben. 1595 starben die Herren von Zimmern in der männlichen Linie aus. Über die Grafen von Helfenstein-Wiesenstein kamen dann Burg und Herrschaft an das Haus Fürstenberg.

Die Burg war lange Zeit unbewohnt, Graf Froben schreibt in der „Zimmerschen Chronik", daß das Dach abgedeckt war und die Burg gelegentlich lichtscheuem Gesindel als Unterschlupf diente. 1670 soll sie zum Teil noch bewohnbar gewesen sein, doch dann zerfiel sie allmählich; Steine, Balken und alle Eisenteile wurden abgetragen, und es dauerte nicht lange, da war diese einst so stattliche und wehrhafte Burg eine Ruine.

HAUSEN

Kühne Burg über dem schauerlichen Abgrund

Hausen im Donautal:
Nie zerstört, aber 1812 abgebrochen – Geschlecht seit 1094 nachweisbar

Unsere Rekonstruktion zeigt die Burganlage, die auf einem schmalen steilen Felszacken erbaut worden war. Links unten ist der Aufgang zum sogenannten neuen Schloß zu sehen. Eine kleine Brücke führt über den ersten Burggraben. Die Mauerreste des Vorwerkes sind heute noch gut zu erkennen: hinter der Holzbrücke links die kräftigen Fundamente eines Turmes und der Wächterstube. Von den ehemaligen Gebäuden sind meist nur noch die Standplätze auszumachen.

Unsere Donauburgen haben es so an sich, daß sie alle auf hohen steilen Felsen stehen. Was sich aber die Erbauer der Burg Hausen ausgesucht hatten, war das „Nonplusultra" an Burgfels. Wenn man auf der Straße von Hausen nach Schwenningen (Heuberg) fährt, bietet sich dieser Felszacken eindrucksvoll in seiner ganzen wilden Schönheit dar. Vor dem kleinen Durchstich der heutigen Straße ist eine kleine Ausweiche, vor der sich Felsen – und ein auf der äußersten Kante des Felszackens stehender Burggiebel – „fotogen" anbieten.

Kurz bevor unsere Straße die Höhe erreicht hat, zweigt rechts ein kleines Sträßchen ab, das uns zu einem schattigen Parkplatz führt; von dort sind es keine zehn Minuten zum heutigen Försterhaus am Eingang des Burgwegs. Hier sollten wir nicht den großen ummauerten „Gemüsegarten" übersehen. Er war einst die Umfriedung des „neuen Schlosses", in dem die Herrschaft wohnte, als es in der Burg ungemütlich wurde. Ein Turmrelikt und ein kleines Halbrondell an der Spitze des trapezförmigen Geländes zeigen aber, daß man gewillt war, sich gegebenenfalls seiner Haut zu wehren. Die Fundamente des einstigen Schlosses und Treppenstufen sind noch gut zu erkennen.

Zur alten Burg gehen wir nun längs der Mauer den breiten Weg abwärts. Am Ende der Mauer stehen wir vor dem ersten Burggraben; links erkennen wir an einigen Treppenstufen den Eingang zum neuen Schloß, rechts eine kleine ehemalige Bewehrung. Ein klobiger Fels links trug einst eine vorgeschobene Verteidigungsanlage und ein dahinterstehendes Gebäude. Noch stehende Mauerreste deuten darauf hin. Die Brücke, die über den eigentlichen Burggraben führt, ruht auf einem Pfeiler. Doch für eine Zugbrücke dürfte der Abstand zwischen Pfeiler und Burgtor wohl zu groß gewesen sein, so daß wir hier eine einfache, leicht zu entfernende Holzbrücke annehmen dürfen. Vom ehemaligen Burgtor ist lediglich eine seitliche Mauer erhalten, wohingegen von dem Turm, der den Eingang zu beschützen hatte, die Fundamentmauern noch gut zu sehen sind, ebenfalls die der nebenstehenden Wächterstube.

Der schmale Grat des Burgfelsens zwang die Erbauer, Wohn- und Gesindehäuser längs des eingetieften Weges zu erstellen. Sehr „großartig" werden diese wohl nicht gewesen sein. Rechts erweckt eine runde – oder halbrunde – Eintiefung unser Interesse; ein Rundturm war hier unnötig, denn der Fels fällt senkrecht ab. Da aber eine Wasserversorgung der Burg bestanden haben muß, könnte dies der Platz der Burgzisterne gewesen sein. Weil

Auf diesem schmalen Felsen stand die Burg Hausen.

die Burg nie zerstört, sondern 1812 abgebrochen wurde, sind von den ehemaligen Gebäuden nur noch die Standplätze auszumachen..., und auch dazu muß man schon genau hinsehen! Ein kleiner Burgplatz trennt uns von dem noch teilweise erhaltenen Giebel eines solide gemauerten Gebäudes. Wir sahen es schon bei unserer Anfahrt von der Straße aus. Die Fundamente dieses ,,festen Hauses" sind tief im gewachsenen Fels verankert und haben bis heute Erdbeben, Frost, Eis und Sturm standgehalten. Kühn stand dieses Haus über dem ,,schauerlichen" Abgrund. Von hier aus konnte man das Dorf Hausen und einen Teil der Donaustraße überblicken. Was sich allerdings donauabwärts zutrug, war von hier aus nicht zu sehen. Doch man wußte sich zu helfen und erbaute am Rande der Hochfläche, nur eine kurze Strecke von der Burg entfernt, einen ,,Luginsland". Dieser Turm, irrtümlich als ,,Wasserturm" bezeichnet, steht noch heute. Turm und Burg waren in Sichtweite, und man konnte sich durch Zeichen verständigen.

Hier oben saßen also die Herren von Hausen, die seit 1094 nachweisbar sind. Es waren zwei adlige Familien, die zu der Grafschaft Hohenberg zählten. Nach dem Tod des letzten Freiherrn von Hausen 1648 erbte dessen Schwiegersohn Berthold von Stein die Herrschaft. Kaiser Leopold I. brachte die schwer verschuldete Herrschaft an sich und verkaufte sie 1682 an Albrecht Fugger, Graf zu Kirchberg und Weissenhorn. 1735 gelangte dieser Besitz und weitere Güter im Donautal an Marquart Willibald Graf Schenk zu Castell. Es darf angenommen werden, daß es bei diesen Verkäufen nicht um die Burg ging, die damals sicher nicht mehr im besten Zustand war, sondern in der Hauptsache um die Liegenschaften, die Rechte, Zwing und Bann, um Gülten und Zinsen, wohl auch um eine Arrondierung eines schon bestehenden Herrschaftsgebiets. In diesen Zeiten könnte das sogenannte neue Schloß errichtet worden sein. Über das Kloster Salem, pfandweise, kam die Herrschaft an das Haus Baden, wurde dem Stammgut des gräflichen Hauses Langenstein zugeschlagen und gelangte auf dem Erbweg an den gegenwärtigen Eigentümer, Graf Douglas von Langenstein. Burg Hausen, deren Gebäude zwar noch standen, jedoch nicht mehr bewohnt wurden, wurde 1812 abgerissen.

KRÄHENNESTER

Burgruinen wie Krähennester

Auf unersteigbaren Felsen an der Donau und im Schwarzwald – Dreimal Falkenstein

Wie Krähennester liegen einstige Burgen, heute Ruinen, auf unersteigbaren Felszähnen – nicht jene großen Burgruinen, die allsonntäglich Besucherrekorde aufzuweisen haben, deren Parkplätze nicht ausreichen und die zu den Standardzielen von Reiseunternehmern gehören. Die Ruinen, von denen hier berichtet wird, liegen abseits und sind wenig bekannt, auch haben sie, als sie noch wehrhafte Burgen waren, in der Geschichte unseres Landes nie eine bedeutende Rolle gespielt.

Sie waren oft Sitze des Niederadels, Vasallen größerer Herren. Manche hatten ein kleines selbständiges Herrschaftsgebiet zu eigen oder zu Lehen – einige Dörfer, oft nur wenige Weiler –, das ihnen die Existenz ermöglichte. Ihre Burgplätze waren klein, Platz war Mangelware, also baute man in die Höhe. Die meisten dieser Burgen bestanden aus einem einzigen Turm, Verteidigungswerk und Wohnung zugleich. Geschützt und unangreifbar durch ihre Lage, konnten sie in einer Zeit, in der es noch keine Pulvergeschütze gab, nur durch Aushungern der Bewohner eingenommen werden. Meist waren es keine selbständigen Burgen, oft Vorburgen, Ausluge und wohl auch letzte Zuflucht größerer Burganlagen.

Im oberen Donautal bei Neumühle, unterhalb von Beuron (Kreis Sigmaringen), liegt

Der Felszahn mit den Resten der Gebrochen Gutenstein.

Unter-Falkenstein. Auf steilem Felsen, der einem ausgebrochenen, riesigen Zahn nicht unähnlich sieht, sind die wenigen noch erhaltenen Mauern kaum mehr von dem hellen Gestein des steilen Jurafelsens zu unterscheiden. Kiefern überschatten den Burgplatz, ihre Wurzeln dringen in die Spalten des Felsens und versuchen, ihn zu sprengen. Von hier aus, von diesem frei im steilen Hang stehenden Fels, hatte man die Straße unter Kontrolle. Weit reichte der Blick in beide Richtungen, weder Reiter noch die großen Schaubwagen der reichen Handelsherren konnten hier ungesehen vorbei. Durch Zuruf oder Hornsignal konnte die Hauptburg, die oben auf der Hangkante lag, verständigt werden. Heute werden die Ruinen der Hauptburg vor dem Verfall geschützt. Burgfreunde haben in vielen freiwilligen Arbeitsstunden Gerüste gebaut, gemauert, Schutt abgeräumt und weggefahren.

Das Gegenstück zu Unter-Falkenstein ist Gebrochen Gutenstein. Die Burgruine liegt oberhalb von Sigmaringen, unweit der Einmündung des Flüßchens Schmeie in die Donau. Hinter der schön geschwungenen neuen Straßenbrücke führt ein Pfad zur Höhe. An Mauerresten hat diese Burg etwas mehr aufzuweisen als Unter-Falkenstein. Aber auch dieser steile Felszahn ist ausgehöhlt. Hatte die Festung ihren Namen davon, daß sie einst von einem Feind „gebrochen" wurde? Oder ist sie bei dem großen Erdbeben von 1356, das die meisten Burgen in unserem Raum in Trümmer legte, auseinandergebrochen?

Der dritte Ruinenturm des Donautales steht etwas oberhalb der Burg Wildenstein bei Beuron. Auch dieses Krähennest, Hexenturm genannt, war wohl nur durch Leitern oder Seilaufzüge betretbar. Den Namen hat der Turm wahrscheinlich daher, daß er als Gefängnis von Hexen und Straßenräubern gedient haben mag. Oberhalb von Fridingen liegt ein Felsparadies, wie man es auch an der Donau nicht wieder findet. Eindrucksvollster „Zacken" ist wohl der Stiegeles-Fels. Von dort aus, nur wenige Minuten entfernt, erreichen wir einen mit Föhren bewachsenen Felsklotz mit kaum sichtbaren Mauerresten. Die wenigen Ruinenreste auf diesem Klotz werden einem sagenhaften „Gerold", einem Schwager Karls des Großen, zugeschrieben. Zu finden ist die Stelle leicht, das kleine Eremiten-Kapellchen, das als Keimzelle des Klosters Beuron ausgewiesen wird, steht genau oberhalb des „Burgstalles". Unser Blick schweift über die tiefliegende Donau zur Ruine Kallenberg mit ihrem schönen Bergfried auf der anderen Seite.

Zwischen Tennenbronn und Schramberg im Schwarzwald (Kreis Rottweil) durchbricht das wildromantische, felsenreiche Bernecktal die Höhen. Kurz bevor dieses Tal der Fünftälerstadt Schramberg Platz läßt, liegt auf der linken Talseite über der Berneck und der Straße auch ein Falkenstein. Dieser Name für eine hochliegende Burg ist häufig; so kann eine Burg nur heißen, wenn sie kühn wie ein Falkennest an den Felsen klebt. Ansehnliche Reste eines hohen Turmes liegen hoch über der Straße. Ein leichtes war es, hier einstmals den Saumpfad zu sperren und Tribut oder Zoll zu fordern. Die Ruine aus roten, schön behauenen Sandsteinquadern war der Auslug zu der weiter oben auf einem wuchtigen Felsklotz gelegenen Hauptburg. Steil geht es von der Unterburg bergauf zu einer kleinen Felskanzel, von der Hauptburg durch einen breiten Graben getrennt. Zu einem hohen Mauerstück als Stütze führte einst eine Holzbrücke, und von dort aus erreichte man über eine Zugbrücke den Eingang zur Burg. Viel

Unter-Falkenstein (links) und Gebrochen Gutenstein (rechts) im Kreis Sigmaringen – auf steilen Felsen über dem Tal der oberen Donau.

Platz bot die Burg nicht, das Burgstübchen ist noch erhalten, und von dem besteigbaren Turm hat man eine schöne Aussicht in das tief darunterliegende Bernecktal.

Burgen im Innern des Schwarzwaldes sind selten. Eine weitere Ruine Falkenstein finden wir noch, wie bereits beschrieben (siehe Seite 117–121), im engsten Teil des Höllentales, Kreis Breisgau-Hochschwarzwald.

Die höchstgelegene Burg im Schwarzwald dürfte wohl die Wilde Schneeburg im Oberrieder Tal gewesen sein. Obwohl vermutlich nur ein starkes Jagdhaus, das sich die weitverzweigte Patrizierfamilie der Snevelins hier erbaute, war es doch wehrhaft auf steilem Felsen errichtet und durch heute noch sichtbare Gräben geschützt. Nur Förstern, Jägern und einigen „Kundigen" ist die Lage der einstigen Burg auf einem Felszacken etwas unterhalb der Gfällmatte in über 1000 Meter Höhe bekannt. Durch Ziegelsplitt, einige behauene Steine und einen kleinen geebneten Platz weist sich die Burgstelle aus.

Eine andere, wenig bekannte Burgstelle

finden wir im Obermünstertal: Scharfenstein. 100 Meter fällt die steile Felswand zur Straße ab. Wer die Burgstelle besuchen will, muß sich seinen Weg durch Dornen, Gestrüpp und Felstrümmer selbst suchen. Auch hier nur wenige Überreste, aber eine Aussicht, die die Mühen des Aufstiegs vergessen läßt.

An der Wutach, unterhalb des Dörfchens Blumegg, Kreis Waldshut, liegt nahe der Abbruchkante zur Wutachhalde ein ungefüger Felsklotz, der früher unersteigbar war. Heute führen einige Leitern und eingehauene Treppen zur Plattform. Hier saßen einst die Herren von Blumegg, ein weitverzweigtes Adelsgeschlecht, das in diesem Gebiet ansässig war. Sie spalteten sich auf in die Sippen der Blumegger, Blumberger und Blumenfelder und hatten ihre Burgen an der Wutach und im Albgau. Um diesen Felsklotz, auch ,,Lunzistein'' genannt, rankt sich eine alte Sage von ungerächtem Mord, von Überfall und Totschlag.

Als letztes Krähennest soll die Burgstelle Allmut im Schlüchttal an der Grenze zwischen Schwarzwald und Hotzenwald genannt sein. 60 Meter senkrecht über dem kleinen Sträßchen, das neben dem Flüßchen Schlücht kaum Platz findet, hatten die Ritter von Allmut ihre kleine Burg erbaut. Nur über einen manchmal kaum meterbreiten Grat, durch Gestrüpp, Dornen und Krüppelkiefern, ist die Burgstelle erreichbar. An drei Stellen fällt der Burgfelsen senkrecht ab in die Tiefe. Nur einige Quadersteine an der kaum zugänglichen Felswand künden noch von diesem Geschlecht, das seinen Sitz, einem Krähennest gleich, einst auf diesem steilen Fels erbaut hatte.

ALT-WARTENBERG

Die Ritter auf dem Vulkan

Alt-Wartenberg bei Geisingen ist ein westlicher „Nachzügler" der Hegauvulkane – Aus Basaltquadern errichtet

Der Wartenberg liegt von Geisingen (Donau) gesehen etwa drei Kilometer entfernt in genau westlicher Richtung. Da er aus der Donau-Niederung aufsteigt, ist dieser nach allen Seiten abfallende Berg schon von weitem sichtbar. Auf einem isolierten Kegel bauten Edelsassen, bis dahin in Geisingen wohnhaft, eine Burg und nannten sich fortan nach ihrem neuen Sitz „von Wartenberg".

Einen geeigneten Burgplatz fanden sie auf dem Pfropfen des ehemaligen Vulkanschlots. Der Wartenberg ist der am weitesten westlich gelegene „Nachzügler" der ehemaligen Hegauvulkane. Dieser von der Natur schon vorgeformte Felshöcker, etwas unter der eigentlichen Bergspitze liegend, bot nicht nur ein geeignetes Fundament, sondern auch das erforderliche Baumaterial, eisenhart und unzerstörbar: Basalt. Den Gegebenheiten entsprechend wurde zunächst das Burg-Plateau mit Mauern umfaßt und geebnet. Die eigentliche Burg, als Turmburg konzipiert, wurde, etwas aus der Mitte verschoben, auf diesem Hochplateau erstellt. Nun, man sehe sich die Umfassungsmauern und das Burgfundament einmal genauer an: Zyklopenhafte, unregelmäßige schwarze Basaltbrocken wurden ohne jedes Bindemittel übereinandergetürmt und hielten sich allein durch ihr Gewicht im Verband. Eine schöne, glatte Mauer, wie bei anderen Burgen, war hier nicht machbar, denn dieser Stein läßt sich nicht in eine andere Form bringen. So hart und widerstandsfähig dieses Material auch ist, es ließ sich nur für die Umfassungsmauern und den Sockel der Burg verwenden. Weiterführend mußte man auf ein anderes Material zurückgreifen, wollte man Wände mit Fenstern haben. Man

Die Umfassungsmauer aus groben Basaltklötzen.

So könnte die erste Burg der Herren von Wartenberg ausgesehen haben. Auf drei Seiten sind die Umfassungsmauern noch nahezu bis zu ihrer einstigen Höhe intakt. Zu erwähnen wären hier noch die aufsteigenden „gewachsenen" Felssäulen aus dem Eruptivgestein des ehemaligen Vulkanes, die in die Mauern mit einbezogen sind. Auch der aus Basaltbrocken erstellte Fundamentklotz der Burg ist fast in voller Höhe erhalten. Wo der Eingang zur Turmburg war, ist nicht mehr feststellbar, doch dürfte er beim heutigen Aufstieg gelegen haben. Die Burganlage befindet sich in einem kleinen, dicht verwachsenen Wäldchen. Jedoch sollte man sich durch das Unterholz und die Dornen von einer Besichtigung, insbesondere der hohen Umfassungsmauer der Rückseite, nicht abhalten lassen.

hätte nun die auf dem Basaltsockel stehenden Stockwerke als Fachwerkbau weiterführen können, eine Technik, die in den Städten und auch bei Burgen allgemein üblich war, oder die Mauern mit einem anderen Steinmaterial, das sich besser verarbeiten ließ, hochziehen lassen können. Man darf annehmen, daß die Erbauer, passend zu dem rustikalen Sockel, ihre Burg als „Steinhaus" weitergebaut haben. Daß von diesem „Hochbau" keine Reste mehr vorhanden sind, die diese Annahme unterstreichen könnten, resultiert aus der Tatsache, daß man, als man später eine neue Burg auf dem Gipfel baute, das Material der alten Burg wiederverwandte.

Cuno von Gisingen war das erste Glied eines freiadligen Geschlechtes, von dem wir urkundlich 1085 erfahren. Im 11. Jahrhundert verließen die in Dörfern ansässigen adligen Geschlechter ihre Wohnsitze und bauten ihre Burgen auf nahegelegenen Berggipfeln. So auch die Herren von Gisingen. Mit den neuen Wohnsitzen legten sie sich auch einen neuen Namen zu. Conradus de Wartenberg war der erste, der sich nach dem neuen Sitz nannte. Dem Geschlecht gelang ein rascher Aufstieg.

Aus einer Urkunde des Jahres 1273 wissen wir, daß Konrad von Wartenberg sich „Landgraf in der Baar" nannte, zusammen mit dem Grafen von Sulz. Ende des 13. Jahrhunderts versuchten die beiden, ihre Herrschaftsansprüche zu teilen. Doch diese Teilung wurde nicht anerkannt. König Rudolf von Habsburg traf daraufhin eine salomonische Entscheidung und vergab die Landgrafschaft an den Grafen Heinrich von Fürstenberg. In diese Zeit etwa fällt die Erbauung der zweiten Burg auf dem Gipfel des Wartenbergs.

1302/03 erlosch der Stamm der Herren von Wartenberg in der direkten Linie. Geisingen und der meiste wartenbergische Besitz gingen an den Grafen Heinrich von Freiburg-Badenweiler über, der mit einer Wartenbergerin verheiratet war. Nach deren Tod fiel das Erbe an die Tochter Verena, Gemahlin des Grafen Heinrich II. von Fürstenberg. Somit dienten auch die beiden Burgen auf dem Wartenberg nunmehr als Amts- und Wohnsitz der Herren von Fürstenberg.

1459 erbaute Heinrich IV. von Fürstenberg die auf dem Gipfel stehende Burg neu. Es darf angenommen werden, daß die untere, alte Burg damals bereits unbewohnbar war. 1514 lesen wir von einem Handstreich eines ehemaligen Obervogtes, der die Burg kurze Zeit in seine Gewalt bringen konnte. Im Bauernkrieg gelang es Hans Müller aus Bulgenbach, Geisingen zu nehmen, wobei er sicher auch die Burg auf dem Wartenberg nicht unbehelligt ließ.

Die obere Burg war noch bis in das Jahr 1700 in einem wehrhaften Zustand, wurde dann aber im Jahre 1780 abgetragen. Auf den Fundamenten errichtete der fürstenbergische Hofherr von Lassolaye ein Schlößchen. Vor einigen Jahren noch war dieses ansprechende Gebäude ein beliebtes Ziel für Sonntagsausflügler, heute ist es in privaten Händen. Doch Burgenfreunde lassen es sich nicht nehmen, bis zum Hoftor vorzudringen, um sich die etwa noch sechs Meter hohen Grabenmauern der ehemaligen Burg anzusehen.

ENTENBURG

Wo der Sage nach Karl der Dicke ermordet wurde...
Die Entenburg bei Pfohren ist nicht so alt, wie sie aussieht

Die Entenburg, wie sie sich heute darbietet. Durch das tief hinuntergezogene Dach, das über die Turmstümpfe läuft, sieht die Burg heute viel bedrohlicher und urtümlicher aus als zu der Zeit, da Kaiser Maximilian hier zu Gast war.

So sah die Entenburg im Mittelalter aus.

Der Name sagt's schon: Eine „Entenburg" kann nur am Wasser liegen – und so ist es auch. Der Frühling ist die richtige Jahreszeit für einen Besuch. Wenn in der Donauniederung noch die Nebel liegen, ist es geradezu gespenstig, wenn plötzlich dieser urtümliche Klotz von einer Burg aus den Nebelschwaden auftaucht – mag es an den fast fensterlosen Mauern liegen oder an dem wuchtigen Dach, das die gekappten Ecktürme noch überdeckt – es bleibt der Eindruck: Dieses graue Gemäuer ist sicher uralt, und es wäre kein Wunder, wenn hier nicht auch ein Gespenst sein Unwesen treiben würde. Es ist der „Schnufer" oder „Schnarcher", der seine Anwesenheit bekundet. Doch werden es wohl eher die Eulen und Käuzchen sein, die dieses Gemäuer bewohnen. So „uralt", wie man annehmen könnte, ist indes die Burg gar nicht.

Mag sein, daß die Erinnerung an ein Geschehnis mitspielt, das der Überlieferung nach hier stattfand: Kaiser Karl III., der Dikke (876–887), der in dem nahegelegenen fränkischen Königsgut Neudingen seinen Wohnsitz hatte, soll in den Donauniederungen bei der späteren Entenburg ermordet worden sein – sein Grab ist im Münster auf der Reichenau. Doch nun zur Geschichte der Entenburg:

Die Entenburg wurde im Jahr 1471 von

dem Grafen Heinrich dem Älteren von Fürstenberg (1432–1490) am Südostrand des Dorfes Pfohren erbaut. Er nannte sie sein „Haus".

Kaiser Maximilian I. war vom 25. bis 27. April 1507 drei Tage bei seinem Hofmarschall, dem Grafen Wolfgang von Fürstenberg (1484–1509), auf der Burg bei Pfohren zu Gast. In der Villinger Chronik von Heinrich Hug wird über diesen Besuch folgendes berichtet: „Auff sambstag negst hernach reutte die khönigliche Mayestatt alhüe wüder aus gehen Pfohrenn, alda blybe er bey diem Graff Wolfen von Fürstenberg 3 tag in dem Schloß und gab ihm dien nammen Endtenburg."

Am 10. Mai 1507 urkundete der Kaiser auf dem Rückweg vom Konstanzer Reichstag auf der Entenburg, nachdem er einige Tage bei seinem Reichszahlmeister Hans von Landau in Blumberg zugebracht hatte.

1510 war Maximilian I. wieder auf der Entenburg. Ein Brief an die Erzherzogin Margarethe von Österreich vom 23. Oktober 1510 ist datiert „escript an notre logis de Entbourch".

Die Burg war einst mit einem Wall und einem Wassergraben umgeben, und die vier Ecktürme trugen spitze Helme. Jetzt wird Heu und Stroh dort eingelegt, und Eulen hausen in dem alten Gemäuer.

Pfohren liegt an der Bundesstraße 31/33, zwischen Donaueschingen und Geisingen, auf dem Hochufer der Donau. Der Weg zur Entenburg ist leicht zu finden. Da sie eine „Wasserburg" ist, liegt sie an der tiefsten Stelle des hübschen Dörfchens.

Unsere Zeichnung zeigt die Eingangsseite der Entenburg, als sie noch mit einem breiten Wassergraben umgeben war und die Ecktürme noch ihre spitzen Helme trugen.

KARPFEN

Wo der Karpfen in das Hirschgeweih beißt...

Burg Karpfen zwischen Tuttlingen und Trossingen wurde völlig zerstört – Nur Eckquadern blieben erhalten

Die einzigartige Form des Berges Karpfen erinnert an einen Vulkankegel des nahegelegenen Hegaus, doch hat dieser Berg mit Vulkanismus nichts zu tun. Die harte Deckplatte aus weißem Jura hinderte vor Zeiten die Abtragung, und so formte sich – man darf es sagen – der schönste Berg unserer näheren Umgebung als sogenannter „Zeugenberg" heraus. Er „zeugt" dafür, daß vor Millionen Jahren die Deckformationen des weißen Juras einstmals viel weiter nach Westen reichten, ja sogar teilweise den heutigen Schwarzwald überdeckten. Aus diesem weißen Juragestein war auch einst die dort oben stehende Burg erbaut. Hieraus ließen sich keine großen Quadersteine gewinnen. Unbehauene Gesteinsbrocken waren das Baumaterial; kein Wunder, daß heute von der einstmaligen Burg nichts mehr zu sehen ist.

Für die Eckquadern des Bergfrieds war der weiße Jura nicht geeignet. Man holte sich dafür einen schönen hellen Stein, vermutlich aus dem Hegau, der große Quadern abgab und sich leicht verarbeiten ließ. Einige dieser Quadern sind heute Eckfundamente der großen „Scheuer", des Meierhofs der ehemaligen Herren von Karpfen.

Das Plateau des Bergkegels ist klein und von Natur und Menschenhand so gestaltet, daß ein Versuch der zeichnerischen Rekonstruktion ein nahezu zwangsläufiges Resultat ergeben mußte.

Die ehemalige Burg war Reichslehen, also nicht Allod, das heißt Eigenbesitz der Herren von Karpfen. Da diese überdies nicht reich waren, darf man sich also keine – mit Türmchen und Erkern romantisch ausstaffierte – „Ritterburg" vorstellen. Die Gebäude waren

einfach und zweckmäßig nach herkömmlicher Bauweise errichtet und hatten nur die Aufgabe, die Wehrfähigkeit der Burg zu gewährleisten. Bequemlichkeiten oder gar Repräsentation standen hinten an. Wie mag die Burg nun früher ausgesehen haben?

Schon am Anstieg des eigentlichen Bergkegels dürfte ein Gebäude oder eine wehrhafte Abriegelung des Burgweges gestanden haben. Gehen wir den steilen Burgweg hinauf, bemerken wir, kurz bevor wir das Plateau erreicht haben, rechts Einebnungen. Auch hier könnte eine Bewehrung ihren Platz gehabt haben, ein sogenannter Zwinger, bestehend aus Wall und Palisadenzaun, vielleicht auch eine vorgelegene Mauer.

Durch das Tor, das zusätzlich durch einen Wehrgang und auch vom Bergfried aus verteidigt werden konnte, erreichen wir den ummauerten Burghof. Außer einem Turm, dessen Standort noch gut sichtbar ist, ist nur an der Nordseite das Fundament eines Gebäudes erkennbar. Die eigentliche, etwas höher liegende Wohnburg war vom Burghof durch einen Trockengraben (noch gut zu sehen!) und eine starke Mauer mit Tor und Wehrgang abgeriegelt. Auf der kleinen Grundfläche hatten nur wenige Gebäude Platz, von denen die wichtigsten wohl der Bergfried, dessen erhöhter Standort sichtbar ist, und der Palas waren. Daneben standen noch das Gesindehaus und ein Wirtschaftsgebäude. Unsere Zeichnung läßt gut erkennen, wie diese Anlage einst ausgesehen haben könnte.

Die meisten Gebäude, insbesondere diejenigen aus Kalkstein, waren nur teilweise massiv aufgemauert; obere Stockwerke waren in der Fachwerk-Bauweise aufgesetzt. Oft wa-

Die Landschaft beherrschend ist der Karpfenberg schon aus großer Entfernung erkennbar.

Unsere Rekonstruktion zeigt die Anlage der Burg, die mit der durch einen Graben abgetrennten Vorburg ein flaches Oval bildet. Auf der Vorburg könnten noch einige kleinere Gebäude – angelehnt an die Ringmauer – gestanden haben. Auch die Stelle der Burgzisterne war vor einem Jahrzehnt noch zu sehen (etwa dort, wo sich auf unserer Zeichnung der „Karpfen in die Hirschstange der Helmzier verbeißt"). Ein kleiner Rundturm, dessen Standpunkt heute noch gut zu sehen ist, diente als Flankierungsturm zur Verteidigung der Ringmauer.

ren nur Palas und Bergfried mit gebrannten Ziegeln bedeckt. (Als Beispiel: Als der Raubritter Hans von Rechberg in seiner Burg Ramstein im Bernecktal angegriffen wurde, konnte das Schindeldach der Burg in Brand geschossen und so die Burg eingeäschert werden.)

Und nun auch etwas über die ehemaligen Bewohner dieser Burg: Wann die Burg erbaut wurde, ist nicht mehr festzustellen, doch wurde sie 1050 unter ihrem alten und richtigen Namen „Calphen" zum erstenmal erwähnt. Als Reichslehen gehörte sie bis 1270 den Herren von Karpfen, später denen von Lupfen, dann den Blumbergern, den Herren von Remschingen und den Emershofenern. 1444 kamen Burg und Herrschaft samt Zubehör (Dörfer) in die Hand des Grafen Ludwig von

Württemberg. Da 1480 das alte, namengebende Geschlecht der Herren von Karpfen ausstarb, kam der uneheliche, aber dann legitimierte Sohn des Grafen Eberhard im Bart in den Besitz der Burg und nannte sich fortan Ritter von Karpfen. Die Burg, die durch den häufigen Besitzerwechsel sehr vernachlässigt worden war, wurde neu gerichtet; auch kam als Gebietszuwachs das Dorf Rietheim mit Schloß als Erblehen hinzu. Im Dreißigjährigen Krieg wurde die Burg von den Kaiserlichen aus Villingen geplündert und in Brand gesteckt, ebenso das dazugehörende Dorf Hausen ob Verena, dessen Bevölkerung dabei größtenteils ums Leben kam. Hans Georg von Karpfen floh in die Schweiz. Erst 1643 bekam er seine Herrschaft wieder zurück. Als er 1664 als letzter männlicher Sproß starb, erbte die eingeheiratete Familie Wiederhold den Besitz auf dem Karpfen und in Rietheim. Doch die Burg wurde nicht mehr aufgebaut.

Heute sind Berg und Meierhof Karpfen in privaten Händen. Der alte ehemalige Meierhof und die Scheuer wurden neu errichtet. Die Gaststätte mit ihrer unverwechselbaren historischen Atmosphäre birgt viele Details, die eine einfühlsame Hand und ein Wissen um die Aura einer geschichtlichen Stätte verraten.

In der Kirche von Hausen ob Verena befindet sich ein spätgotisches Tafelbild, auf dem Johann von Karpfen und dessen Ehefrau Ursula von Reischach zu sehen sind. Eine ebenfalls dort abgebildete Burg wird fälschlicherweise für die Burg Karpfen gehalten. Doch zeigt dieses Bild eine Burg, auf steilen Felsen gelegen, etwa der Burg Werenwag im Donautal entsprechend. Es kann sich, wie gut erkennbar, keinesfalls um die Burg Karpfen handeln, sondern um eine vermutlich abgegangene Burg im Donautal, wo die Reischachs begütert waren. Das abgebildete Wappen Johann von Karpfens zeigt zwei Rücken an Rücken stehende Fische (Karpfen); dieses Motiv ist dem Wappen von Mömpelgard – das ja auch württembergisch war – entlehnt worden. Als Helmzier sehen wir einen Karpfen, der sich in das Ende einer Hirschstange (Württemberg!) verbeißt.

Eine Wanderung zu diesem einzigartigen Berg ist in jeder Jahreszeit ein Erlebnis.

HONBERG

Von Württemberg gebaut – Von Württemberg zerstört

Die Höhen-Festung Honberg über Tuttlingen wurde 1645 vom Hohentwiel aus zerstört

Unsere Zeichnung zeigt die Festungsanlage Honberg um 1600, also vor der Zerstörung durch Konrad Widerholt. Das Schloß steht etwas quer zum Festungsareal, auf der äußersten Westkante des Berges, der hier nach drei Seiten steil abfällt, und war einst von dem großen „Sammelplatz" durch einen tiefen Graben getrennt. Die Verteidigung gegen den flachen Bergrücken hatten zwei starke Kanonentürme zu übernehmen, die zur Angriffsseite hin noch durch einen tiefen Graben geschützt waren. Zu beachten wäre, daß die freie Fläche vor dem Schloß nahezu fünfmal so lang ist, wie sie hier auf der Zeichnung dargestellt wurde. Vom Schloß sind noch ansehnliche Reste vorhanden – ebenso von den Kanonentürmen. Da der Honberg leicht zu erreichen ist und eine hübsche Aussicht bietet, lohnt sich ein Besuch durchaus.

Blick auf die Reste der mächtigen Burg Honberg, oberhalb von Tuttlingen.

Nähern wir uns, von Westen kommend, der Stadt Tuttlingen, so ist ein über der Stadt aufsteigender bewaldeter Berg nicht zu übersehen. Nicht seine Höhe ist es, was ihn bemerkenswert macht, sondern zwei Türme auf ihm; der eine mit einem mittelalterlichen Zinnenkranz, der andere mit einer spitzen Haube, die uns das Bild einer „Ritterburg" aufdrängt. Um es gleich vorweg zu nehmen: Nie hat es hier oben eine solche Burg gegeben. Streichen wir also unsere diesbezüglichen Vorstellungen und halten wir uns an die Geschichte. Die Türme, Überreste, einst zu dem hier stehenden Schloß gehörend, wurden erst um etwa 1890 im Sinne eines romantischen Nachholbedarfs gebaut. Was aber hier oben einst wirklich stand, ist weitaus interessanter. War es doch – in Ablösung der „alten Burgen-Herrlichkeit" – eine der ersten Festungen jener Zeit, 1460 erbaut von dem württembergischen Grafen Eberhard im Bart.

Die Auffahrt auf den Honberg – so heißen Berg und Festung –, mitten im Stadtgebiet, ist leicht zu finden und bringt uns auf den breiten Rücken eines ehemaligen Umlaufberges. Unser Parkplatz liegt genau im ehemaligen Schußfeld zweier mächtiger Rundtürme, die durch eine starke Mauer verbunden sind. Keine Maus konnte sich einst diesem Festungsareal nähern, ohne gesehen zu werden. Die Kanonenscharten in den meterdicken Mauern der Türme sprechen eine deutliche Sprache.

Erst im Näherkommen bemerken wir den tiefen Graben, der das Vorgelände von der heute noch fünf Meter hohen Wehrmauer der Festungsanlage trennt. Die Festungsmauer, auf ihrer Rückseite aufgefüllt, ist nur wenig höher als das Vorgelände und bietet einem Angreifer somit kein Schußziel, ist aber durch den vorgelagerten tiefen Graben selbst unangreifbar: Eine Verteidigungsmaßnahme, die die Erkenntnisse des berühmten französischen Festungsbaumeisters Vauban 200 Jahre vorweggenommen hat. Das große, unbebaute Plateau zwischen diesem ersten Verteidigungswerk und dem Schloß diente als Truppensammelplatz. Das ganze Areal ist von einer Mauer umgeben, die außen Wehre zur Verteidigung der Längsmauern hatte.

Kommen wir nun zum Schloß. Sollte es einem Angreifer gelungen sein, den Innenplatz der Anlage zu nehmen, so wurde er durch einen tiefen, breiten Graben aufgehalten und konnte von der Front des Schlosses und den runden Ecktürmen aus wirksam bekämpft werden. Der Eingangsweg führt knapp an der südlichen Wehrmauer vorbei. Da keine Pfeiler oder sonstigen baulichen Reste zu finden sind, die auf eine etwaige Zugbrücke hinweisen könnten, wird hier wohl nur eine leicht zu entfernende Holzbrücke den Zugang ermöglicht haben. Das Schloß selbst, ein stolzer Bau mit seinen vier Türmen und dem einstigen hohen Staffelgiebel, konnte nach der Grabenseite hin durchaus gut verteidigt werden. Doch brauchte dies nie auf die Probe gestellt zu werden.

Das Schloß diente seinerzeit als Amts- und zeitweise Wohnsitz des Obervogtes. Als stän-

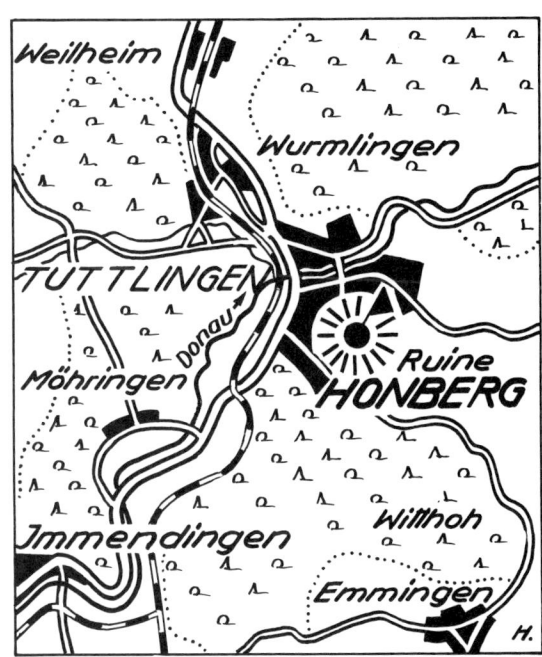

dige Besatzung befahl dieser über zwei Büchsenmeister, neun Knechte und einige Dienstleute. In kriegerischen Zeiten wurde die Besatzung jedoch wesentlich erhöht, so auch im Dreißigjährigen Krieg. Da dieser strategisch wichtige Punkt von beiden Seiten, sowohl den Schweden als auch den Kaiserlichen, begehrt wurde, zerstörte der württembergische Obrist Konrad Widerholt vom Hohentwiel die Festung 1645, kurz vor Kriegsende, um dem Feind eine etwaige Basis zu nehmen. Die Festung wurde nicht wiederaufgebaut. Man benutzte die Ruine als Steinbruch. Als im Jahre 1803 ganz Tuttlingen ein Raub der Flammen wurde, wurde mancher Stein für den Wiederaufbau der Stadt von hier oben nach unten gekarrt.

Lange Zeit war man der Meinung, daß hier oben in der Römerzeit ein römischer Wachtturm gestanden haben könnte, etwa ein einfacher Holzturm, wie sie vom Limes vielfach bekannt sind. Römische Funde in Tuttlingen sind bezeugt. Der Platz war seinerzeit eine römische Grenzstation des obergermanischen-rätischen Limes (Alb-Limes). Hier endete die römische Heerstraße, die im Jahre 73/74 unter Vespasian von Straßburg im Tal der Kinzig nach Rottweil (Ara Flaviae) und später zur Donau führte. Hier war ein wichtiger Donau-Übergang. Auch trafen an dieser Stelle zwei schon lange bestehende Straßenverbindungen aufeinander; die eine in südlicher Richtung an den Hochrhein führend, die andere in nördlicher Richtung, nach dem heutigen Sigmaringen. Das auf dem Gebiet des heutigen Tuttlingen vermutete römische Kastell, im Laufe der Zeit vielleicht von der Stadt überbaut, wurde bis jetzt noch nicht gefunden. Wäre die Annahme gesichert, könnte ein einstiger Aussichtsturm auf dem damals unbewaldeten Honberg durchaus denkbar sein. Der weite Überblick, der von der Flußniederung aus nicht gegeben war, hätte es ermöglicht, jede Annäherung in diesem militärisch noch nicht beherrschten Gebiet durch Hornsignale frühzeitig kenntlich zu machen. Solche ,,Spähtürme" im Vorfeld eines Lagers sind mehrfach bezeugt.

KONZENBERG

Verlassen, vergessen und abgebrochen

Die Ruine Konzenberg bei Tuttlingen verfügt über einen besonders schönen
Bergfried – 1820 auf Abbruch verkauft

Es ist mehr als eigenartig, daß alle unsere Hegau-Gipfelburgen keinen Bergfried haben. Nach landläufiger Ansicht gehört nun einmal dieses charakteristische und ins Auge stechende Bauwerk unabdingbar zu einer richtigen Burg. Selbst der Turm des Hohentwiels war nie ein Bergfried, sondern der Kirchturm der Garnison. Deshalb sollte man sich die Mühe machen, einmal eine Burgruine aufzusuchen, die solch einen Bergfried sozusagen in Reinkultur aufzuweisen hat, auch wenn dieses Bauwerk etwas abseits der in diesem Buch besprochenen Burgen liegt.

Einer der schönsten und eindrucksvollsten Wehrtürme ist das hervorstechende Signum der Ruine Konzenberg. Diese nicht sehr bekannte Burgruine liegt unweit von Tuttlingen auf einer Bergnase nahe der Bundesstraße, die von Tuttlingen nach Schwenningen führt. Circa sechs Kilometer hinter Tuttlingen auf einer Kuppe angelangt, biegt man links in ein Sträßlein in Richtung Möhringen ein. Auf dem nahegelegenen, ausgeschilderten Parkplatz stellen wir unser Fahrzeug ab und haben nun auf einem leicht ansteigenden Waldsträßchen noch circa zehn Minuten Fußweg zu bewältigen.

Der Bergfried der Ruine ist – mit seinen Ausmaßen von fast 13 mal 12 Meter Grundfläche – auch heute noch ein imponierendes Bauwerk, dürfte aber früher noch wesentlich höher gewesen sein. Sein Eingang liegt zehn Meter über dem Burgareal und war einst nur mit leicht abwerfbaren Leiterstiegen zu erreichen. Da zur Zeit der Erbauung der Burg Feuerwaffen noch nicht in Gebrauch waren, konnte man bei einer Belagerung abwarten, bis der Gegner abzog oder ein Entsatz von

Der durch seine schönen und großen Buckelquadern imponierende Bergfried, der noch in etwa halber Höhe erhalten ist.

verbündeten Burgen eintraf. Bei den vier Meter dicken Mauern hätten auch Geschütze in der damaligen Zeit nichts ausrichten können. Was beeindruckt, sind die mächtigen Quadern, aus denen der Turm erbaut ist. Ganz offensichtlich wollte man etwas Besonderes erstellen und verzichtete auf den hier anstehenden weißen Jura, aus dem ja Steine in diesen Dimensionen auch nicht gebrochen werden konnten, und holte die mächtigen Blöcke aus dem Hegau. Schon allein der Transport dieser Steine stellte eine immense Arbeitsleistung dar; man bedenke nur die schlechten Straßen und die unzulänglichen Fuhrwerke.

Die ersten zwölf Lagen der Quadern sind behauen und sorgfältig geschichtet, bei den folgenden Lagen hat man sich weniger Mühe gegeben. Der Eingang hat einen schön gearbeiteten Gewölbebogen. Interessant ist der untere Eckstein der Südost-Mauer, der ein Wappenzeichen trägt.

Der Turm steht leicht über Eck der Eingangsseite zu. Auf einem alten Grundriß ist noch ein Schalenturm (das heißt hinten offen) zu ersehen, der mit einer an den Bergfried

Unsere Rekonstruktion zeigt die Burg Konzenberg zur Zeit der Hirschegger. Auf der Vorburg (links) hatten Wirtschaftsgebäude, Stallungen usw. ihren Platz. Deutlich ist der kleine Zwinger zu sehen, der durch den Bergfried und den Schalenturm nebst Wehrmauer gebildet wird.

anschließenden Mauer einen Zwinger bildete. Vom Bergfried und diesem Turm mit dem Wehrgang aus, der sicher auf der Verbindungsmauer aufsaß, konnte ein etwaiger Feind, bevor er in das eigentliche Burgareal eindringen konnte, wirksam bekämpft werden.

Schon bevor sich ein Gegner der Burg nähern konnte, mußte er ein kleines Vorwerk bewältigen, dessen Spuren circa 150 Meter vor der Burg noch gut erkennbar sind. Dann, durch eine doppelte Mauer, die zum Burgeingang führte, in der Bewegungsfreiheit eingeengt, wurde es ihm schwer gemacht, die über den Burggraben führende Zugbrücke zu erreichen. Seitliche Angriffe waren durch den um die Burg ausgehobenen tiefen Graben erschwert, der Aushub des Grabens wurde noch zusätzlich für einen bewehrten Wall verwendet. Das Burgareal ist durch die allseitig abfallende Böschung gut markiert. Ist auch von den einstigen Gebäuden nichts mehr zu sehen, so kann man davon ausgehen, daß diese mit ihren Außenmauern auf der Ringmauer aufsaßen. Allzu großartig werden sie wohl nicht gewesen sein. Sicher war der Palas zweistöckig, wobei das obere Stockwerk vielleicht aus Fachwerk bestanden haben könnte, eine durchaus übliche Bauweise bei kleineren Burgen.

Über die Zeit der Burgerbauung ist man sich nicht ganz einig. Fest steht, daß sie im Jahre 1239 im Besitz der Wartenberger war. Eine Tochter dieses Geschlechtes heiratete einen Konrad von Hirschegg und brachte die Burg als Heiratsgut ein. Anzunehmen ist, daß dieser Konrad namengebend für die Burg gewesen ist (Konrad = Kunz oder Konz). Allzulange saßen die sich „Fürsten" nennenden Hirschegger nicht auf der Burg. Das Domkapitel Konstanz erwarb diese im Jahre 1345; als Pfand ging sie dann durch verschiedene Hände – um im Jahre 1602 an die Dompropstei Konstanz verkauft zu werden. Die Burg spielte als strategischer Punkt keine Rolle, auch ihre ziemliche Abgelegenheit kam ihr zugute!

Sie überstand daher gut die Wirren des Dreißigjährigen Krieges. Nur von Jagdaufsehern oder Förstern bewohnt, war sie wohl auch in einem schlechten Zustand. Wind und Wetter hatten das Ihrige getan, nur das Wohngebäude war noch einigermaßen erhalten. Bis 1816 bewohnte noch ein Jäger die Burg – dann wurde sie sich selbst überlassen und diente als Unterschlupf für allerlei Gesindel. Nachdem ausgebrochen und weggetragen worden war, was irgendwie brauchbar war, wurde sie 1820 auf Abbruch verkauft.

1838 wurden auch die Reste der Mauern als billiges Baumaterial abgetragen. Wer sich vor Dornen und verwachsenem Niederholz nicht fürchtet, findet circa 100 Meter abwärts gelegen auf dem Grat der Bergnase die Mauern eines „Luginsland", der einst hier erbaut wurde, um den Teil der nahe vorbeiführenden Straße einsehen zu können, der im toten Winkel lag.

NEU-SUNTHAUSEN

Hier hatte ein „Schlagedrein" seinen Stützpunkt

Ruine Neu-Sunthausen, zwischen Donau und Hegau –
Die Schaffhausener leisteten gründliche Arbeit

Das Studium von Wanderkarten – etwa die des Schwäbischen Albvereins oder des Schwarzwaldvereins – kann so aufregend sein wie ein überraschender Fund auf einem „Flohmarkt". Hier etwa entdeckt man einen schön bemalten Bauernkrug, dort einen Hinweis auf ein Sühnekreuz, eine uralte Mühle... oder eine Ruine, die man bis dato noch nicht kannte. Besagte Ruine liegt zwischen dem Hegaublick und Geisingen, unweit der Bundesstraße 31, und ist auf der Karte mit Sunthausen bezeichnet.

Man kann die Ruine Sunthausen von Kirchen-Hausen aus erwandern. In der Nähe der Kreuzung Bahnlinie/Bundesstraße führt eine Straßenbrücke über die Autobahn. Das Sträßchen zieht sich auf der nördlichen Talseite in halber Hanghöhe entlang. Der Abgang zur Ruine ist durch ein nicht zu übersehendes Hinweisschild ausgewiesen. Kommt man jedoch aus Richtung Hegaublick, läßt man sein Fahrzeug bei dem (trockenen) Auffangbecken auf der rechten Talseite stehen und benutzt dasselbe Sträßchen, jedoch in der anderen Richtung. Vom Hinweisschild aus sind es dann etwa fünf Minuten bis zur Ruine. Allgemein bekannt scheint dieser Burgplatz auch unter Burgenfreunden nicht zu sein. Große Erwartungen sind hier auch fehl am Platz. Doch wer sich nun einmal für Ruinen und dergleichen interessiert, dem läßt es einfach keine Ruhe: Man muß dort gewesen sein! Nennen wir's eine Exkursion „en miniature", was steckt dahinter, was wird man vorfinden? Nun, geht man mit einem Begleiter, der sich für solche Dinge nicht sonderlich interessiert, wird dieser vielleicht sagen: „Ziemlich wenig!" Macht man ihn jedoch auf manches aufmerksam, das zunächst leicht übersehen wird, und umkreist „das Objekt" wie ein Wolf seine Beute, wird er gerne zugeben, daß doch einiges mehr herauszulesen und zu sehen ist, als der erste Anblick vermuten läßt.

Der Ruinenplatz liegt auf einem kleinen, steilen Bergkegel. Der natürlichen Isolation wurde indes kräftig nachgeholfen und ein natürlicher Einschnitt auf der Westseite so vertieft, daß dergestalt ein „herzeigenswerter" Burggraben entstand. Auf dem kleinen Plateau zwischen Graben und einem natürlichen Felsentor, das dem Burgweg sicher eine gute Verteidigungshilfe gab, könnten Wirtschaftsgebäude gestanden haben.

Doch nun zur Kernburg: Was oben auf dem Kegel zunächst auffällt, ist die abschüssige und „bucklige" Beschaffenheit der Grundfläche. Auf der höchsten Erhebung bemerken wir eine runde Aushebung; wir nehmen diese als Indiz für einen ehemaligen Rundturm.

Unsere Rekonstruktion, ausgehend von vorgefundenen Anhaltspunkten, läßt die abhaldige Lage des kleinen Burgplatzes gut erkennen. Zwei kräftige Felsbrocken könnten die Stützen des Wohngebäudes gewesen sein.

Dieser hätte dann zu dem Burgtor, das wir etwas tiefer gelegen annehmen dürfen, in einem sinnvollen Bezug gestanden. Was nun noch fehlt, ist ein Hinweis auf ein Wohngebäude. Das Wort „Palas" dürfte hier wohl nicht ganz am Platze sein. Schon die Grundfläche ließ hier ein größeres Haus nicht zu. Auf dem kleinen Rundweg umkreisen wir die Anlage, dabei ist wesentlich mehr zu sehen als oben. Ein kleines Stück einer Futtermauer, die sich einst nach oben als Umfassungsmauer fortsetzte, zeigt uns, daß die Erbauer sich mit dem anstehenden Steinmaterial zufriedengaben. Auf der Südseite boten zwei deftige Felsklötze einen guten Rückhalt für aufgehende Mauern, auf ihnen könnte das Wohnhaus gestanden haben. Ziegelsplitt oder Dachziegelfragmente sind nicht zu finden. Durchaus denkbar, daß die Gebäude aus Fachwerk bestanden und mit Holzschindeln gedeckt waren. Auch große und mächtige Burgen bedienten sich dieser Fachwerk-Bauweise, wie zum Beispiel das Zollernschloß in Balingen, die Hohen-Urach, die Klingenberg und andere mehr.

Nun zum Namen der Burg: Erbaut wurde

sie von einem Niederadelsgeschlecht, das seinen Sitz in der Baar hatte. Die Burg Alt-Sunthausen (circa sechs Kilometer östlich von Bad Dürrheim) war am Rande des Bächleins Kötach so angelegt, daß man einen Wassergraben drum herum ziehen konnte. Diese Burg existiert nicht mehr. Aus welchen Gründen nun Neu-Sunthausen erbaut wurde, ist uns nicht bekannt. Doch die Lage war günstig, denn die Straße von der Baar und der Donau nach dem Hegau und der Schweiz war vielbefahren, und es ist anzunehmen, daß man in Form von Wegegeldern daraus seinen Nutzen zog. 1413 wurde die Burg an die Herren von Reischach, die auf dem unweit gelegenen Stettener Schlößle saßen, verkauft.

Unser Foto zeigt den steilen Kegel, auf dem die Burg stand. Blick auf den Standort des Turms.

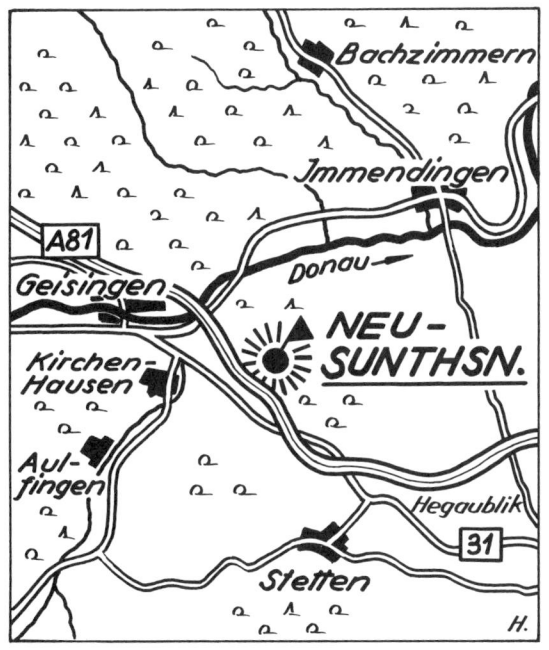

1440 hatte hier der berühmt-berüchtigte ,,Schlagedrein" Hans von Rechberg seinen Stützpunkt. Hierher könnte er sich nach dem ,,großen Coup" im Jahre 1441, bei dem es eine ,,saftige" Beute gab, zurückgezogen haben. Schaffhauser Bürger hatten wohl auch sonst noch zwingende Gründe, massiv einzugreifen. Dabei wurde die Burg bis auf die Grundmauern zerstört (1446). Hans von Rechberg hatte jedoch ,,Lunte gerochen" und sich rechtzeitig abgesetzt. Was zurückblieb, waren bröckelige Mauern, die nach und nach vom Wald überwachsen wurden und der Vergessenheit anheim fielen.

GRANEGG

Es steht eine Ruine am Höllenloch ...

Die Granegg unweit von Spaichingen: Alle 20 bis 30 Jahre stürzt ein Stück Felsen in die Tiefe

Ein Höllenloch und eine Ruine? Gemeint ist hier die Ruine Granegg zwischen Bubsheim und Königsheim, die zehn Kilometer nordöstlich von Spaichingen auf einem steilen Felsen liegt, der nach drei Seiten senkrecht abfällt. Von der Ruine stehen noch ein stolzer Turmrest und die Umfassungsmauern. Nur etwa 20 Meter hinter diesen Mauern öffnet sich auf dem schmalen Felssporn besagtes Höllenloch. Schwer abzuschätzen, wie tief es hinuntergeht. Wir sehen schroffe Felsspitzen, ein kleines Bäumchen hat sich auf halber Höhe an einem Vorsprung festgekrallt. Grün dämmert es herauf, Farne und Moose haben sich angesiedelt. Ganz unten ist seitlich Licht zu sehen, dort scheint ein Ausgang zu sein. Höhlen und Felsrisse, Erdfälle, Dolinen genannt, sind auf der Schwäbischen Alb nicht gerade selten. Ist dieses Loch noch eine Erinnerung an das große Erdbeben von 1356 – dessen Spuren wir auch bei anderen Burgen feststellen konnten? Es ist beurkundet, daß vor Jahrhunderten ein Teil der Burg in die Tiefe gerissen wurde. Auch heute noch, so etwa alle 20 bis 30 Jahre, löst sich eine Platte aus der Steilwand und donnert in die Tiefe. Wo vorher ein schöner Fichtenwald stand, sind nur noch zersplitterte Baumreste zu sehen.

Nicht nur wegen der Mauerreste und „dem Loch" ist diese Burgstelle eine Wanderung

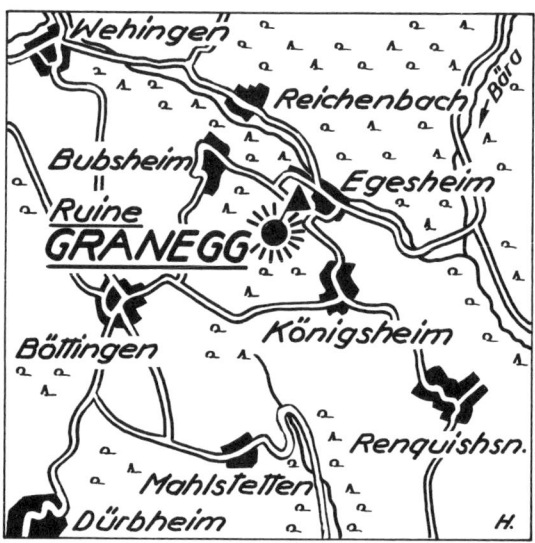

wert, hat man doch von hier oben eine herrliche Aussicht. Sauber eingerahmt von freundlichen Häusern zeigt sich der weiße Staffelgiebel der Kirche von Egesheim, auf der anderen Seite sehen wir die Giebel der Häuser von Bubsheim; im Tal die Anhauser Mühle. Fischweiher blitzen in der Sonne, und wir erinnern uns, daß wir der alten, ehemaligen

Stark bewachsen ist heute der Burghügel der Granegg, ▷ aber der Burgturm ist in seiner stolzen Höhe noch gut zu erkennen.

Durch den Halsgraben ist der Felssporn mit der Ruine von der Hochfläche abgetrennt. Der noch hoch aufragende Turm hat einen Innenraum von 4,5 mal 6,5 Meter. Früher hatte er ein Untergeschoß und vier Wohngeschosse. Die Vorderfront des Turmes ist schildmauerartig besonders stark bewehrt. Balkenlöcher an seiner Front zeigen eine Überdachung an. Der ehemalige Eingang könnte derselbe gewesen sein, den auch wir benutzen. Deutlich ist ein anderer Zugang an der Steilseite durch ein Tor in den Zwinger zu sehen. Ob weitere Gebäude auf der kleinen Burgfläche Raum hatten, kann nur vermutet werden. Das „Höllenloch" liegt auf unserer Zeichnung unter der Spitze des Wappens.

Kirche von Bubsheim noch einen Besuch abstatten wollten.

Die Ruine Granegg hieß ursprünglich Michelstein. Erst als die Herren von Ifflinger-Granegg ihren Sitz von der Burg Granegg bei Niedereschach hierher verlegten, wechselte sie ihren Namen. Die Michelsteiner sind schon um das Jahr 1100 urkundlich bezeugt. Als das Geschlecht ausstarb, ging die Burg über die Tiersteiner an die Herren von Balgheim. 1377 in einer Fehde zerstörten die Rottweiler die Festung. Als „Burgstall" kam sie dann an die Herren von Stein und 1536 in den Besitz der Herren von Ifflinger-Granegg. Diesen ging es wohl nicht um die kaum mehr bewohnbare Burg, sondern um den Grundbesitz, um Steuern, Zehnten, ,,Wunn und Weid", Jagd und ,,Fischenz". Sie waren ein begütertes und bekanntes Geschlecht, das den Grafen von Oberhohenberg tüchtige und respektierte Obervögte stellte.

Bei einem Verkauf des Fridinger Gebietes (Donau) geriet die Granegg mit allem Zubehör 1792 in fremde Hände. Ein Nachkomme der Herren von Ifflinger-Granegg kaufte die Ruine aber später wieder zurück. Dessen Sohn, der königliche Kammerherr Konsul Freiherr von Ifflinger, vermachte Wald und Ruine der katholischen Kirchenpflege Rottweil. Durch eine Schenkung kam der Schwäbische Albverein 1931 in Besitz der Granegg, mit der Auflage, die Ruine zu erhalten. Von Königsheim ist die Granegg etwa drei Kilometer entfernt und auf ebenen Wegen leicht zu erwandern. Von Bubsheim aus kann man mit dem Wagen bis zum Abgang eines kleinen Sträßchens fahren. Beim ersten Seitental links erreicht man eine Wiese. Der Zugang zur Ruine ist auf der linken Seite in dem schütteren Wald. Von hier aus sind es dann noch circa fünf Minuten.

Hier noch ein kurzer Blick auf die alte, ehemalige Granegg an der Straße Niedereschach–Fischbach. Von der Straßenkreuzung lag sie etwa 100 Meter entfernt in Richtung Fischbach. Wer sich die kleine Mühe macht, das dortige Bauernanwesen von der Rückseite aus zu betrachten, sieht die Burgmauern der alten Granegg; auch auf der anderen Seite der Straße sind noch Mauerreste zu erkennen.

HOCHRHEIN · ALB- UND KLETTGAU

OBERSTAAD

Rundum machten Seeräuber den Bodensee unsicher

Die einstige Burg Oberstaad am Untersee hatte ein vergleichsweise harmloses Schicksal – Wechselnde Besitzer

Die einstige Burg Oberstaad am Untersee, zwischen Öhningen und Wangen am Untersee, bietet sich heute mit Turm und Wohngebäude – in einem weiträumigen, gepflegten Park gelegen – von der vorteilhaftesten Seite dar. Ist auch das stilgerechte Fachwerkhaus mit Seitentrakt erst in neuester Zeit erstellt worden, so dominiert doch der alte wuchtige Burgturm mit seinen Staffelgiebeln. Er allein ist noch der Rest der einstigen Burg. Viel mußte die ehemalige Burg über sich ergehen lassen, doch der Turm überstand Brand, Krieg und Fehden, Blitzschlag und Umbauten.

An ihm sind die verschiedenen Zeitläufe noch gut abzulesen. Romanisch gedoppelte Fenster mit schönen Rundbögen führen uns in die Zeit seiner Erbauung zurück. Ein Fenster weist noch die typischen romanischen Halbrundkugeln auf, andere schließen schon mit einer gotischen Spitze. Relikte von früheren Fenstern und Durchbrüchen mit ihren Laibungen aus dem hellen Stein der Meeresmolasse stehen unvermittelt in den „ruchen" Wacken der wuchtigen Wand. Einige schmale Fenster mit schönen „Gewänden", das heißt Laibungen, die sich nach innen verengen, sind zugemauert. Der Zugang zum Turm ist wie üblich erhöht angebracht. Er war einst durch einen Schwibbogen mit dem Palas verbunden. Gebaut wurde der Turm aus deftigen Rundwacken mit Eckquadern aus heller, grauer Meeresmolasse.

Zeigt sich heute der Turm mit einem Satteldach zwischen den beiden Staffelgiebeln, so war dies nicht immer so. Eine kleine Skizze in der schweizerischen Kantonskarte von Jos Murer aus dem Jahre 1566 zeigt den Turm mit einem Walmdach und einer hohen Mauer drum herum. Auf unserer Zeichnung nach

245

Sehr vorteilhaft wirkt die Gesamtanlage heute. Sie ist allerdings der Öffentlichkeit nicht mehr zugänglich. Der Fachwerkbau links wurde erst in jüngster Zeit stilgerecht an den Turm angefügt.

Nach einem alten Original wurde diese Zeichnung der Burg Oberstaad am Untersee angefertigt. Damals scheint der Turm noch höher als heute gewesen zu sein. Auch die Dachform wurde inzwischen verändert. Die vielen Nebengebäude wurden abgerissen, und das vor dem Turm stehende Herrschaftshaus ist ebenfalls ein Opfer der vielfältigen Umbauten geworden.

einer alten Vorlage etwa aus der Zeit um 1890 hat der Turm ein Pyramidendach mit einem Glockentürmchen und ist von zahlreichen Nebengebäuden eingeengt. Am Turm sind auch heute noch Reste der einst hier angebauten Gebäude zu erkennen.

Erbaut wurde die Burg im 10. Jahrhundert, vermutlich von den Herren von Hohenklingen. 1499 wurde sie zerstört und kam 1516 in die Hände der Herren von Mandach; danach löste ein Geschlecht das andere ab. Es war dies in der Zeit des Niedergangs im Ritterwesen. Viele adelige Herren waren zu Strauch- und Raubrittern abgesunken. Einer von ihnen, Werner von Schienen, der auf der nahegelegenen Schrotzburg saß, betrieb eine lukrative Seeräuberei. Nur 1000 Meter von Oberstaad entfernt liegt der Weiler Stiegen. Hier lag Werner von Schienen mit einigen schnellen Schiffen auf der Lauer. Zeigte sich ein Kauffahrerschiff, war er zur Stelle; Ware und Menschen wurden in Beschlag genommen und nur gegen ein hohes Lösegeld wieder freigegeben. Sein Kumpan, Hans von Rechberg, berüchtigt durch seine Raufhändel, saß auf der Höri. Sein Stützpunkt war indes Hornstaad, das nicht mit Oberstaad verwechselt werden sollte. Von dort fing er ab, was ihm in den Weg kam. Doch, obwohl unmittelbar am Wasser gelegen, scheint die Burg Oberstaad nicht an den Seeräubereien des Schieners beteiligt gewesen zu sein, sonst hätte wohl der Städtebund auch Oberstaad zerstört, als er 1441 gegen die Schrotzburg, das Raubnest Werner von Schienens, rückte. Die Mauern der Burg wurden untergraben, so daß sie einstürzten. Darauf zündeten die Verteidiger die Burg an und machten sich davon.

Als am anderen Tag die Städter in die Burg eindrangen, war das ,,Ratzennest" leer!

Im Jahre 1608 hören wir wiederum von der Burg Oberstaad; damals gehörte sie dem Kloster Einsiedeln, dann den Herren von Hallwil, um später über Franz von Liebenfels an das Kloster Muri (Aargau) zu kommen. Verschiedene private Besitzer folgten. In der Mitte des 19. Jahrhunderts wurde in den damals noch umfangreichen Gebäuden eine Stoffdruckerei etabliert. Nach Abbruch der mit der Zeit schadhaft gewordenen Nebengebäude diente das Anwesen in den Jahren um 1960 als Fabrikationsstätte für Sportboote. Heute ist die ganze Anlage mit dem schicksalsträchtigen Turm in den Händen eines im Bodenseeraum beheimateten Industrieunternehmens.

SCHROTZBURG

Die Schrotzburg – einst gefürchtetes Raubritternest
Von den Befestigungen auf der Höri blieben nur noch kümmerliche Reste – Graf Scrot gab den Namen

Die Burgstelle der Schrotzburg ist von Schienen auf der Höri oder von Bankholzen auf der ,,Radolfzeller Seite" aus leicht zu erreichen. Man fährt bis zum höchsten Punkt der Straße, findet dort einen bequemen Parkplatz und folgt einem ebenen Fußweg in Richtung Westen. In etwa 25 Minuten hat man die Burgstelle erreicht. Verwunderlich, daß sie so oft und gerne besucht wird. An der Aussicht kann's nicht liegen, denn in Richtung Bodensee ist so gut wie nichts mehr zu sehen. Vor 20 Jahren war das noch anders, aber die umliegenden Wälder lassen die Ruine langsam zuwachsen. Sollte dieser ungefüge Nagelfluhklotz mit den wenigen Mauerresten der ehemaligen Burg auf romantische Gemüter oder geschichtlich Interessierte eine gewisse Faszination ausüben?

Das wüste Treiben des Burgherren Werner von Schienen als Wegelagerer, Seeräuber und Entführer ist historisch belegt. Er war nicht der einzige dieser Art. Die einst wohlhabenden Herren des Adels konnten nach dem Aufkommen der Städte und dem damit verbundenen Handel wirtschaftlich nicht mehr bestehen. Von ihren Bauern und Hörigen bekamen sie ihre verbrieften Abgaben in Na-

Nur ein kräftiger Mauerzahn ist Überrest des einstigen Ritternestes Schrotzburg.

turalien oder Arbeitsleistungen, jedoch so gut wie kein Geld. Während die Städte durch ihren Handel wohlhabend wurden, mußten die Herren auf ihren Burgen Geld aufnehmen, ihre Güter verpfänden, hohe Zinsen zahlen und verschuldeten sich so immer mehr. Sie betrachteten es jedoch als ihr gutes Recht, den ,,Pfeffersäcken", die von der Messe aus Zurzach oder Genf zurückkamen, ein saftiges Wegegeld abzunehmen. Auch war manch wohlhabender Kaufherr sein gutes Lösegeld wert. Was Wunder, wenn sich die Städte dies nicht gefallen ließen. Sie stellten ein Heer auf und rückten den adligen Herren auf den Pelz. So auch gegen Werner von Schienen, der auf dem Untersee seine Überfälle auf Kauffahrerschiffe startete.

Die Schrotzburg war für den Schwäbischen Städtebund sicher ein harter Brocken. Man ging mit Mauerbrechern vor und brach eine Bresche in den Mauerring. Am anderen Tag, als der Sturm erfolgen sollte, war das Raubnest leer, und die Verteidiger waren durch eine Schlupfpforte entwischt. Vorher hatten sie die Burg noch in Brand gesteckt. Diese wurde 1441 von den Städtern bis auf die Grundmauern zerstört, und das zugehörige Dorf Schienen wurde verwüstet. Heute zeugen nur noch zwei klägliche Mauerreste von der einstigen Burg.

Der Platz für die Burg war gut gewählt worden. Sie lag auf der äußersten Ecke eines Höhenrückens, wo das Gelände nach zwei Seiten steil abfällt. Nur nach Süden und Westen hatte man einen Graben ausheben müssen. Einen Teil des Aushubes verwendete man auf der Westseite für einen Wall. Man muß sagen: Der Burggraben kann sich auch heute noch sehen lassen! Vor dem Graben und Burgplatz liegt ein sanfter Hügel, der jedoch nach Süden und Osten steil abfällt. Auf dem ebenen Teil könnten Wirtschaftsgebäude gestanden haben. An der Ostseite verlief der Burgweg, der bei dem kleinen Steinbruch von oben her unter Kontrolle gehalten werden konnte.

Aus den örtlichen Gegebenheiten läßt sich das Bild der Burg einigermaßen rekonstruieren. Es wird wohl kein sehr großartiger Bau gewesen sein, denn bei dem hier vorkommenden Nagelfluh und den Rundwacken sind einer Gestaltung Grenzen gesetzt. Doch kräftige Mauern und ein trutziger Bergfried lassen sich damit gut aufrichten. Die beiden noch sichtbaren Mauerreste könnten mithin Teile des ehemaligen Bergfrieds sein, an den sich die übrigen Gebäude anschlossen. Diese waren nach der Feindseite durch eine dicke Mauer geschützt und mit einem von vorne nicht beschießbaren Pultdach versehen. Der freie Teil vor den Gebäuden war Burghof und

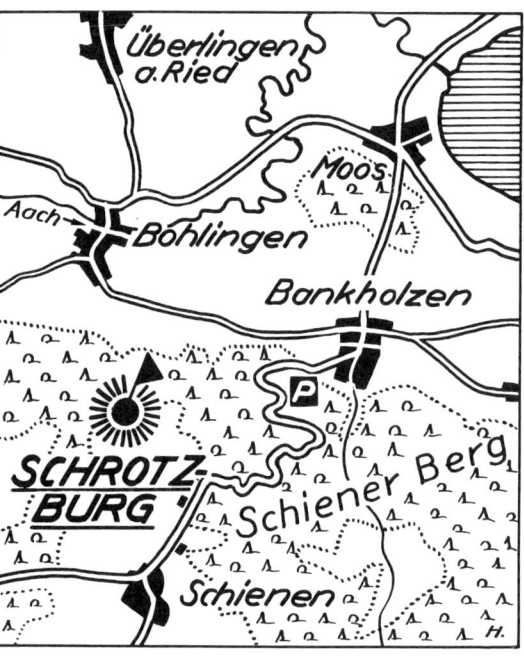

Praktisch nichts mehr blieb von der einstigen Schrotzburg übrig. Doch eine Rekonstruktion ist recht gut möglich. Es hat sich bei der Anlage mit Sicherheit nicht um eine besonders prächtige Burg gehandelt. Das vorhandene Baumaterial sowie die begrenzte Hochfläche schlossen große gestalterische Freiheiten aus.

Zwinger zugleich. Der Eingang konnte von der Ringmauer aus verteidigt werden. Vor dem Tor war eine abwerfbare Holzbrücke und darüber eine „Hurde", ein Kampferker, um das Tor auch von oben her verteidigen zu können.

Um das Jahr 800 hatte ein Graf Scrot, ein Angehöriger des Reichsadels, Besitz in dieser Gegend; von ihm leitet sich der Name der Burg ab. Im 14. Jahrhundert hatte das Reichenauer Ministerialengeschlecht von Schienen, Lehensleute der Herren von Hohenklingen, die Burg bis zu deren Zerstörung in Besitz.

SCHWARZWASSERSTELZ, WEISSWASSERSTELZ, ROTWASSERSTELZ

Pate stand ein kleiner Vogel

Die drei Burgen Schwarzwasserstelz, Weißwasserstelz und Rotwasserstelz lagen dicht beieinander am Rhein

Stelzen sind kleine Vögel, die sich gern in Wassernähe ansiedeln. Sie standen Pate für die Namengebung der drei Burgen Schwarzwasserstelz, Weißwasserstelz und Rotwasserstelz – letztere auch Rötteln genannt. Die drei Burgen lagen zwischen Hohentengen und Lienheim dicht beieinander. Die älteste, Schwarzwasserstelz, ist ganz verschwunden. Zuletzt in bürgerlichem Besitz, wurde sie, da am Schweizer Ufer gelegen, 1875 zum Abbruch an die Schweizer Bundesbahn verkauft. Die schönen, behauenen Quadersteine des ehemaligen Bergfrieds wurden zum Bahnbau verwendet. Vor dem Verkauf war die Burg noch bewohnbar. Sie war das Stammschloß der Freiherren von Wasserstelz, die erstmals 1165 erwähnt wurden. Diese standen im Dienst des Klosters Reichenau und waren auch Besitzer der Burg Weißwasserstelz, die gegenüber auf dem rechten Rheinufer lag, ähnlich wie die Burg Kaub am Mittelrhein auf einem im Rhein liegenden Felsen. Durch eine Zugbrücke war sie mit dem linksrheinischen Ufer verbunden. Hier befanden sich die Wirtschaftsgebäude und eine Mühle. Wie ein Schiffsbug teilte die Burg das Wasser, überragt von einem starken Turm, der wohl früher ein Spitzdach hatte, dem aber in der Zeit des Barock eine „welsche Haube" verpaßt wurde.

Die Burg Weißwasserstelz, die auf unserer Zeichnung als Ruine im Hintergrund zu sehen ist, liegt bei der Guggenmühle. Im 14. Jahr-

Die Burg Rotwasserstelz, auch Rötteln genannt, ist die ▷ einzige noch erhaltene der drei Burgen Schwarzwasserstelz, Weißwasserstelz und Rotwasserstelz. Die Burg wurde bis 1785 durch Aufbauten und neue Gebäude nach und nach erweitert.

Die Burg Schwarzwasserstelz war bis zu ihrem Verkauf an die Schweizer Bundesbahn noch bewohnbar. Die behauenen Quadersteine des ehemaligen Bergfrieds wurden nach dem Abbruch zum Bahnbau verwendet. Im Hintergrund die Ruine Weißwasserstelz, deren Besitzer sich um den Erhalt der noch bestehenden Mauerreste bemüht.

hundert gehörte sie vorübergehend den Freiherren von Krenkingen, dann dem Hochstift Konstanz. 1639 wurde der Bergfried der Burg gesprengt. Der heutige Besitzer der früher zur Burg gehörenden Zehntscheuer bemüht sich um den Erhalt der noch bestehenden Mauerreste. Burg Rotwasserstelz oder Rötteln, mit der Brücke zum gegenüberliegenden Städtchen Kaiserstuhl, wurde im Jahre 1294 bereits erwähnt. Das Bistum Konstanz erwarb von dem Freiherrn von Regensberg Kaiserstuhl und Rötteln mit weiteren Gebieten und behielt diese bis zum Jahre 1803. Einst war von dem Baukomplex nur der feste, etwas in die Länge gezogene Turm vorhanden.

1440 wurden zwei Stockwerke auf den vorher schon einmal erhöhten Turm aufgesetzt. Damals erhielt Rötteln seinen einzigartigen Dachstuhl, der sich bis heute erhalten hat. Die auf unserem Bild vor dem Turm stehenden Gebäude wurden erst in den Jahren 1750 und 1785 angebaut und dienten als Amtsgebäude und Zollhaus. Ein schönes Wappenschild über dem Haupteingang zeigt den fürstlichen Stand der damaligen Erzbischöfe an, und zugleich weisen Krummstab und Schwert auf die damit verbundene geistliche, aber auch weltliche Rechtsausübung hin. Rötteln ist eine der wenigen Burgen am Hochrhein, die die Jahrhunderte überdauert haben.

BEUGGEN

Im Schloßhof steht noch die alte Burgschmiede
Schloß Beuggen, ein Juwel am Hochrhein – 700 Jahre wechselvolle Geschichte

Etwa um 1750 sah die Schloßanlage wie auf unserer Rekonstruktion aus. Deutlich hebt sich die ehemalige Burg (rechts, mit gestaffeltem Giebel) von den späteren Anbauten ab.

Die schöne, weiträumige Schloßanlage liegt in der Gemeinde Karsau, die mit der Stadt Rheinfelden schon fast zusammengewachsen ist. Bis auf wenige hundert Meter reichen die Anlagen eines großen Industriewerkes an die Wirtschaftsgebäude des Schlosses heran. Aus Richtung Schwörstadt, auf der Bundesstraße 34 kommend, sehen wir den in einem lichten Ocker gehaltenen Gebäudekomplex hell aus den herbstlichen Farben der Parkanlage herausleuchten. Eine kleine Stichstraße bringt uns vor das schöne alte Tor. Nein, das ist kein

255

Tor eines Schlosses, wie man sich das so vorstellt, etwa mit einem verspielten Barockeingang mit Ziergitter und roten Geranien vor Sprossenfenstern, sondern das ist der wehrhafte Torturm einer veritablen Burg! Die Mauerschlitze, in denen die Balken der aufgezogenen Zugbrücke einst einrasteten, sind noch vorhanden. Von den Zinnen der Wehrplatte aus konnte einem unerwünschten Besucher unmißverständlich Einhalt geboten werden. Wenn auch die Zugbrücke schon längst einem Fahrdamm weichen mußte: rechts vom Turm plätschert noch immer der kleine Bach, der dem tiefen und breiten Burggraben sein Wasser gab, und der es auch heute noch tut, zur Freude des darin schwimmenden Entenvolkes. Durchschreiten wir den Torturm, sehen wir zur Rechten die Türe der ehemaligen Wachtstube mit dem Kreuz des Deutschen Ritterordens. Im Schloßhof, zur linken Seite, steht noch die alte Burgschmiede mit der Jahreszahl 1533 und einem alten Fresko mit einem Wappen.

War vor dem Turm rechts der Burggraben, gab auf der linken Seite eine hohe Wehrmauer Sicherheit. Diese hat man dann irgendwann abgebrochen, und der Burgschmiede hat man ein hübsches Türmchen vermacht, das nicht so recht zu seinem wehrhaften Nachbarn, dem Burgtor, passen will. Der Burggraben und eine doppelte Wehrmauer mit vorspringenden Halbrundtürmen zog sich bis zum großen „Storchenturm" am Rheinufer hin.

Der weiträumige, gepflegte Schloßhof wird durch das große Gebäude der ehemaligen Kommende des Deutschen Ritterordens beherrscht. Die kühle, distanzierte Front, unterteilt durch farbig abgesetzte Gesimse, wird durch das schöne, von Giovanni Gaspare Bagnato entworfene barocke Eingangstor be-

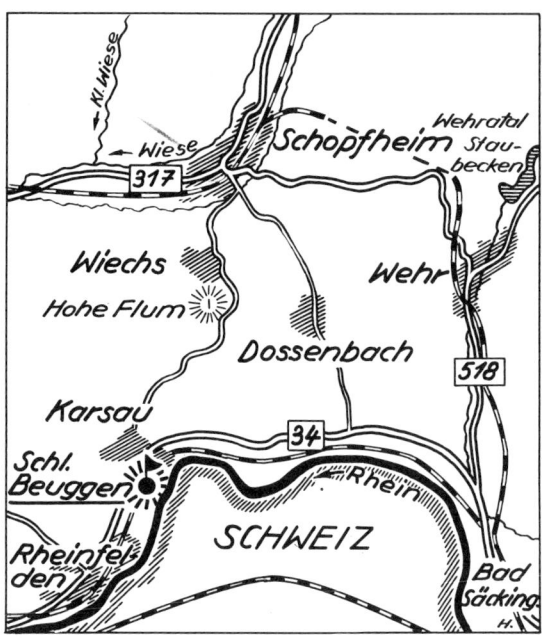

herrscht. Ein Ziergiebel lockert die Front auf, und die große Uhr darunter mahnt: „Eine meiner Stunden wird auch die Deine sein!"

Vier Bauperioden zählt das große Schloßgebäude; doch der „alte Bau", weiß von den späteren Anbauten abgesetzt, läßt deutlich erkennen: Hier steht trutzig und wehrhaft ein „festes Haus" . . . eine Burg! Schon der Eingangsbogen mit dem darüber eingelassenen Wappen ist „burgenmäßig". Knapp am Ufer des Rheines stehend und so geschützt, steilt der gotische Treppengiebel mit schön behauenen Buckelquadern an den Ecken. Im Laufe der Zeiten hat man die Fensterfronten aufgelockert, dem Gebäude mehr Licht und Luft gegeben, doch ein kleines Spitzbogenfenster an der Rückseite macht deutlich, wie wir uns die ehemalige, mittelalterliche Front vorzu-

Der Torturm und die alte Burgschmiede von Beuggen. ▷

stellen haben. Vergleichen wir unsere Zeichnung, die den Zustand der Anlage etwa um die Zeit von 1780 zeigt, mit heute, bekommen wir den Eindruck: Viel hat sich hier nicht geändert, auch wenn einige Schloßscheuern abgebrannt und dann etwas kleiner wieder aufgebaut worden sind und ein Schulgebäude in der neuesten Zeit – modern zwar, sich aber gut einordnend – dazugekommen ist. Der alte „Storchenturm" nahe des Rheins hält immer noch Wacht, und es stört ihn nicht, daß einst der Komtur Georg von Andlau das Tor vermauern ließ. Die Sache war so: Ein Komtur von Reischach trat zum reformierten Glauben über, heiratete und fuhr mit seiner Gemahlin vierspännig durch dieses Tor in den Schloßhof ein. Das durfte nie wieder geschehen. So wurde das Tor zugemauert und eine Bresche neben dem Tor in die Mauer gebrochen, „auf daß niemals mehr ein deutscher Ritter hier hindurchreiten sollte".

Ulrich von Liebenfels, kaiserlicher Burgvogt „auf dem Stein", das heißt auf der Burg im Rhein vor Rheinfelden, schenkte 1246 dem Orden Land und die Burg Bukhaim (Beuggen). Doch schon im Jahre 1268 errichtete man unterhalb der alten Burg einen neuen, größeren Bau, der im Laufe der Zeit ständig erweitert wurde. Durch den Armagnakeneinfall 1444, durch eine Fehde mit dem Bistum Basel und den Bauernkrieg wurden das Ordenshaus und die ihm zugehörigen Dörfer schwer heimgesucht und die Schloßgebäude beschädigt. Im Dreißigjährigen Krieg ging die Burg von Hand zu Hand. 1638 war sie Hauptquartier Bernhards von Sachsen-Weimar, der auf der schwedischen Seite kämpfte – und später Ausgangspunkt der Franzosen bei der Eroberung von Rheinfelden; 1805 kam Beuggen an Baden. In den Befreiungskriegen wurde das Schloß als Lazarett genutzt; über 3000 Soldaten starben hier an ihren Verletzungen und am Wundbrand. Einige Zeit dienten dann die Gebäude als Lehrerbildungsanstalt, später als Erziehungsanstalt.

KÜSSABURG

Die Küssaburg – mächtigste Festung am Hochrhein
Eine beachtenswerte Ruine im Kreis Waldshut –
Spiegelbild einer wechselvollen Geschichte

Die Küssaburg, eine der großartigsten Ruinen des Klettgaus, der Landschaft zwischen Schaffhausen und der Wutachmündung, liegt auf einem Bergkegel, der zum kleinen Randen gehört; westlich der Straße, die vom Wutachtal nach dem schweizerischen Zurzach führt, auf der Gemarkung Bechtersbohl, Kreis Waldshut. Die interessante Ruinenanlage und die landschaftliche Schönheit des vom Verkehr wenig erschlossenen Grenzstreifens am Hochrhein garantieren besonders im Frühling einen erlebnisreichen Ausflug.

Die Ruine liegt auf der Felsstufe eines Bergrückens. Die ersten Befestigungen dieses strategisch wichtigen Punktes dürften bis in die Vorzeit zurückreichen. Auch die Römer bauten hier einen Wachtturm, um ihre Militärstraße – die, ausgehend von „Tenedo" (Zurzach), über die Römerlager Dangstetten, Schleitheim, Hüfingen, Rottweil nach „Sumelocenna" (Rottenburg) führte – unter Kontrolle zu haben. Erste Nachricht von einer mittelalterlichen Burg erhalten wir durch die Urkunde eines Heinrichs de Cussaberc am Hofe Konrads III. in Rothenburg ob der Tauber. Heinrichs Enkel Heinricus war mit Berta, der Schwester des nachmaligen mächtigen Königs Rudolf I. von Habsburg, vermählt. Doch schon 1250 erlosch das Grafengeschlecht der Cüssapercher, und die Burg geriet in die Hände des Bischofs Heinrich von Konstanz. Vor der Burg befand sich eine ausgedehnte Siedlung der Leibeigenen und Dienstmannen, die sogar mit einer Ringmauer umgeben war und Stadtrecht und Gerichtsbarkeit besaß.

Nach mancherlei Verpfändungen kam die Burg 1497 an die Grafen von Sulz, die von den Grafen von Habsburg-Laufenburg die Landgrafschaft Klettgau geerbt hatten. Im Jüngeren Schweizer Krieg verloren die Sulzer

Die mit Buchstaben versehenen Teile der Zeichnung bedeuten: A: der mittelalterliche Bergfried; B: der Kanonenturm; C: vorgelagertes Bollwerk; D: Steg über eine Zugbrücke zum Torturm hin; E: der Torturm, daneben der Eingang zur inneren Burg; F: der Zwinger.

ihre Burg an die Eidgenossen, bekamen sie aber bald wieder zurück. Die Beschädigungen durch die eidgenössischen Geschütze wurden ausgebessert, und die Burg wurde zu einer starken Landesfestung ausgebaut. Die Vorburg wurde geschleift und das Terrain eingeebnet, um ein weitreichendes Schußfeld zu gewinnen. Auch der mittelalterliche Bergfried wurde gekürzt, um Geschütze aufnehmen zu können. Davor errichtete man einen festen Batterieturm, der durch meterdicke Mauern mit dem Bergfried und der schon bestehenden Schildmauer verbunden war. Die vier vorspringenden Flankentürme der inneren Burgmauer wurden erhöht und verstärkt, um etwa eingedrungene Feinde im Zwinger zurückhalten zu können. Auch das hoch gelegene Eingangstor, das durch eine Zugbrücke geschützt war, bekam eine neue starke Bewehrung, die mit dem Batterieturm verbunden wurde.

Im Dreißigjährigen Krieg wechselte die Festung mehrmals ihren Herrn und war bald kaiserlich, bald schwedisch. Am 2. Mai 1634 zog die schwedische Besatzung endgültig ab, brannte aber zuvor die Festung nieder. Nach dem Tod des Grafen Johann Ludwig von Sulz, dem letzten männlichen Namensträger, kam die zerstörte Festung im Erbgang zusammen mit der Landgrafschaft Klettgau in die Hand des Fürsten von Schwarzenberg. Später wurde die Landgrafschaft mit der Burgruine dem Großherzogtum Baden einverleibt.

Unrühmliches ist von der Küssaburg im Bauernkrieg zu vermelden. Als die Bauern auf dem „Rafzer-Feld" auf die 500 waffenerprobten Schweizer warteten, deren Kommen ihnen zugesagt worden war, deren Waffenhilfe aber dann vom Rat der Stadt Zürich verboten wurde, griff das österreichische Heer unter Neutralitätsbruch (das Gebiet gehörte zum Kanton Zürich) mit verheerender Übermacht die Bauern an und hieb sie zusammen. Wer noch fliehen konnte, zog sich in den Kirchhof von Grießen zurück, wo die Bauern endgültig geschlagen wurden. Dem gefangenen Bauernführer Klaus Wagner, der aus mehr als einem halben Dutzend Wunden blutete, wurden auf der Küssaburg die Augen ausgestochen, ebenso dem Prediger Rebmann.

Lassen wir nun Gewalt, Unrecht, Unterdrückung und Krieg von damals beiseite und erfreuen wir uns an der herrlichen Aussicht. Weit ausgebreitet liegt das grüne, fruchtbare Land zu unseren Füßen, in der Niederung blinkt der Rhein – einst Grenze des römischen Imperiums –, zwar auch heute noch Grenzfluß, doch durch Brückenschlag mit dem Schweizer Ufer nachbarlich verbunden.

◁ Die Küssaburg aus der Vogelperspektive. Der Aufbau der ehemaligen Burg ist hier sehr gut erkennbar. Links das Torhaus.

WIELADINGEN

Herrlicher Bergfried zwischen Fels- und Mauertrümmern
Die Ruine Wieladingen – Eine Burg aus zwei Bauperioden –
Zerstörungen durch Erdbeben?

Die auch noch als Ruine eindrucksvolle Burganlage erreicht man am besten von Murg über Harpolingen oder von Bad Säckingen aus. Der Wagen kann in der Nähe eines gut ausgeschilderten Sanatoriums geparkt werden, und man hat von da aus einen hübschen, abwechslungsreichen Abstieg zu dieser einmaligen interessanten Burganlage (circa 15 Minuten).

Der Weg durch das flache, sanfte Wiesentälchen endet jäh am Waldrand. Das muntere Bächlein, das eben noch gemütlich dahinplätscherte, stürzt sich nun in kleinen Kaskaden über wirre Felstrümmer in eine Schlucht. Über steile Felsstufen, einen Steg und wild durcheinanderliegende Felsbrocken erreichen wir den Burgeingang.

Zwei Eingänge nebeneinander zu einer Burg sind mehr als ungewöhnlich. Ein mit einem Geländer geschützter Steg führte hart am steilen Fels entlang über zwei tiefe Burggräben, die einst durch Zugbrücken passierbar waren. Eine Fuge in der hohen Wehrmauer zeigte uns, daß das größere spitzbogige Tor erst später bei der Erweiterung der Burg angebracht worden war. Leider ist im Laufe des Sommers 1983 diese seltene und schöne Doppeltoranlage eingestürzt; nur noch ein einzelner Mauerzahn zeugt von der Wehrhaftigkeit des Burgeingangs. Hinter der Tormauer gibt uns ein Tonnengewölbe, das sich an den imposanten, urtümlichen Bergfried anlehnt, Rätsel auf. Einen ebenen Burgplatz, wie man ihn von anderen Burgen kennt, finden wir hier nicht. Felstrümmer, Bäume und Gestrüpp machen es uns schwer, die einstige Anlage vor unserem inneren Auge erstehen zu lassen.

Ganz offensichtlich entstand die Burganlage in zwei Bauperioden. Eine steile Felsentreppe bringt uns in die untere Burg, die mehrere Meter unter dem Niveau der oberen liegt. Die hohe Mauer der Westseite zeigt durch Balkenlöcher an, daß das einst hier stehende langgestreckte, schmale Gebäude mehrere Stockwerke gehabt haben muß. Ein großes Tor führt durch die Mauer, an deren Außenseite deutlich die zwei Bauabschnitte schon durch die Art des Gesteins und der Mauertechnik zu erkennen sind. Innen, an der „Nahtstelle" zwischen den beiden Bauabschnitten, wundern wir uns über eine in den gewachsenen Fels eingehauene tiefe Kaverne, die von den jugendlichen Besuchern als schauerliches Burgverlies angesehen wird, dies aber wohl kaum gewesen ist. Auf der südlichen Seite fällt das Niveau des Burghofes plötzlich steil ab. Am Grund des Abbruches sehen wir eine Öffnung in der Art eines großen Tores. Doch nur von der Außenseite der Mauer her ist deutlich zu erkennen, daß hier

Unsere Rekonstruktion zeigt die ungewöhnlich interessant angelegte Burganlage. Besonders hervorgehoben ist der alte Teil der Burg, daran anschließend die spätere Erweiterung. Der Bergfried mit den schönen Buckelquadern steht auf dem höchsten Punkt des Burgterrains.

Unsere Zeichnung zeigt die Burg von der Seite, wo der Burgfelsen nahezu senkrecht zur Murg abfällt. In dem kleinen Zwinger zwischen der alten Burg und dem Anbau sehen wir einen Teil des Tores, das in der Westmauer liegt. In diesem Zwischenstück befand sich auch die Felskaverne.

nicht etwa ein Ausgang war, sondern daß die Mauer über einem Gewölbebogen auf zwei Felszacken aufsaß. Später mag wohl die Vermauerung des Bogens nachgegeben haben, und die einstmalige Auffüllung ist nachgerutscht. Da hier kein sicherer Baugrund war, könnte diese Seite des Gebäudes als Fachwerk aufgeführt worden sein. Um so mehr, als von dieser Seite aus ein Angriff unmöglich war, da das Gelände fast senkrecht zur Murg abfällt. Der unsichere Baugrund war bestimmt auch die Ursache dafür, daß hier das Gebäude – vielleicht nach einem Erdbeben – in die Tiefe gestürzt ist.

Das hervorragendste Bauwerk der Anlage ist der Bergfried der oberen Burg. Über zwei

Meter dick sind seine Mauern, die an den Ecken schöne Buckelquadern mit Randschlag zeigen. Durch eine später angebrachte Öffnung klettern wir in das Innere des Turmes. In zwölf Meter Höhe erkennen wir den alten ursprünglichen Eingang. Wie durch einen hohen Kamin sehen wir ein ,,ausgestanztes" Stück Himmel, umrahmt von Bäumen, die sich oben angesiedelt haben und sich wie ausgeschnittene Silhouetten schwarz abheben.

Die Edelknechte von Wieladingen sind um das Jahr 1260 erstmals bekundet. Doch später kam das Geschlecht durch Erbteilungen und anschließende Verpfändungen in Bedrängnis. Die Nachkommen verließen die Burg und zogen in die Städte der Umgebung, wo sie in der Folgezeit angesehene Ämter innehatten. Die Burg wurde ,,offen gelassen" und verfiel nach und nach. Der Sage nach soll sie auch zeitweilig noch als gefürchtetes ,,Raubritternest" gedient haben. Von einer kriegerischen Zerstörung ist nichts bekannt. Der urtümliche Bergfried widerstand Wind und Wetter und zeugt von vergangenen Zeiten.

Der wohlerhaltene Bergfried mit schönen Buckelquadern, wie man sie selten findet.

BÄRENFELS

Die Bärenfelser und der „Burgenbrech"
Die Ruine Bärenfels oberhalb von Wehr und ihre Geschichte

Die Bärenfels, zuerst Steinegg genannt, wurde im 11. Jahrhundert erbaut. Als Burgplatz wurde ein kleiner Bergkegel gewählt, der als Abschluß eines Bergrückens steil und hoch über dem Wehratal liegt. Der Platz war für eine kleine Burg hervorragend geeignet. Die Steilhalde auf beiden Seiten gab guten Schutz, und von der Hochfläche des Hotzenwaldes aus war die Stelle in diesem „nordischen Urwald" nicht zu erreichen. Die Erbauer sicherten sich also nach der Talseite ab und „klotzten" hier eine mehrere Meter dikke Wehrmauer hin. Der Turm, der aus dieser Mauer herauswächst, ist nicht gerade elegant zu nennen, da er sich nach unten kräftig verdickt, gerade so, als wolle er sagen: „Mich schmeißt keiner um." Oben an seiner Plattform trägt er sägeartig herausstehende Steine, die man für Auflagen einer Treppe halten könnte; doch was sollte hier, an der Angriffsseite, eine außen angebrachte Treppe? Hier wurde das große, steile Dach der Wohnburg abgestützt; der Burgplatz war klein, also mußte man, um Raum zu gewinnen, nach oben bauen. Knapp unter dem Dachabschluß lag auch der Eingang zum – besteigbaren – Turm.

Der heutige Eingang – mit der Treppe auf der einstigen Wehrmauer – wurde erst in unserer Zeit herausgebrochen. Der Burgplatz gleicht einem Rechteck, das etwas aus der Form geraten ist, mit dem Turm auf der westlichen Längsseite. Das Wohngebäude war an den Turm angelehnt, wie mehrere Reihen Kragsteine – auf denen Geschosse aufsaßen – uns deutlich zeigen. Auf der Nordseite lag der Eingang, der durch einen Torturm geschützt war. Die Frage der Wasserversorgung dieser kleinen Burg dürfte ein kleines Problem ge-

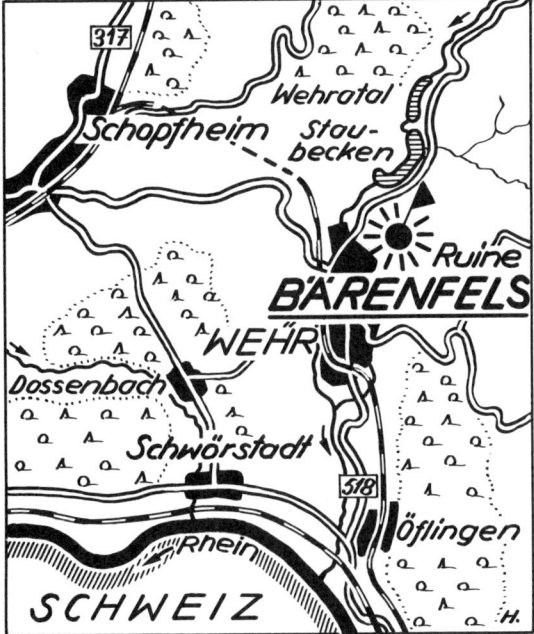

Die Burg Bärenfels von der Rückseite: Das einfache Wohngebäude stand in der Mitte des Mauerrings. Das hohe Dach war an den Turm „angeflanscht". Dieser konnte somit vom Dach des Gebäudes aus betreten werden. Die Wehrmauer zur Talseite hin war besonders stark gebaut (heute Treppenaufgang zum neuen Turmeingang). Das Tor zur Burg könnte durch einen kleinen Torturm geschützt worden sein. Die notwendigen Wirtschaftsgebäude standen außerhalb des Burgrings.

wesen sein. Sicher besaß die Burg eine Zisterne, einen Wasserbehälter, der das von dem großen Dach abfließende Regenwasser speicherte, sehr brauchbar in Zeiten, in denen man mit anderen Burgen „in Fehde" lag. Doch sonst wird man wohl das Wasser mit Tragtieren aus dem tiefer unten fließenden Fischgraben geholt haben.

Wer zuerst auf diesem Adlernest saß, ist nicht bekannt. Um das Jahr 1350 war die Burg im Besitz der Freiherren von Schönau; diese verkauften sie an die Markgrafen von Hachberg, die sie dann an die Ritter von Bärenfels weitergaben. Gerne zogen die Bärenfelser sicher nicht auf diese abseits liegende Burg. Doch ein schweres Erdbeben – „Burgenbrech" wurde es im nachhinein geheißen –, das im Jahre 1356 nahezu alle Burgen in der Schweiz, aber auch auf der Alb von ihren Felsen warf, zwang sie zur Umsiedlung.

Auch die Stadt Basel wurde damals fast ganz zerstört. Und so kam es, daß die Herren von Bärenfels das sonnige Birstal, unweit Basel, verlassen mußten. Mit dieser Stadt waren sie eng verbunden, war doch ein Bärenfelser lange Jahre dort Bürgermeister. Ihre Zugehörigkeit zu Vorder-Österreich bewiesen sie durch ihren Einsatz in der schicksalhaften, unglücklichen Schlacht von Sempach, 1386, bei der drei Bärenfelser das Leben lassen mußten. Wie lange die Burg den Herren von Bärenfels als Wehr und Wohnung gedient hat, ist nicht sicher festzustellen, doch seit Mitte des 16. Jahrhunderts wird sie als Ruine bezeichnet.

Erreichbar ist die Burgruine am besten von Wehr aus. In der Stadtmitte biegt eine Straße in Richtung Bergalingen ab. Mäßig steil führt sie bis zu einer Abzweigung „Rüttehof"; hier biegen wir ein. Doch nun heißt es aufgepaßt. Nach etwa zwei Kilometer Fahrt finden wir links der Straße einen kleinen, markierten Parkplatz und auch den beschrifteten Abgang zur Bärenfels. Durch kühlen Tannenwald geht es kräftig abwärts. Links, am Übergang über den Fischbach, steht ein Gedenkstein, auf dem vermerkt ist, daß hier drei Häuser im letzten Jahrhundert durch eine Lawine zerstört worden sind. Der bequeme, fast ebene Weg auf dem Grat bringt uns zum Bergkegel mit der Burg, die einst durch einen noch heute gut erkennbaren Rundgraben geschützt war. Nach einer „Umgehung" besteigen wir den sich nach oben verjüngenden Turm. Hier wird uns klar, warum die Bärenfels ein so beliebtes Ausflugsziel ist. Tief unter uns liegt das Stauwerk, welches das große Becken auf dem Hornberg mit Wasser zu versorgen hat.

Der urige Bergfried der Bärenfels: Der sich nach oben ziehende Absatz ist deutlich zu sehen. Unten der neue Eingang. Der alte Eingang (oben) befand sich unter dem ehemaligen Dachgiebel.

Im Norden grüßt die Hohe Möhr und das hübsche Dörflein Hasel. Westlich im Dunst muß Basel liegen. Davor das Grenzacher Horn. Von Süden her wirft uns der Rhein Sonnenblitze zu. Von dem 350 Meter unter uns liegenden Städtchen Wehr sind gerade noch einige Häuser sichtbar. Der Weg vom Parkplatz bis zur Ruine beträgt 30 Minuten. Wer jedoch ,,sauerstoffhungrig" ist, kann die Bärenfels auch von der Talsohle aus ,,erobern". Jedoch der Höhenunterschied von 350 Meter und der flotte Anstieg verlangen schon einige Kondition. Den Wanderweg findet man am Nordende von Wehr, der Aufstieg dauert etwa eine gute Stunde. In Wehr sollte man sich auch die renovierte ,,Herrenmühle" ansehen. Sie liegt unmittelbar rechts neben der Einfahrt nach Bergalingen. Biegt man dann nachher, nach circa 200 Meter, bei der ersten Rechtskurve nicht ab, sondern fährt geradeaus, kommt man in fünf Minuten zu der sozusagen mitten im Stadtgebiet liegenden Burgruine Werrach. Sie hat einen schönen Innenplatz mit noch fast intakten Umfassungsmauern und einen hübschen Pavillon auf einem ehemaligen Turmstumpf. Ab Mitte des 16. Jahrhunderts wurde die Burg nicht mehr bewohnt und teilte mithin das Schicksal vieler Burgen, die ,,offen gelassen" wurden, und verfiel allmählich. Heute ist sie eine Ruine.

ROGGENBACHER SCHLÖSSER

Zwei Familien – zwei Türme – eine Burg

Die wildbewegte Geschichte der Roggenbacher Schlösser
im Hochschwarzwald – Im 16. Jahrhundert zerstört

Zwei Bergfriede innerhalb einer Festungsanlage sind eine Seltenheit. Die Roggenbacher Schlösser waren eine sogenannte Ganerbenburg und von mehreren Familien gleichzeitig bewohnt.

Burgen im Hochschwarzwald sind selten. Sie lagen einst meist an den Eingängen der Täler und hatten die Aufgabe, Territorien zu schützen oder Durchgangsstraßen abzuriegeln.

Fahren wir auf der Straße Bonndorf-Tiengen und biegen bei der Steinasäge in das hübsche, tannenumsäumte Wiesentälchen der Steina ein, so wundern wir uns mit Recht, dort gleich drei hohe und urtümlich aussehende Burgtürme auf niederen Bergrücken anzutreffen.

Zwei der Türme stehen eng benachbart, sie

gehören zu den Roggenbacher Schlössern, während der mehr nördlich und einzeln stehende Bergfried die ehemalige Burg Steinegg zu schützen hatte. Mächtig und von der Straße aus gut zu sehen, steilen die aus dicken Quadern gefügten Türme auf einem niederen Felsriff über Tannen.

Wir stellen den Wagen ab, und nach wenigen Minuten Gehzeit stehen wir im Graben der Burg. Er wurde aus dem Felsrücken künstlich ausgebrochen. Eine Brücke, vermutlich eine Zugbrücke, überquerte ihn einst und führte zur Burg. Der heutige Zugang verläuft an der Ostseite der ,,Hochburg" entlang; durch einen schmalen Mauerspalt kommt man in das eigentliche Burgareal. Wie vorhandene Mauerreste noch gut ausweisen, ging aber ehemals der Weg über den – von einem halbrunden Turm gut geschützten – Zwinger, den ersten Vorhof, durch einen schmalen Durchlaß zu einem zweiten Hof, der wiederum von der Vorburg durch eine Mauer mit Tor getrennt war. Erst von dort kam man über Holzstege – die im Falle der Gefahr abgeworfen werden konnten – in das eigentliche Burgareal, in die ,,Hochburg". Die Abgrenzungen und die Mauerreste der Vorburg und der dort stehenden Gebäude sind noch gut sichtbar, ebenfalls die Burgzisterne.

Sicher standen dort auch noch Wirtschaftsgebäude oder Ställe, denn mit Pferden war

Dicht umwachsen sind heute die Ruinen der Roggenbacher Schlösser. Die ehemalige Burganlage ist aber noch sehr gut zu erkennen.

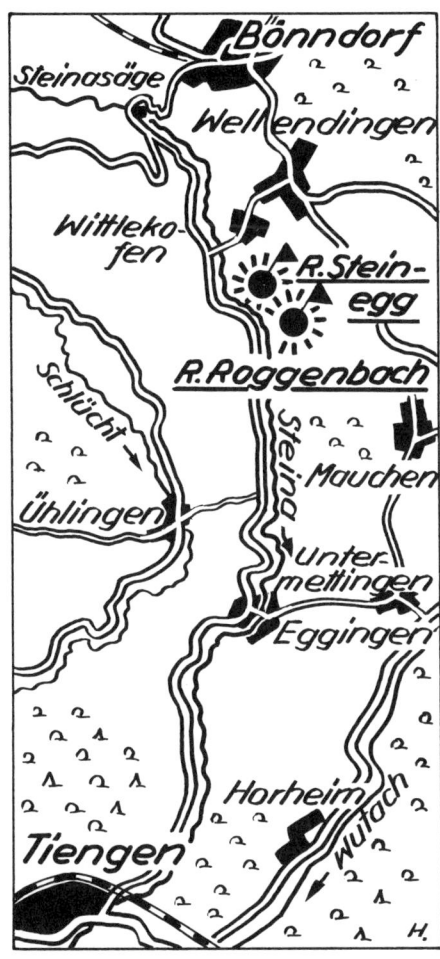

die „Hochburg" wegen der Treppen nicht erreichbar. Die ganzen Anlagen des Zwingers und der Vorburg sind stark verwachsen, doch wer Brennesseln, Gestrüpp und Dornen nicht scheut, bekommt einen guten Eindruck von der Wehrhaftigkeit dieses mittelalterlichen Adelssitzes. Doch verlassen wir das Dickicht des Zwingers und der Vorburg, gehen zurück und benützen den heutigen Eingang.

Ungewöhnlich, daß die „Hochburg" gleich von zwei mächtigen Türmen flankiert ist. Man müßte meinen, ein Bergfried würde als letzte Zuflucht bei einem Angriff genügen. Doch eine Mauer mit einem noch gut erhaltenen Tor, das Burgareal in zwei Teile teilend, beweist, daß wir es hier mit einer sogenannten Ganerbenburg zu tun haben. Darunter versteht man einen Burg-Komplex, der von zwei (oder auch mehreren) Familien bewohnt wurde. Jede Familie hatte ihren eigenen Bergfried und einen eigenen Teil des Wohngebäudes, sicher auch eigene Gebäude in der Vorburg, während Torturm, Mauergürtel, Brunnen usw. gemeinsamer Besitz waren.

Die namengebenden Erbauer der Burg waren die Herren von Roggenbach, Ministerialen – Beamte – der Herzöge von Zähringen. Mit den umliegenden Dörfern, Weilern und Höfen bildeten „Burg und Bann" eine selbständige kleine Herrschaft. Ende des 13. Jahrhunderts kam die Burg in die Hand der Krenkinger, eines rasch hochgekommenen Geschlechtes, das ursprünglich dem Niederadel angehörte. Aus dem kleinen Örtchen Krenkingen (Klettgau) stammend, hatten sie ihren Sitz auf der Weissenburg bei Weisweil. Aus machtpolitischen Gründen wurde diese jedoch 1281 durch König Rudolf I. von Habsburg zerstört. (Nach dem Stammsitz dieses Geschlechtes wird der vordere Bergfried der Roggenbacher Schlösser heute noch „Weissenburg" genannt.) Später wurde ein Teil der Burg an die Herren von Roth verpfändet, die im südwestlichen Raum und am Hochrhein begütert waren und deren Sippenmitglieder hohe Ämter innehatten. Durch Erbgänge kam die Burg über verschiedene andere Familien an die von Lupfen – und nach deren Aussterben im Mannesstamm an die von Pappenheim, die auf dem Hohenlupfen saßen.

Im Schnittpunkt der Machtkämpfe zwischen den Klöstern St. Blasien und Allerheiligen (Schaffhausen) sowie am Rande des Machtbereiches der Zähringer Herzöge gelegen, hatte die Burg manche Bedrängnis auszuhalten. Fest steht, daß sie 1438 vom Kloster St. Blasien belagert und auch zerstört wurde. Zwar wurde sie wieder aufgebaut, um dann aber – wie vermutet – im Bauernaufstand, der ja in diesem Gebiet begann, 1524 endgültig zerstört zu werden.

Zum Namen ,,Roggenbach" wäre noch anzumerken, daß es in Unterkirnach (nahe Villingen) einen Burgplatz gleichen Namens gibt. Graben und Burgareal sind noch gut sichtbar.

Nur 300 Meter nördlich der Roggenbacher Schlösser liegt der schöne, aus Buckelquadern mit Randschlag erbaute Bergfried der Steinegg. Eine Besonderheit ist der Innenteil des Turmes, der ganz aus geglätteten Steinen besteht. Auch diese Burg wurde, ebenso wie die Roggenbacher Schlösser, schon vor dem 12. Jahrhundert erbaut, wie unter anderem der Rundbogen über dem in acht Meter Höhe liegenden Eingang bezeugt. Doch auch diese Burg wurde zerstört und verfiel allmählich. Seit 1438 ist sie nicht mehr beurkundet.

WUTACHBURGEN

Versippt und verschwägert entlang der Wutach

An den Seiten des engen Tales gab es rund ein Dutzend Burgen – Wanderung für sommerliche Tage

Der Pfad war schmal und lag etwa in halber Höhe des Steilhanges. Die Gruppe, vermutlich Freiburger Studenten, die wegen der Enge des Pfades einzeln an uns vorbei mußten, unterhielten sich angeregt. Lateinische Fachwörter waren zu hören, und der kleine Geologenhammer pendelte an ihren Rucksäcken. Sicher waren sie auf Eiszeit-Relikte aus oder sammelten Gesteinsproben. Der Wutachgraben ist ja ein Rückzugsgebiet für Moose, Flechten und sonstige Pflanzen, die sich nach dem Temperaturanstieg der letzten Eiszeit in die schattigen und kühlen Winkel und Rinnen der Wutach zurückgezogen haben und die es sonst kaum mehr gibt.

Wir waren am „Rümmele-Steg" angelangt. Er überspannt den Wildfluß in achtunggebietender Höhe. Waren doch seine Vorgänger immer wieder von der „wütenden Aach" weggerissen worden. Die steile, hohe Felswand oberhalb der Versickerungsstelle lag im kühlen Schatten. Ihr gegenüber, auf dem Anraum des Flusses, einer Schotterbank beim großen Felsen, sonnte sich eine Gruppe Jugendwanderer. Eben erklärte ihnen ihr Wanderführer, wie die Wutach einst nach der

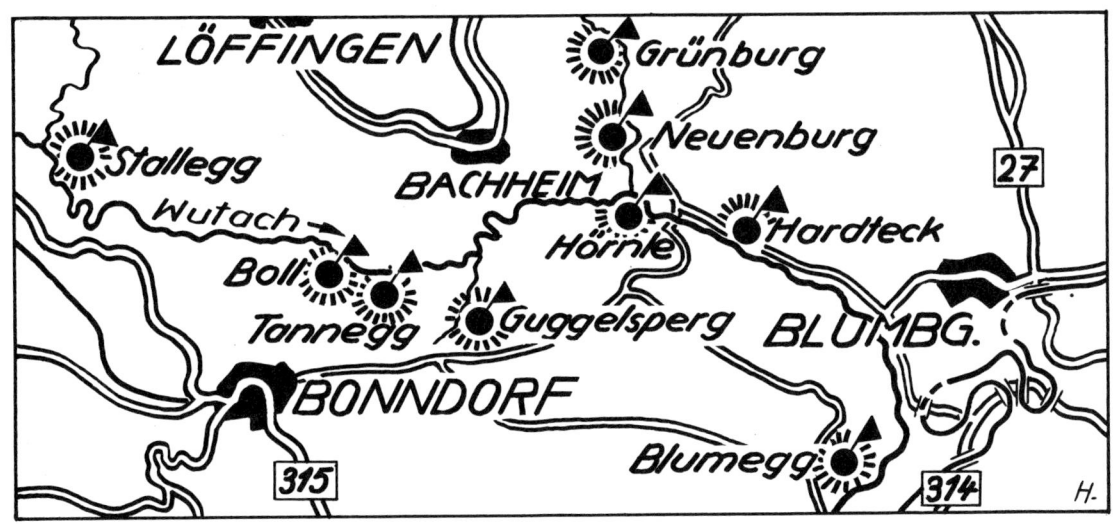

letzten Eiszeit als ehemalige „Urdonau" ihren Weg vom Feldberg über den Titisee und dann über das heutige Aitrachtal nach Osten nahm.

Das Flußbett der Urdonau lag damals gute 500 Meter höher als der Hochrhein, war aber von diesem nur rund 30 Kilometer entfernt (Luftlinie). Wie die Schotter- und Sandhügel bezeugen, muß der Fluß einst die ganze Hochfläche des Raumes Reiselfingen–Bachheim (etwa 750 Meter über dem Meer) eingenommen haben. Doch ein kleiner Wildfluß, der vom westlichen Randen herunterkam, nagte sich immer dichter an das hochliegende Bett der Urdonau heran. Der Höhenunterschied zwischen den beiden Flüssen war zu groß, Wasser sucht sich immer den nächsten Weg. Und so versickerte ein Teil des Wassers der Urdonau in den Spalten und Klüften des Jurakalkes, höhlte diese aus und floß über den kleinen Randenfluß dem Hochrhein zu.

Auch wir hatten dem Wanderführer der Jungen zugehört. Nun war die Gruppe im Aufbruch. Einige wollten von uns wissen, wo nun eigentlich das Räuberschlößle sei. Vermutlich hatte es ihnen diese romantische Bezeichnung angetan. Damit konnten wir dienen, denn unsere Wanderung galt vornehmlich den Ruinen und Burgstellen der Wutach und ihres Nebenflusses, der Gauchach. Es sind mehr, als man für diese von jeder Durchgangsstraße abgelegenen Gegend annehmen sollte. An dem Oberlauf der Gauchach finden wir ungefähr zehn bis zwölf Burgstellen, eine ganze Menge auf der insgesamt nur 20 bis 25 Kilometer langen Strecke (Luftlinie).

Im Wutachgebiet ist es schwer, eine Rundwanderung auszuknobeln. Wir waren deshalb mit zwei Fahrzeugen unterwegs. Der eine Wagen stand unterhalb des Dörfchens Göschweiler unweit der Ruine Stallegg, während der andere auf einer Waldwiese am Eingang der Gauchachschlucht auf uns wartete.

Die Wanderung beginnt in Göschweiler. Nach kurzem Marsch kommen wir in den Wald, und das Sträßchen senkt sich der Wutach zu. Durch Brombeerhecken und Kleinwuchs steigen wir rechts den steilen Straßenhang hinauf und stehen nun auf dem Areal der ehemaligen Burg Stallegg. Der Hochfläche zu ist der Burgplatz durch Wall und Graben gesichert. Ansehnliche Mauerreste zeigen, daß es eine ausgedehnte Burganlage gewesen sein muß. Erbaut hatten die Burg die Blumberger, ein in der Baar reich begütertes und weitverzweigtes Geschlecht, das seine Stammburg am Steilabfall des Schleifenbächles unweit Blumberg hatte. Die Adelsfamilien der Blumberger, Blumegger und Blumenfelder waren alle miteinander versippt und verschwägert. Auf der Stallegg herrschten Angehörige einer Hauptlinie des Stammes.

Steil geht es zur Wutach hinunter, die hier durch eine schöne, gedeckte Brücke überwölbt wird. Nach kurzer Wanderung sind wir am Räuberschlößle. Auf schmalem, hoch gelegenem Trittsteig überqueren wir eine Felsnadel und befinden uns im Burghof. Senkrecht, tief unter uns, rauscht die Wutach. Der Burgplatz selbst ist klein, aber durch die davorliegende Felsnadel und den schmalen Zugang hervorragend geschützt. Einige Mauerreste sind gerade noch auszumachen. Der eigentliche Name der Burg war Neu-Blumberg. Nach Niedergang und Aufgabe der Burg siedelten sich Strauchdiebe in dem alten Gemäuer an, daher der spätere Name Räuberschlößle.

Die Straße von Bonndorf nach Reiselfingen mit der „Schattenmühle" liegt hinter uns. Eine Allee mit alten, schönen Bäumen führt

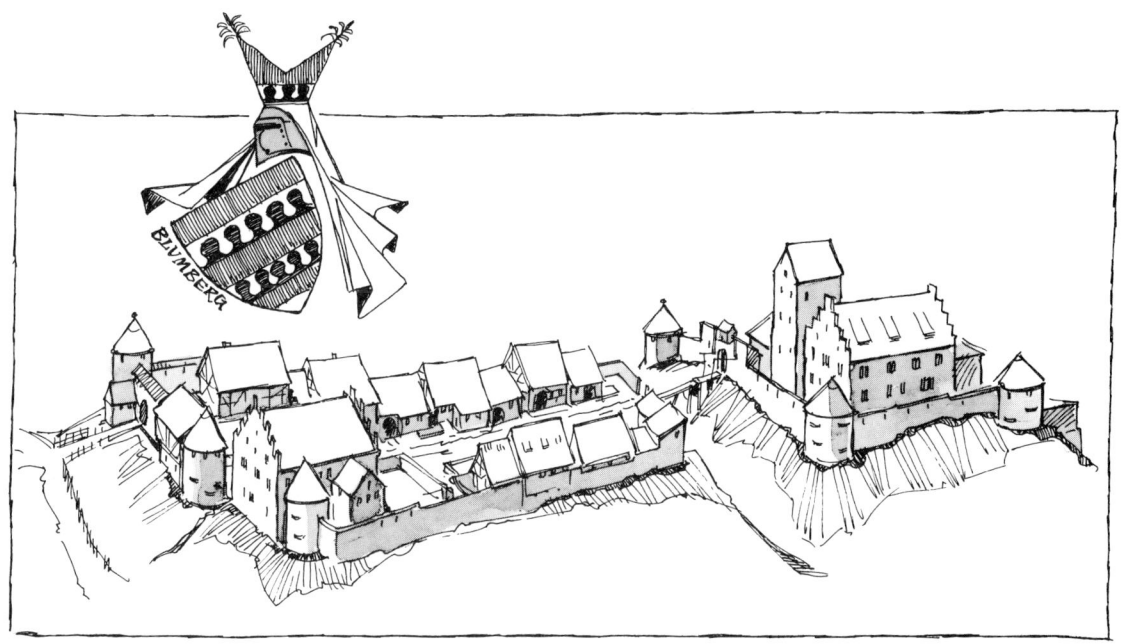

Stadt und Burg Blumberg vor ihrer Zerstörung, nach einem alten Original aus der Zeit vor 1650.

uns zu den Gebäuden des ehemaligen Bades Boll. Es ist nicht zu übersehen, daß die Glanzzeit des Bades längst vorüber ist. Die Zeiten, als hier reiche Engländer ihre Angeln nach den Wutachforellen auswarfen, sind längst vorbei. Auf einem Burgkegel oberhalb des Bades finden wir die noch ansehnlichen Mauern der Burg Boll, eines üblen Raubnestes, das schon im 15. Jahrhundert durch einen Abrutsch zum größten Teil zerstört wurde.

Der Burgkegel der Tannegg, die ebenfalls über einen längeren Zeitraum den Herren von Blumberg gehörte, ist derart von jungen, engstehenden Tannen bewachsen, daß ein Begehen nahezu unmöglich erscheint. Der Burgplatz Güggelsperg lag abseits in einem Nebental; die Stelle ist noch auszumachen, gibt aber optisch nichts her. Ähnlich ist es mit dem Burgplatz Hörnle, von der Brücke der Wutachmühle als kleiner, bewachsener Sporn gut zu sehen, an Ort und Stelle durch den Bewuchs kaum betretbar. Etwas oberhalb der Wutachmühle mündet die kleine, aber sehr romantische Gauchach ein, an der mehrere Burgstellen liegen. Flußabwärts der Wutachmühle sind noch oberhalb Aselfingen die Reste, Mauern und Gräben der Ruine Hardteck zu finden, die bereits 1123 urkundlich bezeugt ist.

Am ,,Knie" der Wutach fließt das vom hoch gelegenen Blumberg kommende Schleifenbächle hinein. Dort oben war einst der wehrhafte Stammsitz der Blumberger, Alt-Blumberg genannt. Außer dem Halsgraben und einigen Häusern, die einst zum engeren Burgareal gehört haben dürften, und einem Gemäuer-Brocken ist nichts mehr zu sehen. 1499 wurde die Burg von den Schweizern angegriffen, konnte sich aber halten. 1645

Die hohe Mauer der Ruine Boll an der Wutach – vom Blitz zerspellt, vom Absturz bedroht.

brannte ein Teil der Burg ab. Die Reste der Burg verschwanden durch Bergrutsch und Abbruch im 19. Jahrhundert. Noch weiter südlich, wo von rechts der Weilergraben in die Wutach mündet, gegenüber den steilen Kalkwänden der Wutachflühen, liegen auf einem abgespaltenen Felsschroffen die geringen Reste der Burg Blumegg. Eine düstere Sage rankt sich um den schwer ersteigbaren Klotz, im Volksmund ,,Lunzistein" genannt.

Nun zurück zur Gauchach. Die Neuenburg hatte dort ihren Platz; 1525 wurde sie von den Bauern zerstört, dann wieder aufgebaut. 1785 war sie baufällig und wurde abgerissen. Nur der Burgplatz ist noch auszumachen. Die zu der Burg gehörende malerische Burgmühle wird von den Naturfreunden betreut und ist ein freundlicher, gastlicher Punkt im engen, felsigen Tal der Gauchach. Ganz in der Nähe finden wir noch eine weitere, kleinere Burgstelle. Die Gauchach ist zwar wesentlich kürzer als die Wutach, aber alles ist näher beieinander. Stege überqueren den Fluß, und manchmal sind die Trittbänder nur fußbreit in die Felsen gehauen. Nichts für ,,Riemchen-Sandalen"! Zwar sind gefährliche Stellen durch Seile gesichert, doch nach einem Regen ist auf den glatten und glitschigen Steigen Vorsicht geboten.

Wir kommen auf die Höhe der Grünburg. Auch hier saßen zeitweise die Blumberger (1487). Im Jahr 1780 waren von der Burg noch starke Mauern vorhanden, die aber zur Baustein-Gewinnung abgebrochen wurden. Unterhalb des Burgplatzes finden wir die kleine, idyllische Burgkapelle mit dem Votivbild der dort durch einen Wolkenbruch zerstörten Lochmühle. Von allen Lebewesen kam damals nur der Hund mit dem Leben davon. Er sprang auf die in den wilden Strudeln treibende Hundehütte und wurde so gerettet.

Das wildromantische Gauchachtal ist zu Ende. Noch ein steiler Anstieg zur hoch gelegenen Waldwiese, von der aus es nach Döggingen nicht mehr weit ist, und unser Wagen bringt uns wieder nach Göschweiler, zum Ausgangspunkt unserer Fahrt zurück.

TENGEN

Der hohle Zahn von Tengen

Die Reste des „Kampfhauses" am Bergfried – Im 19. Jahrhundert beinahe abgebrochen

Tengen gibt es gleich vierfach: Nämlich als Dorf, Städtchen, Burg und Hinterburg. Über den tiefen Graben und durch das hübsche Stadttor kommen wir in das kleine, aber weiträumig gebaute Städtchen, um es jedoch gleich wieder am anderen Ende zu verlassen. Auch hier ein tiefer Graben, ein deutlicher und unmißverständlicher Wink: „Bis hierher und nicht weiter!" Doch heute gilt dies nicht mehr, denn eine Zugbrücke, die hier wohl ihren Platz hatte, versperrt niemandem mehr den Zugang. Stolz sieht der hohe Bergfried der einstigen Burg auf uns herunter. Schlank, auf einem Felsklotz stehend, ist er das einzige Überbleibsel der Burg Tengen. Aber auch heute noch verkörpert er Macht und Ansehen eines Geschlechtes, das einst eine große Rolle spielte! 32 Meter mißt er in der Höhe bei sieben Meter Seitenlänge. Selten sieht man einen so schönen, schlanken Turm, dessen Quadratsteine exakt behauen und makellos gefügt sind.

Steigen wir die schmale Treppe in der kleinen Rinne des Burgfelsens hinauf. So imponierend der Turm von vorne aussieht, an dieser Stelle bemerken wir es: Die ganze Südostecke fehlt. In der Mitte des 19. Jahrhunderts sollte mit den Resten der Burg auch der Turm abgetragen werden – schon waren das obere Turmgemach und die Turmecke weggenommen worden, als in letzter Minute der Abbruch eingestellt wurde. Die entstandene Lücke wurde später ausgefüllt und repariert; und so blieb der Turm – heute einem hohlen Zahn nicht unähnlich – stehen. Durch den Abbruch ist auch der frühere Zugang nicht mehr vorhanden, zu dem man von einem hohen, an den Turm angebauten Gebäude aus kommen konnte. Putzflächen und ein schräger Dachansatz am Turm weisen auf diese Nachbarschaft hin. Auch wurden für etwa zwei Etagen die Buckelquadern abgespitzt, um eine glatte Wand für den Wohnraum zu bekommen. Eine weitere Besonderheit unseres Turmes ist ein schmaler, romanischer Ausgang hoch oben auf der Westseite. Dies war der Zugang zu einem „Kampfhaus". Die Löcher für die Stützbalken, auf denen dieser Wehr-Erker aufsaß, sind noch deutlich zu sehen. Auch hier sind die Buckelquadern teilweise abgespitzt; wir können daraus die Höhe dieser Außenverteidigungsanlage ablesen.

So ein Wehr-Erker bestand in der Regel aus dicken Balken, die (vor der Pulverzeit) einem Beschuß standhalten konnten. In ruhigen Zeiten konnte das Balkenwerk entfernt werden; aber wann gab es für eine Burg schon mal ruhige Zeiten?

Um den Turm vor dem Zusammensturz zu bewahren, ▷ wurde sein „Innenleben" mit Beton verstärkt.

Unsere Rekonstruktion zeigt die Gebäude der Burg, eng zusammengedrängt auf einem Felsklotz. Der hervorspringende Wehr-Erker am Turm hatte seinen Zugang auf der vom Feind nicht einsehbaren Westseite. Der Eingang zur Burg lag auf der Rückseite. Eine sogenannte Schlupfpforte könnte in der Rinne im Burgfelsen (heute Treppenaufgang) schon damals bestanden haben; Gesindehaus und Wirtschaftsgebäude lagen hinter der Burg, einige ,,Etagen" tiefer.

Man darf annehmen, daß sich Palas, Herrenhaus und andere Wohngebäude unmittelbar an den Turm anlehnten und so ein Viereck mit einem kleinen Innenhof bildeten. Die Grafen von Zimmern, die mit den Herren von Tengen eng befreundet waren, schreiben in ihrer berühmten Chronik, ,,das die Burg ein ainzig großer Stock mit hilzenen Stiegen" war. Wir dürfen dies so verstehen, daß Gebäude, die nicht an der Angriffsseite lagen, aus Riegelwerk, also Fachwerk, bestanden; auch der Aufsatz auf dem Turm, der wohl mehr ein ,,Luginsland" war als ein Verteidigungswerk, dürfte so ausgesehen haben.

Hinter dem Felsklotz, auf dem die Kernburg stand, lag einige Etagen tiefer die Hinterburg. Hier hatten die Wirtschaftsgebäude, Gesindehäuser und Ställe ihren Platz, ebenfalls umgrenzt von einer Mauer, die auch das auf der Westseite liegende hübsche kleine Kirchlein mit einbezog.

Die Geschichte der Herren von Tengen und ihrer Burg ist angefüllt mit Fehden und sonstigem Kriegshändel. Einmal hatten sie es mit einem Konstanzer Bischof, den sie (1338) 15 Wochen gefangenhielten, dann waren es die Schweizer, die 1445 in Tengen einfielen, zwar geschlagen wurden, einige Jahre später jedoch Rache nahmen und die Stadt Tengen plünderten und niederbrannten; dann wieder zog der Städtebund gegen die hintere Burg (1442), da die Herren einigen Hegauer „Buschkleppern" Beihilfe geleistet hatten. Dabei ist zu bedenken, daß die hintere Herrschaft Tengen mit Hinterburg und die vordere Stadt meist in verschiedenen Händen waren, ein Zustand, der sich bei Fehden und Krieg sehr nachteilig auswirken konnte. Doch einmal schien sich alles zum Guten wenden zu wollen: Im Jahre 1422 verheiratete sich Graf Johann von Tengen mit der Erbtochter des letzten Grafen von Nellenburg (ehemals bei Stockach) und erbte die Landgrafschaft mit allen Rechten. Doch sein Sohn Hans verlor sie wieder an Österreich (1465). Nur sieben Jahre später fiel auch die Herrschaft Tengen an Österreich, und im gleichen Jahr starb das Geschlecht der Herren von Tengen aus.

HOHENLUPFEN

Wo schon die Römer bauten...

... steht heute das Schloß Hohenlupfen bei Stühlingen – Geschichten um den Bauernkrieg

So steht es in der „Zimmerschen Chronik": „Anno Domini 1524 ist die Ufruhr der Bauern entstanden. Der Anfang sollichs Kriegs hat under dem Grafen Lupfen in der Herrschaft Stuehlingen sich erhebt. Man sagt die Bauern haben während der Ernte Schneckenhäusle in Fron lesen müesen. Durch solcher kleinfüeger Ursach willen hat unseglich Würgen und Brennen begonnen."

Die Grafen von Zimmern, die ihre Stammburg Herrenzimmern nahe dem oberen Neckartal bei Epfendorf hatten, waren auch im Donautal reich begütert und saßen unter anderem in Meßkirch und auf der Burg Wildenstein. Graf Froben, ein hochgelehrtes Mitglied dieses Geschlechtes, ließ alle Ereignisse und Denkwürdigkeiten seiner Zeit aufschreiben, und so entstand nach und nach eine Sammlung von Geschehnissen, die uns heute ein Bild von der damaligen bewegten Zeit eines allgemeinen Umbruches vermittelt. Allerdings muß dazu gesagt werden: Man war mehr an lokalen und auch skurrilen Geschehnissen interessiert, die dann in dieser Chronik ihren Niederschlag fanden, als an politischen Ereignissen.

Fand diese in der Chronik beschriebene „Aktion" nun wirklich statt, und hat sie tatsächlich dann den Bauernkrieg ausgelöst? Der Überlieferung nach soll es die Gräfin Clementia von Lupfen gewesen sein, die diesen Befehl gab. Die eigentlichen Ursachen des unseligen Bauernaufstandes waren gewiß woanders zu suchen, nämlich im Übermaß der Frondienste und der Abgaben, in den Übergriffen und der Willkür der Amtsleute und Vögte, die den immer größer werdenden Ansprüchen ihrer Herrschaft allzu gefügig waren und auch manchmal ihre Machtbefugnisse überstiegen.

Natürlich wäre es denkbar, daß eine unbedachte oder auch schikanöse Anordnung der letzte Tropfen gewesen sein könnte, der das schon übervolle Maß zum Überlaufen brachte. Doch die Landgräfin Clementia von Lupfen wohnte zu dieser Zeit gar nicht auf der Burg Stühlingen, sondern in Engen im Hegau, wo die Lupfener mit der Herrschaft Hewen begütert waren. Das hatte seinen Grund darin, daß die Stühlinger Burg nahezu unbewohnbar war. Im Jüngeren Schweizer Krieg war sie nach einer kurzen Belagerung den Eidgenossen übergeben worden, obwohl sie wohlgerüstet und gut verproviantiert war. Die Angreifer versprachen mit „Brief und Siegel", Burg und Städtchen Stühlingen unversehrt zu lassen. Diese Abmachung wurde jedoch nicht eingehalten; Burg und Städtchen wurden durch Feuer weitgehend zerstört. Die Burg wurde zwar in der Folgezeit notdürftig wiederhergerichtet, als Herrschaftssitz diente sie aber nicht mehr. Der Landgraf und die Gräfin wohnten deshalb in Engen, wo der Bruder des Grafen, Heinrich V., seinen Sitz hatte. Die ,,Schneckenhäusle-Geschichte" kann man also nicht der Gräfin anhängen und wohl auch nicht dem Vogt der Burg.

Obwohl der Bauernkrieg nun tatsächlich in der Landgrafschaft Stühlingen seinen Anfang nahm, wurde Burg Hohenlupfen nicht niedergebrannt wie so viele Burgen, Herrensitze und Klöster, über die der unselige Krieg hinwegging. Zunächst wurde von seiten der Obrigkeit mehrfach versucht, den Aufstand noch gütlich beizulegen. Doch konnten sich die beiden feindlichen Partien trotz manchen Zusammenkünften und ,,Tagfahrten" nicht mehr einigen. Die Fronten waren bereits verhärtet. Die vorderösterreichische Regierung schaltete sich ein und schlug einen Kompro-

Gut erhalten ist Schloß Hohenlupfen bei Stühlingen. Der Bergfried hat keine Zinnen mehr, sondern eine ,,Laterne" mit einer Zwiebelkuppel.

Als Vorlage für unsere Zeichnung diente ein Gemälde von Martin Menrad. Vergleichen wir nun das Foto aus unserer Zeit mit der Zeichnung: Außer dem Schloß und seinem charakteristischen Turm mit „der barocken Laterne und Zwiebelkuppel" finden wir eine Anzahl von Nebengebäuden, die heute alle nicht mehr existieren – oder etwa wie in der Vorburg wirtschaftlichen Zwecken dienen. Auch die Zufahrt zum Schloß ist nicht mehr an der alten Stelle, und von den zahlreichen Flankierungstürmen und der hohen Umfassungsmauer ist nichts mehr zu sehen. Doch beherrschend wie einst und je steht das Schloß „als Kontrapunkt" dieser herrlichen Landschaft über dem hübschen Städtchen Stühlingen, das sich sein mittelalterliches Kolorit weitgehend bewahren konnte.

miß vor, der, sollte er nicht angenommen werden, mit Gewalt durchgesetzt werden würde. Das war mehr oder minder eine leere Drohung, denn es fehlte dort an Soldaten und an Geld.

Inzwischen liefen immer mehr Unzufriedene den Bauern zu. Der ehemalige Landsknecht Hans Müller aus Bulgenbach – in der Kriegführung erfahren – wurde von den Bauern als Hauptmann gewählt. Dieser organisierte und bewaffnete den Haufen, doch konnte man sich auf eine gemeinsame Zielsetzung nicht einigen. Auch die Bauern des Hegaus hatten sich erhoben, ebenso die Bauern des Münstertales und die Untertanen verschiedener Klöster, die nun gegen ihre geistlichen Herren aufstanden. Bäuerische Haufen bildeten sich auch im Markgräflerland und im Hachberger Gebiet.

Der Krieg war nun Realität geworden. Die Stadt Freiburg mußte sich nach einer kurzen Beschießung ergeben. Inzwischen hatte das Haus Österreich mit Hilfe der Städte ein Heer aufgestellt und die Aufständischen in mehreren Kämpfen geschlagen und versprengt. Viele Bauern wurden von den kriegsgeübten Söldnern erschlagen, andere gefangengenommen; manchen gelang es, in die Wälder zu flüchten. Die Anführer der Haufen büßten mit dem Leben. Hans Müller aus Bulgenbach verlor seinen Kopf unter dem Richtbeil in Laufenburg. Die Bauern mußten sich demütig unterwerfen, Abbitte tun und den Treueid leisten. So endete der Aufstand mit einer noch größeren Unterdrückung als zuvor.

Doch nun zurück zum Schloß Hohenlupfen, dem Ausgangspunkt des Geschehens. Um das Jahr 760 wurde die Burg auf römischen Grundmauern erbaut – der damalige Namen „Grafenstuhl" bezeugt die hohe Gerichtsbarkeit der damaligen Herren von Stühlingen, die jedoch schon 1140 ausstarben. Das Schloß liegt auf der linken Wutachseite oberhalb des Städtchens Stühlingen. Seinen Namen bekam es von dem gräflichen Geschlecht derer von Lupfen, die ihre Stammburg oberhalb Talheim – unweit von Tuttlingen – hatten. Der Urstamm des Geschlechtes sank mit der Zeit wirtschaftlich ab und starb im Mannesstamm aus. Auch wurde die Lupfenburg auf Befehl von König Sigismund von den Rottweilern niedergebrannt, da sich die Bewohner Straßenräubereien zuschulden kommen ließen. Zur selben Zeit etwa wurde der andere Stamm des Geschlechtes, der auf der Burg über Stühlingen herrschte, mit der Landgrafschaft belehnt. Zuvor waren die Herren von Küssaburg die Besitzer dieser Burg. Deren Schwester war mit einem Grafen von Lupfen verheiratet, so daß nach dem Aussterben der Küssaburger im Mannesstamm die Landgrafschaft Stühlingen mit Burg durch Erbgang an die Herren von Lupfen kam.

Bis zur Zerstörung im Jüngeren Schweizer Krieg war Hohenlupfen Mittelpunkt der Landgrafschaft und des Lupfener Machtbereichs. Doch 1582 starb das einst so blühende und mächtige Geschlecht in der männlichen Linie aus. Nun begannen die Streitigkeiten um das ledige Reichslehen. Nach langem Hin

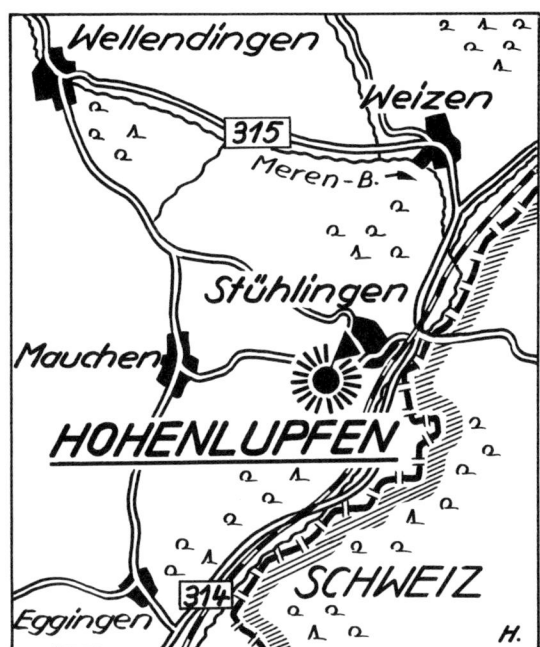

und Her erhielt der Reichsmarschall von Pappenheim gegen Zahlung von zunächst 80 000 Gulden einen Anspruch auf das Lehen. Bald danach starb der Reichsmarschall, und sein Sohn Maximilian Franz übernahm das Erbe. Im Jahr 1608 wurde auch der Titel „Landgraf zu Stühlingen" von Kaiser Rudolf II. in feierlicher Form bestätigt. 1620 ließ dann Maximilian Franz von Pappenheim die alte, baufällige Burg nebst Burgvorbauten, Flankierungstürmen und Ringmauern abreißen und das noch heute erhaltene Schloß erbauen.

Lange konnte er sich seines Besitzes nicht erfreuen, denn 1639 starb er ohne männliche Nachkommen. Da seine Tochter mit dem Grafen Friedrich Rudolf von Fürstenberg verheiratet war, trat dieser die Erbschaft an und nahm seinen Wohnsitz auf Hohenlupfen. Seit dieser Zeit gehört das Schloß dem Haus Fürstenberg.

RANDEGG

Das Stehaufmännchen unter den Burgen

Randegg wurde mehrfach zerstört,
brannte zweimal ab, und ist heute dennoch wohlerhalten

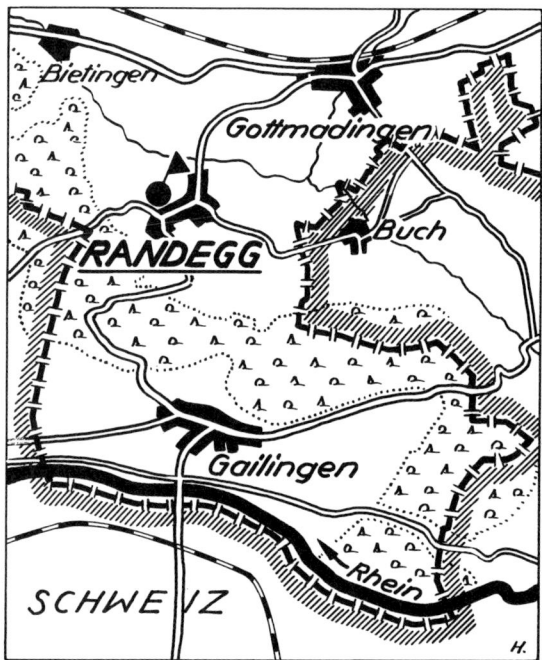

Das gut erhaltene Schloß Randegg mit seinen wuchtigen Rundtürmen liegt auf einem kleinen Hügel unmittelbar an der Straße Gottmadingen–Gailingen. Von Gottmadingen kommend sieht man es schon von weitem aus dunklem Tannengrün und farbenprächtigen Laubbäumen herausleuchten. Eine kleine Mauer trennt das Schloßareal von der Straße. Diese Mauer, vielleicht einst etwas höher, wird wohl schon immer dort gestanden haben, denn gleich an ihrem Anfang, beim heutigen Gasthaus „Adler", beginnt der alte Burgweg, der sich wie eine Spirale rund um den Hügel herumzieht, um dann im oberen Schloßhof zu enden. Schon nach wenigen Metern erkennen wir, worauf es den einstigen Burgherren ankam, nämlich den Zugang auf seiner ganzen Länge unter den Schießscharten der Burg zu haben!

Insbesondere der auf der nordöstlichen Seite gelegene Turm dürfte damals ein schwer zu knackender Brocken für etwaige Angreifer gewesen sein. Heute gibt es diesen Turm nicht mehr, aber seine dicken Fundamentmauern mit ihren Schießscharten sind noch in dem darüber angelegten Holzschuppen zu finden.

Erbaut wurde die Burg wohl von den Edlen von Randegg, die mit ihrer Burg erstmalig um 1214 urkundlich erwähnt werden. Sie waren Ministerialen der Grafen von Montfort und besaßen Anteile an den Burgen Langenstein, Heilsberg und Gebsenstein – ein angesehenes Geschlecht, das im 14. und 15. Jahrhundert zwei Konstanzer Bischöfe stellte. Aber auch rechte Kampfhähne waren darunter; es gab keinen Streit und keine Fehde, an der die Randegger nicht irgendwie beteiligt waren.

Schloß Randegg, wie es heute aussieht.

Als 1499 Burkard von Randegg gegen die Schweizer zog, sagte er: ,,Wir wöllen im Schweizerland räubern und brennen, daß der Hergott vor Rauch blinzelt und vor Hitz die Füße an den Bauch zieht . . .'' Es kam anders; die Schweizer erschlugen den Herrn Burkard und verbrannten seine Burg. Der letzte der Randegger starb 1556. Nachfolger waren die Herren von Schellenberg. Hans von Schellenberg, der ,,Gelehrte'' genannt, ließ die zerstörte Burg wieder aufbauen. Er war kein ,,Schlagedrein'' wie die alten Randegger, sondern durch seine hervorragende Bildung ein echter Edelmann. In seiner umfassenden Bibliothek befanden sich Kostbarkeiten wie die berühmte Manessische Liederhandschrift. Wir hören auch, daß die Herrschaft Reinach in Randegg vom Landvogt

Beherrschend liegt der Baukörper der Burg Randegg mit seinen wuchtigen Ecktürmen auf dem niederen Burghügel. Ein Vergleich der Zeichnung, die das Schloß etwa um 1600 darstellt, mit unserem Foto zeigt, daß sich nicht viel verändert hat. Zwar sind die Tore und der kleine runde Mauerturm verschwunden, ebenso wie der dicke freistehende Wehrturm (dessen Fundamente in einem Schuppen zu finden sind), doch immer noch führt der alte Aufgang wie eine Spirale rund um die Burg zum oberen Burghof. Heute lockern Baum- und Strauchwuchs Mauer und Türme auf. Aus der wehrhaften Burg ist ein freundlich anzusehendes Schloß geworden.

Graf zu Hohenems als Schutzburg für jüdische Mitbürger ausgewiesen war. 1638 saßen die Schweden darauf. Dann verbrannte sie der berühmt-berüchtigte Konrad Widerholt, um etwaigen Feinden keinen Stützpunkt zu lassen. Wieder aufgebaut, ging die Burg von Hand zu Hand. Zwischendurch zerstörten zwei Brände, 1639 und 1722, Dachstuhl und Teile des Gebäudes. Nach einem Verkauf an Vintlar von Plätz wurde die Burg an das Kloster Beuron verpfändet – dann 1753 vom Freiherrn von Deuring ausgelöst. Über die Herren von Hornstein kam die Burg an einen Herrn Sheldon. Auch heute ist sie in privater Hand; der Besitzer unternimmt alles, um diesen schönen, alten Edelsitz erhalten zu können.

SCHWEIZ

GOTTLIEBEN

Hier schmachtete Hus – von hier entfloh ein Papst
Burg Gottlieben bei Konstanz hat eine wechselvolle Geschichte hinter sich

Will man von Konstanz aus das schweizerische Ufer des Untersees besuchen, nimmt man vorzugsweise seinen Weg über das Tägermoos nach Tägerwilen. Noch vor der Ortseinfahrt und vor dem Bahnhof geht eine Straße rechts ab nach Gottlieben, bevorzugt benutzt unter anderen von Liebhabern einer guten und exquisiten Küche bei anspruchsvoller Gastlichkeit. Nur wenige nehmen davon Kenntnis, daß sich hinter einer Mauer, verdeckt durch mächtige Bäume, ein großer Schloßbesitz wie in einem Märchengarten verborgen hält: Schloß Gottlieben, dessen beide Turmdächer gerade noch über den Baumkronen zu sehen sind.

Erbaut wurde das Schloß mit seinen urigen Türmen von Bischof Eberhard von Waldburg 1250. Dieser war der Streitigkeiten mit den Konstanzern überdrüssig und ließ sich am Austritt des Rheines in den Untersee eine feste Burg und einen Brückenübergang erstellen. Damit wollte er auch den Verkehr in die Stadt Konstanz abziehen, was jedoch nicht gelang, so daß der Übergang keinen langen Bestand hatte. Die Burg jedoch blieb als Schutz- und Trutzburg, Zufluchtsort und Gerichtsstätte der Konstanzer Bischöfe stehen. 1355 wurde das Städtchen Gottlieben – das damals Gräben und Mauern hatte – von Konrad von Homburg zerstört und niedergebrannt. Auch die Burg scheint damals etwas abbekommen zu haben, denn wir lesen, daß Heinrich von Brandis an ihr gebaut hat. Während des Konstanzer Konzils lagen Johannes Hus und Hieronymus von Prag eingekerkert hinter den festen Mauern des Westturmes. Hus, vertrauend auf das freie Geleit, das König Sigismund ihm zugesichert hatte, wurde unter Wortbruch festgenommen und dem geistlichen Gericht überantwortet. Über zweieinhalb Monate mußte er hier bis zu seiner Verurteilung schmachten. Aber auch Johannes XXIII., der Gegenpapst, saß dort in Haft, doch gelang es ihm durch Helfershelfer, sich vor König Sigismund vorübergehend in Sicherheit zu bringen.

Im Jahre 1480 ließ Bischof Otto von Sonnenberg die Burg erweitern und verstärken. 1499 ordnete Bischof Hugo von Hohenlandenberg entgegen einem Neutralitätsabkommen mit den Eidgenossen eine kaiserliche Besatzung für die Burg an. Die Folge war, daß die erbosten Eidgenossen aus Rache das nahegelegene Schloß Castell niederbrannten. Im Dreißigjährigen Krieg hatte der schwedische General Horn sein Hauptquartier hier aufgeschlagen, und wiederum wurde der Rhein überbrückt, um Konstanz näher zu sein. 1499, als die Eidgenossen Ermatingen überfielen und plünderten, gelang es zwar

Unsere Zeichnung zeigt die Burg Gottlieben, wie sie – nach alten Unterlagen – früher aussah. Die zwei mächtigen Türme, die auf großen megalithischen Mauerblöcken ruhen, stehen nach wie vor. Im Mittelalter hatten sie wohl wie auch heute ein Pyramidendach. Eine alte Abbildung beweist jedoch, daß sie zeitweise mit einer stumpfen Zwiebelkuppel überdacht waren. Neben dem westlichen Turm ragte ein „Kampfhaus" über das Dach hinaus, das die Straße von Gottlieben beherrschen konnte. Die Wehrmauer zwischen den beiden Türmen mußte weichen, so daß der Innenhof der Burg nach vorne geöffnet wurde. Die großen, wuchtigen Dächer wurden abgebrochen. Die helle Mauer der Rheinfront mit ihrem Ziergiebel, den Zinnen und dem Altan gaben dem nunmehrigen Schloß ein beinahe südländisches Gepräge.

So bietet sich heute Burg Gottlieben dem Betrachter von der Seeseite her dar. ▷

den Konstanzern, diese zu vertreiben, doch während der Verteilung der gemachten Beute starteten die Eidgenossen einen unverhofften Gegenangriff, der völlig überraschend über die nicht kampfbereiten Konstanzer hereinbrach. Es gab eine heillose Panik. Obwohl die Besatzung der Burg Gottlieben ihre Geschütze sprechen ließ, war eine überstürzte und wilde Flucht nicht mehr aufzuhalten. 120 Konstanzer kamen hierbei ums Leben, allein 80 Mann ertranken beim Versuch, das andere Ufer zu erreichen. In der Geschichte und in der Erinnerung ist diese Begebenheit unter der Bezeichnung „Schlacht beim Schwaderloch" festgehalten.

Bis zum Jahre 1798 war Burg Gottlieben Sitz der Bischöfe von Konstanz; als diese ihre Residenz jedoch nach Meersburg verlegten, sank Gottlieben samt Burg in die Bedeutungslosigkeit zurück. Auf der Burg amteten fortan bischöfliche Vögte.

Prinz Louis Napoleon erstand das Schloß 1837 durch Kauf und ließ die Wohngebäude im damaligen Zeitstil umbauen. Aus der einstigen wehrhaften Burg wurde ein Schloßbau moderner Prägung. Nur die zwei mächtigen Türme wurden nicht von der Neuerungssucht erfaßt. Die Wassergräben um die Burg wurden zugeschüttet, und ein Schloßpark wurde angelegt. Graf von Beroldingen – und 1842 Baron Fabice – waren Besitznachfolger. Auch heute noch ist die Burg in privaten Händen und kann nicht besichtigt werden.

HOHENKLINGEN

Hier wurde nie ein Stück zerstört

Burg Hohenklingen bei Stein am Rhein überstand alle Kriege ohne Schaden – Ein beliebtes Ausflugsziel

Die Burg Hohenklingen über Stein am Rhein ist wohl die einzige Burg im ganzen Bodenseegebiet, die sich ohne Zerstörungen und einschneidende Umbaumaßnahmen vom Mittelalter in unsere Zeit hinüberretten konnte. Ausgangspunkt unserer Burgenfahrt ist Stein am Rhein, mit Recht ein „städtebauliches Kleinod" genannt. Am 1539 erbauten Rathaus interessiert uns die Darstellung des nächtlichen Überfalls des Hegauer Adels – der durch den Zuruf des Nachtwächters „No e Wieli" vereitelt werden konnte. Ein mit etlichen Haarnadelkurven versehenes Sträßchen bringt uns zügig bis in den tiefen Halsgraben der Burg.

Der Aufgang zum Tor wurde einst von einem vorgeschobenen Flankierungsturm bewacht. Schrägscharten an der Umfassungsmauer und der „rote Laden" – ein aus der Mauer vorspringender Erker – zielten in Richtung Tor und Zugbrücke. Der Zugang zur Kernburg führt durch die beiden vorgelagerten Zwinger. Der an der Ostseite der langgestreckten Burg stehende Bergfried, aus rauhen Blöcken gebaut, doch an den Ecken mit behauenen Quadern verstärkt, ist massiv bis unter das Dach. Im Zuge der Zeit ist sein oberstes Geschoß ausgebaut worden, so daß die Wehrplatte Geschütze aufnehmen konnte.

Man erwarte nun keine „anheimelnde Wohnlichkeit" im großen Saal des Palas. Dieser an der Ostseite stehende, älteste Wohnbau hat ebenfalls massive Mauern, die ja zugleich Außenmauern sind. Immerhin hat er schöne Aussichtsfenster nach der Stadt- und Rheinseite zu. Möbel, in unserem Sinne, gab es im Mittelalter auf den Burgen nicht. Klei-

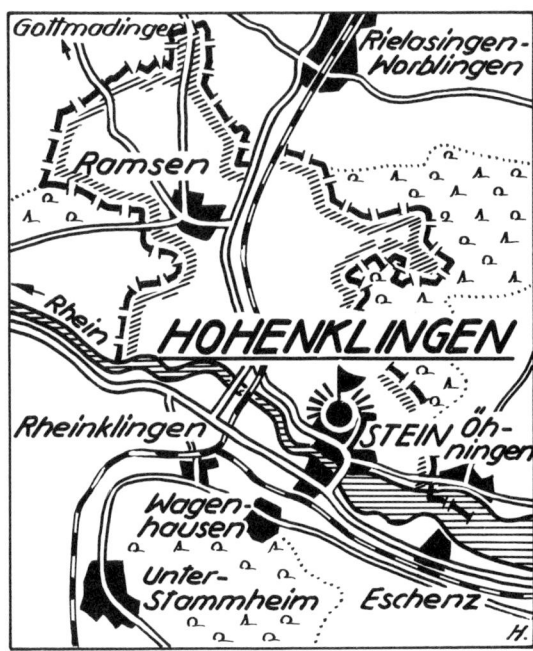

Burg Hohenklingen heute.

der und sonstigen Hausrat bewahrte man in großen Truhen auf – ansonsten waren einfache Tische und klobige Sitzbänke meist das einzige Mobiliar. Im Winter versuchte man, die eisige Kälte der dicken Mauern durch große Teppiche zu mildern, die von den Burgfräuleins mit Stickereien versehen wurden. Als Heizung dienten offene Kamine, die jedoch nur Strahlungswärme abgaben. Später wurden manche Umbauten vorgenommen, Fachwerkanbauten angebracht und Innenhöfe überdacht. Dies alles konnte jedoch das Gesamtbild der Burg nicht verfälschen.

Als das ursprünglich auf dem Hohentwiel gelegene Kloster St. Georgen nach Stein am Rhein verlegt wurde, setzten die Herzöge von Zähringen die Herren von Klingen (Altenklingen Th.) als Schutzvögte ein. Ein Zweig dieses Geschlechtes erbaute Anfang des 11. Jahrhunderts die Burg und nannte sich fortan von Hohenklingen. Im 14. Jahrhundert mußten diese Herren sich schuldenhalber unter österreichische Herrschaft begeben. Als sie Mitte des 15. Jahrhunderts ausstarben, kam die Burg an die Klingenberger, die eine Zeitlang den Hohentwiel besaßen. Durch den all-

Rechts in der Zeichnung erkennen wir den Flankierungsturm, der jedoch heute nur noch aus dem Unterteil besteht. Der tiefe Graben, von der Zugbrücke überbrückt, ist heute eingeebnet, und ein Teil der Zinnen, die den Zwinger bekränzten, fiel der Zeit zum Opfer. Doch im ganzen bietet die heutige Burg dasselbe Bild, wie es unsere Zeichnung darstellt (etwa um 1730).

gemeinen Niedergang des Adels waren diese gezwungen, 1457 Burg und Herrschaft an die Stadt Stein zu verkaufen, die ab Ende des 15. Jahrhunderts zur Eidgenossenschaft gehörte. Die Stadt ernannte einen Burgvogt – und ordnete zeitweise eine Besatzung für die Burg an. Im 19. Jahrhundert kam es zu einem raschen Verfall der Gebäude, dem jedoch gerade noch rechtzeitig Einhalt geboten werden konnte. Heute ist die Burg als Zeugnis eines aus dem Mittelalter erhaltenen „Rittersitzes" ein gern besuchtes Ausflugsziel.

SALENSTEIN

Schloß Salenstein – von privater Hand pfleglich behandelt

Das Schloß im Thurgau oberhalb von Mannenbach hat eine wechselvolle Geschichte hinter sich

Unsere Zeichnung – nach einer alten Darstellung – zeigt Salenstein, von einem erhöhten Standort aus gesehen. So mag die Burg etwa um 1800 noch ausgesehen haben.

So sieht das Schloß heute aus, gesehen aus derselben Perspektive, doch von einem niedrigeren Standort aus.

Über dem der Reichenau gegenüberliegenden thurgauischen Dorf Mannenbach liegt eine reiche Schloß- und Burgenkette, angefangen mit den Schlössern Arenenberg, Wolfsberg und Eugensberg – im vorigen Jahrhundert politischer Sammelpunkt von Emigranten um Königin Hortense und Prinz Louis Napoleon. Heute ist Arenenberg ein Napoleonmuseum und der Öffentlichkeit zugänglich. Von der ältesten Burg, Sandegg, einst vorübergehend Deutschordenskommende, stehen nach einem Brand im Jahre 1833 nur noch wenige Mauern. Sandegg war nach der Überlieferung bereits im 8. Jahrhundert Sitz eines fränkischen Landvogtes.

Auf dieser Hügelkette steht weithin sichtbar die wohlerhaltene, ehemalige Burg, jetzt Schloß Salenstein, auf einem steilen Molassefelsen. Stolz ragt sie mit ihren drei Treppengiebeln über das Grün der sie umgebenden Anlagen und über die ihr vorgelagerten Gebäude. Schon im 11. Jahrhundert wurde die Burg erwähnt. Zwar ist heute von ihrem einstigen Aussehen nicht mehr viel erhalten, doch hat man es trotz vieler Umbauten verstanden, den charakteristischen Baukomplex mit seinen in Winkeln zueinanderstehenden Giebeln zu erhalten. Die Nordfront des Schlosses zeigt daher immer noch ein „burgenmäßiges" Gesicht, während die Südfront zeitgemäß modernisiert und den veränderten Wohnbedürfnissen angepaßt worden ist.

Die Herren von Salenstein waren Reichenauer Ministeriale und hatten das Schenkenamt beim jeweiligen Abt inne. Doch schon im 14. Jahrhundert starb das Geschlecht aus. Die Burg kam zunächst an die Konstanzer Familie

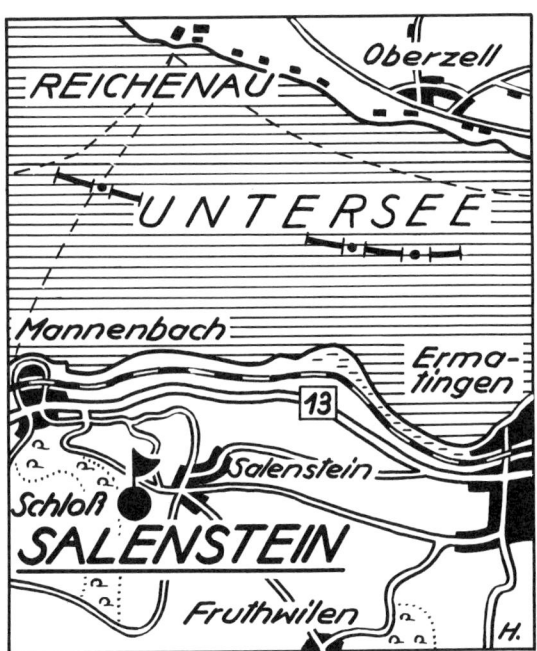

der Harzer, später an die Muntprats, und nach den Halwyls an die Herren von Breitenlandenberg, die sie bis ins 18. Jahrhundert besaßen. 1828 kaufte die Burg ein verdienter Offizier aus der Gefolgschaft Napoleons I. mit dem Namen Parquin. Durch seine Beteiligung an dem gescheiterten Putsch des Prinzen Napoleon kam er in Konkurs und mußte verkaufen. Die Burg ging nun an mehrere private Besitzer, die jedoch insgesamt pfleglich mit ihr umgingen.

Auf einer alten Zeichnung aus dem Jahre 1824 erkennen wir noch den vollständig erhaltenen Südflügel, doch schon sechs Jahre später klaffen leere Fensterhöhlen unter einem zerborstenen Dach. Nicht mehr zu sehen ist auch der einst weit vorragende Fachwerkbau auf der Westseite. Renoviert wurden im Südflügel ein kleiner Treppengiebel, ein großes gotisches Fenster und darunter ein kleiner, schmucker Balkon.

Da der sehr gepflegte Schloßbesitz sich in privaten Händen befindet, ist eine Besichtigung nicht möglich. Burgenfreunde, die sich von Salenstein „ein Bild" machen wollen, gehen die Straße nach Mannenbach etwa 80 Meter abwärts und finden auf der rechten Seite einen ganz mit Buschwerk umsponnenen kleinen Weg, der sie in knapp acht Minuten auf eine mit Reben bewachsene Anhöhe bringt. Diese, auf der gleichen Höhe wie Salenstein liegend, bietet eine herrliche Sicht und zeigt nicht nur Salenstein mit seinen hochragenden Giebeln von der „Schokoladenseite", sondern auch den ganzen Untersee mit den schmucken Dörfern des thurgauischen Ufers sowie die Reichenau und die in den See vorspringende Halbinsel Höri.

FARNSBURG

Die Schildmauer kann sich sehen lassen

Die Ruine Farnsburg im schweizerischen Kanton Aargau ist gut erreichbar und einen Abstecher wert

Die interessante und ausgedehnte Burgruine Farnsburg liegt im Schweizer Kanton Aargau. Sie ist sowohl von der badischen als auch von der Schweizer Stadt Rheinfelden in etwa 15 Minuten Fahrzeit und einem anschließenden kleinen Fußmarsch von etwa 35 Minuten leicht zu erreichen. Man fährt über Magden in Richtung Gelterkinden – durch ein hübsches Wiesental mit blitzsauberen Dörfern. Nach Buus geht es kurvenreich bergan, und schon nach etwa 15 Minuten erreichen wir den Kamm und damit unseren Parkplatz Buusereck.

Da die Farnsburg eine der ehemalig stärksten Burgen im Basler Gebiet war, ist diese der Grenze nahegelegene Ruine durchaus einen kleinen Abstecher wert. Zwar ist sie als Höhenburg anzusprechen, doch liegt sie nicht auf einem Gipfel, sondern auf einem sich nach Nordosten senkenden Bergrücken. So benötigte die Burg eine besonders starke Befestigung gegen den etwas vor ihr liegenden gleich hohen Bergzug.

In der ersten Hälfte des 14. Jahrhunderts stellte man eine außergewöhnlich starke und hohe Mauer als ,,Schutz und Schirm" vor das ganze Burgareal. Hinter dieser Schildmauer waren Palas und Wohngebäude, samt Burgkapelle, wohl geborgen. Weniger wichtige Bauten fanden in der Vorburg reichlich Platz.

Bevor man jedoch zum äußeren Burgtor kam, sperrte eine starke Bastion mit einer Mauersperre den Zugang zur Burgbrücke, die über den Halsgraben zur Burg führte. Die Kernburg lag auf einem kleinen, abgetrennten Felsenplateau. Nur über eine Rampe, die vom starken Rundturm aus beschossen werden konnte, war sie zu erreichen. Vor dem

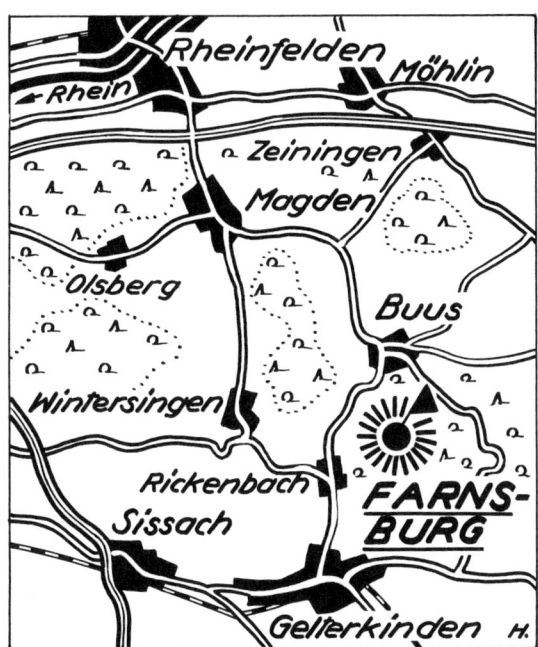

Überragend ist die hohe Schildmauer, an deren Rückseite sich Palas, Wohngebäude und Burgkapelle anlehnten. Die starke Bastion lag im Vorfeld der Burg und hatte die Brücke und das Tor zu schützen. Zur höher gelegenen Kernburg führte eine Rampe, die im Schußfeld des starken Rundturmes lag. Vor dem Eingang ließ sich durch eine Zugbrücke der Aufgang unterbrechen.

oberen Tor war dieser Aufstieg durch eine Lücke unterbrochen, die durch eine Zugbrücke geschlossen werden konnte. Erst nach dieser Sperre war der Zugang zu der hinter der Schildmauer liegenden Wohnung frei.

Erbaut wurde die Burg durch einen Zweig der Herren von Homburg, der sich durch einen Gebietszuwachs in der Lage befand, diese große Burg bauen lassen zu können. Nach dessen Aussterben erbten 1418 die Herren von Falkenstein Burg und Herrschaft. Wegen Rechtsansprüchen der Stadt Zürich kam es zu einer Fehde, in deren Folge Thomas von Falkenstein das bernische Städtchen Brugg überfiel und es in Brand setzte. Dies

jedoch ließen sich die Eidgenossen nicht bieten und zogen vor die Farnsburg. Da erfolgte unerwartet ein Einbruch französischer Söldner, die bekannt und gefürchtet waren. Ein Teil der Belagerer eilte zu Hilfe und zog den Truppen entgegen. Nicht weit von der Stadt Basel, bei St. Jacob, kam es zu einem blutigen Kampf. Es gelang den Eidgenossen – obwohl in der Minderheit –, den Angreifern so starke Verluste beizubringen, daß diese sich zum Rückzug entschlossen.

Durch diesen Zwischenfall wurde die Belagerung der Farnsburg unterbrochen, und so entging die Burg der wohl sicheren Eroberung und Zerstörung. Doch Fehden und Hän-

Ein Teil der außergewöhnlich hohen Schildmauer.

del trieben die Herren von Falkenstein in den wirtschaftlichen Ruin. Schließlich mußten sie Burg und Herrschaft an die Stadt Basel verkaufen. Fortan saßen baslerische Vögte auf der Burg.

1798 benutzten Bauern die Abwesenheit des verhaßten baslerischen Landvogtes Hans von Hagenbach, um in die Burg einzudringen, nachdem Gesinnungsgenossen Tür und Tor geöffnet hatten. Die Burg wurde „an allen vier Ecken" angezündet und brannte aus – um nie mehr aufgerichtet zu werden. Im Jahre 1930/31 wurde die Ruine teilweise freigelegt, und schadhafte Mauerzüge wurden befestigt und restauriert. Heute ist die Burgruine ein beliebtes Wanderziel – auch wegen der schönen Aussicht über den Rhein, auf Schwarzwald und Jura, bis hin zu den Alpen.

NEU-HOMBURG

Die eigenen Zinsbauern brannten sie nieder
Das Schicksal von Burg Neu-Homburg in der Schweiz

Unsere Zeichnung – nach einer historischen Vorlage erstellt – zeigt nur den Hauptteil der Burganlage. Zwischen den beiden Staffelmauern lagen Stallungen und Wirtschaftsgebäude, die sich bis zum unteren Tor hinzogen. Dem Wohnturm vorgelagert war der sogenannte Sommerbau aus dem 16. Jahrhundert. Rechts der Rundturm, der das Haupttor und zwei davorliegende Sperren zu schützen hatte. Das Wappen mit dem Hirschgeweih führen auch die „deutschen" Homburger (bei Stahringen, Stockach), mit dem Unterschied, daß diese zwischen den Geweihstangen noch ein aufrechtstehendes „Ohr" hinzugefügt haben.

Zwischen Olten und Liestal im schweizerischen Aargau liegt der Hauenstein, ein niederer Gebirgszug von nur 690 Meter Höhe, der aber früher für den durchgehenden Verkehr Gotthard–Olten–Basel ein Hindernis war. Mit dem Ausbau des damaligen Paßweges zur Straße, die auch für schwere Frachtfuhrwerke befahrbar war, mußte diese nun auch überwacht werden können. Auf einem steilen Bergklotz, der bei der kleinen Ortschaft Buckten nach dem Tal hin senkrecht abfällt, baute 1240 Graf Herman IV. aus dem weitverzweigten Geschlecht der Froburger eine Burg. Vermählt mit der einzigen Tochter aus der Familie derer von Homburg übernahm er für die neue Burg diesen Namen; um sich jedoch von der Stammlinie unterscheiden zu können, nannte er sie Neu-Homburg.

Dieser Burg, heute eine wohlerhaltene und große Ruine, gilt unser Besuch. Von Rheinfelden (CH) sind es nur 30 Minuten Fahrzeit über Magden–Buus, hinauf zum Buusereck und dann wieder hinunter nach Gelterkinden und Sissach, eine hübsche, abwechslungsreiche Fahrt durch grüne Wiesen und schmucke, saubere Dörfer. In Buckten angekommen, biegen wir genau vor dem „Gasthaus zum Mond" links ab. Ein kleines Sträßchen bringt uns nach einer winkeligen Durchfahrt durch eine Bahnunterführung und einem kräftigen kurzen Anstieg über einen landwirtschaftlichen Weg zu einem Waldeck. Vergeblich suchen wir hier nach einem Hinweis. Wir nehmen den Wanderweg am Waldrand, der uns an einem Gehöft vorbeiführt. Im Wald, nach einer großen Weggabelung, folgen wir unserem Spürsinn, und nach insgesamt 20 Minuten Gehzeit stehen wir vor dem ehemaligen „Buckter Tor". Hoch über uns ragt die große fensterlose Mauer des Wohnturms empor. Von hier aus konnte das Tor unter Kontrolle gehalten werden.

Wir stehen nun in der Vorburg und damit auch im Burgzwinger. Von den einst hier stehenden Gebäuden sind nur noch die Grundmauern erhalten. Eine breite Steintreppe führt uns zu dem höher liegenden mächtigen Wohnturm. Das Untergeschoß war aus dem gewachsenen Fels herausgeschlagen; über eine Holztreppe und eine in der Mauerdicke laufende Wendeltreppe steigen wir zum Auslug hinauf. Große Fenster gaben der Wohnburg Licht, starke Kragsteine, die aus der Mauer ragen, dienten zur Auflage von dicken Holzbalken der einzelnen Wohngeschosse. Vier geräumige Stockwerke gaben einer großen Familie genügend Raum.

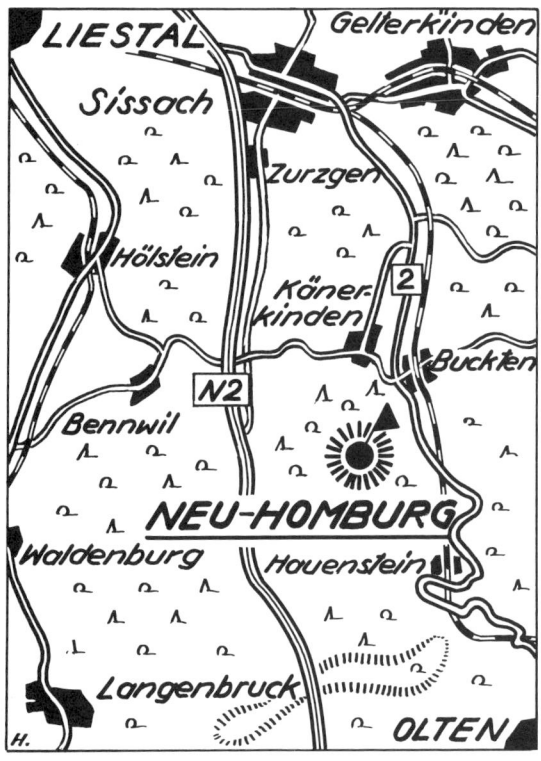

Rechts ein Teil des starken Rundturmes, dahinter eine Seite des hohen Wohnturmes mit Fensteröffnungen.

Unser Blick schweift über eine „Bilderbuch-Landschaft" mit gepflegten Wiesen, umrahmt und eingefaßt von sattgrünen Wäldern, zum oberen Hauenstein. Ein „blitzweißes" Kirchlein, an einem sanften Hang über dem Dörfchen Läufelfingen liegend, zeigt, daß man schon von jeher wußte, wo die Landschaft einen „Kontrapunkt" brauchte, um vollkommen zu sein. Wir verlassen unseren Auslug und steigen zum Vorhof ab. Hier war der eigentliche Eingang zur Burg, geschützt durch einen starken Rundturm. Breite Schießscharten hinter dicken Mauern beherrschten zwei davorliegende Torsperren. Die langgezogene Burganlage mit der Wohnburg auf der höchsten Stelle war mit zwei Toranlagen gut abgesichert.

1305 verkaufte die Familie der Homburger ihre Burg an den Bischof von Basel, der nun Vögte auf die Burg setzte. Auch Neu-Homburg wurde durch das große Erdbeben 1356 beschädigt, alsbald aber wieder instand gesetzt und nun von der Stadt Basel renoviert und erweitert. Als 1797/98 der Ruf der französischen Revolutionstruppen nach Gleichheit und Freiheit die Landbevölkerung in Aufruhr brachte, nahm diese die Parole zum Anlaß, in die ihr durch strenge Vögte verhaßte Burg einzudringen und sie in Brand zu setzen. Seitdem ist die Burg eine Ruine.

LIEBENFELS

Ein finsteres Verlies und geheimnisumwitterte Keller
Um Burg Liebenfels im Thurgau ranken sich viele Geschichten –
Die Handelsstraße führte durch die Festung

Von Mammern am thurgauischen Ufer des Untersees führt eine Straße durch ein kleines, idyllisches Wiesen- und Waldtälchen nach Pfyn und weiter nach Frauenfeld. Knapp zwei Kilometer nach Mammern, kurz bevor die Straße die Höhe des Seerückens erreicht, steht auf einer vorgelagerten kleinen Felskuppe, halb verborgen durch die Bäume des einstigen Schloßparks, Burg Liebenfels. Knapp an der Straße liegend, die Frontseite eingesponnen vom hochrankenden Efeu, zeigt sie einen schönen getreppten Giebel. Dem Augenschein nach wohlerhalten: Doch geschlossene Fensterläden zeigen an, daß das hübsche, romantische Burganwesen zur Zeit nicht bewohnt ist.

Alte Überlieferungen sprechen von einer einstigen römischen Wachstation, die hier gelegen haben soll, um den Übergang vom Thurtal zum Untersee kontrollieren zu können. Doch auch im Mittelalter war diese kleine Talenge von wichtiger Bedeutung, und so hören wir von einem ritterlichen Geschlecht, das sich von Liebenfels nannte und sich auf den Trümmern der römischen Station eine kleine Burg erbaute. Ritter Burkhart und seine Nachkommen standen im Lehensverhältnis zu den Bischöfen von Konstanz. Sie dienten als hohe Verwaltungsbeamte in geistlichen und weltlichen Ämtern, bis dann im Jahre 1380 das Geschlecht in der männlichen Linie ausstarb.

In dieser Zeit des allgemeinen finanziellen Niedergangs des Adels kamen Burg und Herrschaft an bürgerliche Familien aus Konstanz, die jedoch bald von Heinrich von Dettighofen abgelöst wurden. 1463 brachte eine Erbtochter dieser Familie die Burg als Hei-

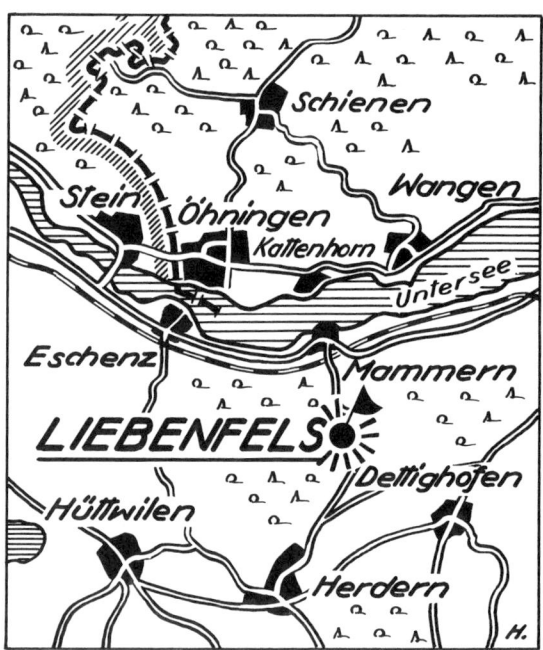

Im Vergleich mit der Zeichnung ist deutlich der nach rechts erweiterte Anbau zu ersehen, der auf dem überbauten Graben steht. Der hintere Teil der Anlage mit dem abgebrannten Nordwestflügel ist durch Bäume verdeckt.

Unsere Zeichnung wurde nach sehr genauen Unterlagen erstellt und zeigt die Burg, durch den tiefen und breiten Halsgraben von der befestigten Straßensperre getrennt. In diesen Graben wurden die „geheimnisvollen" Gemächer hineingebaut, und darüber setzte man den neuen Anbau, so daß heute das Schlößchen bis nahe an die Straße reicht.

ratsgut an einen vom Glück verwöhnten „Aufsteiger", Hans Lanz mit Namen; eine ungewöhnliche und schillernde Persönlichkeit. Hofmeister, mächtiger Minister der Konstanzer Bischöfe, hoch angesehen bei Kaiser und König, bei den Herzögen des Hauses Habsburg, aber auch einflußreicher Mann bei den Eidgenossen. Eine Erhebung in den Adelsstand konnte hier nicht ausbleiben, Kaiser Friedrich III. belohnte ihn und seine Nachkommen mit Wappen und Namen derer von Liebenfels. Nach dessen Tod 1499 verkauften die Söhne Burg und Herrschaft an Hans Christoph von Gemmingen, dessen Geschlecht bis 1654 hier seßhaft war.

Nachfolgend gelangte die Herrschaft an das Kloster St. Urban bei Luzern. Kontributionen und Einquartierungen der französischen Revolutionsarmee belasteten die Herrschaft Liebenfels mit den umliegenden Ortschaften in den Jahren 1778 und 1779 auf das schwerste. Von nahezu 3000 Soldaten und Offizieren, die „beinahe noch die Mauern auffraßen und nicht nur was innert war", berichtet die Chronik. Einige Jahrzehnte später gab hier ein deutscher Flüchtling (Professor A. A. L. Follen), der wegen der damaligen demokratischen Erhebung emigriert war, ein längeres Gastspiel. Weitere bürgerliche Besitzer wechselten sich ab. Auch heute ist Liebenfels in privaten Händen und kann deshalb nicht besichtigt werden.

Markantestes Bauwerk der Burg ist der Bergfried, der wuchtig und etwas verquer in der Mitte der ihn umgebenden Gebäude steht. Unten im Turm liegt ein finsterer, tiefer Raum, der in „Piper's Burgenkunde" als Verlies bezeichnet wird. Wir lesen dort: „. . . nach unten trichterförmig so verengt, daß sich der Gefangene nicht hinlegen konnte." Dies zeigt eine wenig humane Einstellung der damaligen Bewohner, die sich mit dem Namen der Burg schlecht vereinbaren läßt.

Der an den Bergfried angrenzende große und hohe nordwestliche Flügel brannte 1934 durch Blitzschlag aus. Im Mittelalter verlief die Straße hier durch ein „Sperrwerk", durch einen sehr tiefen und breiten Halsgraben von der Burg getrennt, jedoch mit ihr durch eine Brücke verbunden. Als es Hans von Gemmingen in den Sinn kam, die Burg zu vergrößern, blieb ihm keine andere Möglichkeit, als den Graben zu überbauen. Anzunehmen ist, daß zu dieser Zeit das Sperrwerk nicht mehr notwendig oder baufällig war. Um den Graben aufzufüllen, hätte es vielen Materials bedurft. Also zog man von der Grabensohle starke Mauern hoch, die als Fundament dem geplanten Ausbau dienen konnten. Die dadurch entstandenen Kellerräume unterteilte man und verband sie durch Treppen. Die Außenmauern wurden seitwärts angeschüttet, und somit konnte man darauf den Anbau errichten und die Burg zur Straße hin erweitern.

Diese Kellerräume, die etwa drei Stockwerke in die Tiefe reichen, gaben später zu manchen geheimnisvollen und mysteriösen Vorstellungen Anlaß. Auch zerbrach man sich den Kopf, welche Funktionen die zahlreichen, teils hoch in den verputzten Wänden eingelassenen, halbrunden Nischen zu erfüllen hatten. Der Gedanke an Grabkammern drängt sich auf, dazu wären sie jedoch zwar hoch und breit genug, aber zu kurz gewesen. Könnte es nicht einfach sein, daß man diese Nischen angebracht hatte, um darin Lebensmittel usw. aufbewahren zu können und sie solchermaßen vor gewissen Nagetieren geschützt zu wissen, denn die glatten, verputzten Mauern konnten diese nicht erklimmen?

MUNOT

Der geistige Vater war Albrecht Dürer

Die Feste Munot in Schaffhausen wurde 1564 gebaut –
Die Mauern sind vier Meter dick

Bis hierher und nicht weiter – die Feste Munot war und ist eine wehrhafte Burg.

Der Munot, Schaffhausens berühmter Festungsbau, ... ist seine Anlage nicht vergleichbar mit einem währschaften Schweizer Reisläufer? Wie mit dem Boden verwachsen sind seine Beine, die Schenkelmauern der Festung, während der gewappnete Oberkörper dem massigen Bau des Kernwerkes gleichzusetzen ist. Die quergestellte Hellebarde, die gefürchtete Streitwaffe der Schweizer, zeigt an: Bis hierher und nicht weiter!

Die Festung Munot entstand nach einer Arbeit von Albrecht Dürer, die im Jahre 1527 in Nürnberg erschienen war. 1564 wurde der erste Stein gelegt; 21 Jahre dauerte es, bis die Anlage nahezu fertig war; eine lange Bauzeit. Wer aber im Innern des Rundbaus in der Kasematte steht, ihre dicken Mauern und die wuchtigen Rundpfeiler sieht, kann sich ein Bild von dieser gewaltigen Arbeit machen. 25 Meter messen die schön behauenen Mauern aus Jurakalkstein von der Grabensohle bis zur Kranzmauer der Plattform. An der Sohle beträgt die Mauerstärke durchschnittlich vier Meter, während der Graben selbst bei der Brücke acht Meter tief und über 22 Meter breit ist. Auf der Feindseite ist er mit einer Mauer, einer sogenannten ,,Contre-Escarpe'' eingefaßt. Dieser Graben zieht sich nicht nur halbkreisförmig um den Rundbau, ,,Zirkus'' genannt, sondern setzt sich noch nach links und rechts in den ,,Umläufen'', das heißt in den nach der Stadtsohle sich hinunterziehenden Mauern und Wehrgängen, fort. Gegen etwa in den Graben eingedrungene Feinde waren außen angebrachte Rundtürme, ,,Caponnieren'', vorgebaut. Durch tiefliegende Luken konnte man von dort aus mit den Hakenbüchsen die Grabensohle beschießen. Diese Türme waren nicht nur äußerst zweckmäßig angebracht, sondern bildeten auch mit einer schön geschwungenen Steinprofilierung eine fast heitere Auflösung der gedrungenen Rundfläche des Zirkus. Über Gänge, die durch das dicke Mauerwerk liefen, waren sie erreichbar. Unter ihren hübschen Renaissance-Laternen hatten sie Lüftungslöcher, durch die der Pulverdampf abziehen konnte.

Betreten wir nun über die Brücke des Hirschgrabens die Kasematte. Dieser Eingang war bei der Erbauung nur für die Materialzuführung bestimmt und wurde später zu-

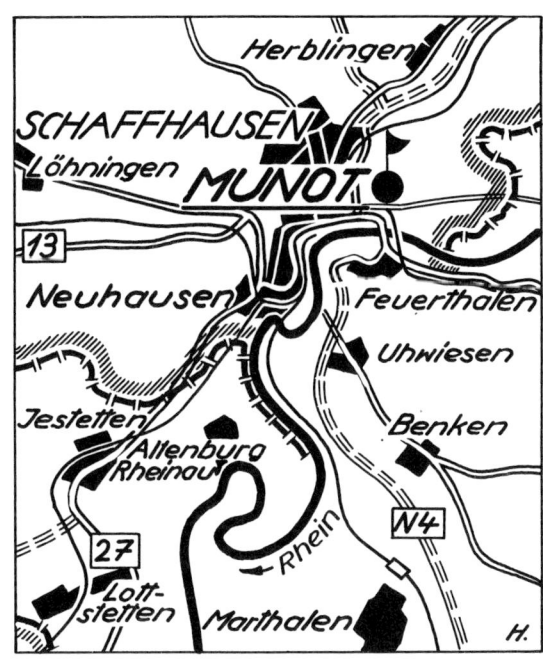

gemauert. Der alte Eingang am Fuße des Turmes ist der Haupteingang. Das düstere, bedrückende Innere der Kasematte wird durch vier Lichtschächte mäßig erhellt, auch konnte durch diese Schächte der Pulverdampf der Geschütze abziehen. Das niedere Kreuzgewölbe ruht auf neun ,,stumpigen'', dicken Rundpfeilern. Der schlanke Turm ragt in seiner ganzen Breite aus dem Mauermassiv des Zirkus heraus, seine Höhe mißt bis zum Dachreiter 41 Meter. Im Innern steigt die sogenannte Reitschnecke bis zur Plattform hinauf. In diesem schön gepflasterten ,,Wendelstein'' konnte man Geschütze bis zur Plattform hinaufziehen. Das oberste Geschoß des Turmes war die Wohnung des Hochwärters. Neben seiner Aufgabe als ,,Auslug'' mußte dieser auch jeden Abend das Munotglöckchen läuten, als Mahnung für die Torwächter

Blick über die Dächer der Stadt auf das Festungswerk.

... und für die Wirtshäuser! Die Plattform wird auf der Feldseite von einer Kranzmauer eingefaßt, die zum Schutz der einst hier oben dienenden Kanoniere angebracht worden war. Vier kreisrunde Oberlichter sind Lichtquellen für die tief darunterliegende Kasematte.

Nur ein einziges Mal mußte der Munot „in Aktion treten", nämlich als 1799 die Franzosen auf die gegen Schaffhausen anrückenden Österreicher das Feuer eröffneten. Zu jener Zeit war das Festungswerk bereits veraltet, und man beschloß, es abzubrechen. Doch einige geschichtsbewußte Bürger der Stadt wehrten sich dagegen, an ihrer Spitze der Kunstmaler Johann J. Beck. Man fing an zu restaurieren, ein Verein wurde gegründet, um die Festung vor dem Abbruch zu bewahren, auch schalteten sich einflußreiche Bürger der Stadt ein.

Der frühere Name der Festung war „unot" („ane not") und soll „ohne Not" bedeutet haben; später setzte sich die Version „Munot" durch, die sich bis heute erhalten hat.

FOTONACHWEIS

E. Baumann (1)
Dietmar Geistmann (1)
    Die Luftaufnahme wurde vom
    Regierungspräsidium Freiburg P-7788 freigegeben.
Arthur Hauptmann (66)
Otto (1)
Röttelnbund e. V. (1)
Fritjof Schultz-Friese (1)
Günther Sokolowski (3)
    Die Luftaufnahmen wurden vom
    Regierungspräsidium Freiburg
    Nr. 38/311 und Nr. 38/3391-16 T sowie vom
    Regierungspräsidium Südbaden
    Nr. 38/133 freigegeben.
Rud. Suter AG (1)
Verkehrsgemeinschaft Südlicher Schwarzwald –
    Hochrhein – Hotzenwald (1)
Werner Verlag (1)
Hella Wolff-Seybold (2)
Wüstenberg (1)

Zeichnungen: Arthur Hauptmann
Lageskizzen: Hans Huttner

ERSCHIENEN IM ROSGARTEN VERLAG KONSTANZ

Franz Georg Brustgi
**Sagen und Schwänke vom Neckar-
und Unterland**

Franz Georg Brustgi
**Sagen und Schwänke
von der Schwäbischen Alb**
2. Auflage

Carlheinz Gräter
Sagen und Schwänke aus Franken

Bernhard Möking
Sagen und Schwänke vom Bodensee
5. Auflage

Max Rieple
Sagen und Schwänke vom Oberrhein

Max Rieple
Sagen und Schwänke vom Schwarzwald
3. Auflage

Karlheinz Schaaf
Sagen und Schwänke aus Oberschwaben

Karlheinz Bischof
Bodensee-Fibel
6., revidierte Auflage

Franz Georg Brustgi
Alb-Fibel

Carlheinz Gräter
Mainfranken-Fibel

Stefan Ott
Oberschwaben-Fibel
4., revidierte Auflage

Max Rieple
Schwarzwald-Fibel

Ernst M. Wallner
Hochrhein-Fibel

Zu beziehen durch jede Buchhandlung

ERSCHIENEN IM VERLAG DES SÜDKURIER

Mein Bodensee
Liebeserklärung an eine Landschaft
Herausgegeben von Gerd Appenzeller

Hans-Günther Bäurer
Stockach — wie es war
Ein Bilderbogen aus alten Zeiten

Julius Boltze
Altes und immer junges Allensbach am Bodensee
Landschaft · Geschichte · Volkskunde
2. Auflage

Heinz Finke
Schöne Heimat Hegau
Ein fotografisches Skizzenbuch

Harald Huber
Wappenbuch des Landkreises Waldshut

Harald Huber
Wappenbuch Landkreis Lörrach

Konstanzer Trichter
Lesebuch einer Region
Herausgegeben von Jochen Kelter
Mit Zeichnungen von Christian Kühnel

Bernhard Oeschger
Säckingen
Ein Bilderbogen aus alter Zeit

Marco Schwarz
Barock am Hochrhein
Ein Kurzführer durch barocke Sehenswürdigkeiten

Dieter Helmut Stolz
Geliebtes Überlingen
Ein Gang durch Geschichte und Kultur der Stadt am Bodensee

Günter M. Walcz
Doggererz in Blumberg
Das ungewöhnliche Schicksal einer Stadt — ein Kapitel deutscher Bergbaugeschichte

Zu beziehen durch jede Buchhandlung